KB263590

"And let us not be weary in well doing: for in due season we shall reap, if we faint not."

Galatians 6:9 KJV

HBR Guide to
Buying a Small Business

HBR Guide to

BUYING A SMALL BUSINESS

By Richard S. Ruback and Royce Yudkoff

An all-in-one guide to helping you buy and own your own business.

독자에게 전하는 소개글
Publisher's Note

정확히 4년 전인 2021년, 저는 샌프란시스코에서 오마하까지 비행기를 타고 버크셔 해서웨이 주주총회에 참석했습니다. 워런 버핏과 생전의 찰리 멍거를 가까이에서 지켜볼 수 있었다는 사실만으로도 저에게는 정말 값진 경험이었습니다. 버크셔의 주주 서한을 읽어본 분이라면 잘 아시겠지만, 버핏은 항상 기존에 운영 중인 사업과 시너지를 낼 수 있는 인수(Bolt-on Acquisition)와 자신이 이해하고 전문성을 발휘할 수 있는 분야(Circle of Competence) 내에서 회사를 찾는 것이 투자의 핵심 원칙이자 버크셔의 성장을 이끌어온 원동력이라고 말해왔습니다. 2021년 주주총회에서도 그는 이 원칙의 중요성을 다시 한번 강조했습니다.

제가 인디애나 대학교에서 MBA 과정을 밟을 당시, 위스콘신과 시카고 지역에서 실제 서치펀드를 운영하던 동문들을 통해 인수 창업 모델을 처음 접했습니다. 그리고 정확히 4년 후, 인수 창업가인 ㈜프리즘랩스의 김지혁 대표를 잠실에서 만나, 자신이 회사를 직접 인수해 운영하는 모습을 보고 깊은 인상을 받았습니다.

　이 책은 인수 창업과 M&A 과정 전반을 폭넓게 다루며, 특히 소형 기업의 기업 가치 평가 방법과 장기적으로 수익을 창출할 수 있는 기업의 특징을 깊이 있게 다룹니다. 워런 버핏이 주주 서한에서 여러 차례 강조해 온 '좋은 회사를 좋은 가격에 사는 법'이라는 원칙을 실전 사례로 풀어내어 독자가 회사 인수는 물론 중소기업 투자 의사결정에도 바로 활용할 수 있도록 구성되었습니다. 이 책에서 다루는 핵심 원칙들은 인수 창업가뿐만 아니라 기업의 본질적 가치를 분석하는 모든 투자자에게 필요한 내용입니다. 퇴사 후 창업을 준비하는 직장인은 물론, 사업가와 투자자에게도 반드시 읽어야 할 책이라고 믿습니다.

　인공지능이 산업 구조를 빠르게 재편하며 새로운 기회가 열리고 있는 지금, BUSINESS 101 PUB 의 신간, 하버드 비즈니스 스쿨의 『인수 창업 가이드 북』은 직장인, 사업가, 투자자 모두에게 현실적인 방향성과 깊이 있는 인사이트를 제공할 것입니다.

2025년 11월 17일

BUSINESS 101 PUB 대표

John Choi

역자 서문
Translator's Foreword

불과 몇 년 전만 해도 저는 네이버와 9GAG를 비롯한 여러 스타트업에서 컴퓨터 앞에 앉아 코드를 작성하던 소프트웨어 엔지니어였습니다. 하지만 지금은 60평 남짓한 창고에서 먼지를 뒤집어쓴 채 지게차를 운전하고 있습니다. 안정적인 직장을 떠나 맨몸으로 부딪히며 지금까지 총 6개의 사업체를 인수했고, 현재 그중 3개의 커머스 기업을 직접 운영하고 있는 '인수 창업가'라는 이름이 지금의 저를 설명합니다.

처음 인수 창업의 세계에 발을 들였을 때는 모든 것이 막막했습니다. 참고할 만한 국내 자료도 없었고, 조언을 구할 선배도 없었습니다. 그저 시행착오를 겪으며 사업체를 인수했고, 그 치열한 생존 기록을 뉴스레터에 남기며 스스로를 위로했습니다. 마음 한구석에는 늘 '내가 가고 있는 이 길이 과연 맞는 길인가?'라는 의구심과 채워지지 않는 지적 갈증이 자리 잡고 있었습니다.

이 책의 원서인 『HBR Guide to Buying a Small Business』를 처음 접했을 때 느꼈던 전율은 잊을 수 없습니다. 하버드와 유펜 같은 해외 명문 비즈니스 스쿨에서는 이미 이 분야를 정교한 학문으로 정립하여 가르치고 있었습니다. 책장을 넘길 때마다 제가 현장에서 몸으로 겪으며 터득한 '실전력'이 세계적인 학자들의 이론과 맞닿아 있음을 확인하는 기

  인수 창업 가이드 북

분이었습니다. 지난날 막연한 두려움 속에서 헤쳐온 시간들이 헛되지 않았다는 안도감과 이 길에 대한 확신이 들었습니다.

국내에는 아직 인수 창업과 관련된 학술적 인프라나 체계적인 가이드가 턱없이 부족합니다. 많은 분이 인수 창업을 시도할 엄두조차 내지 못하는 이유이기도 합니다. 제가 번역을 결심한 이유가 바로 여기에 있습니다. 번역하는 과정은 저에게도 또 다른 배움의 시간이었으며, 국가 간의 인프라 차이를 절감하는 동시에 한국에서도 충분히 해볼 만한 가치 있는 도전이라는 확신을 굳히는 계기가 되었습니다.

우리 주변에는 탄탄한 잠재력을 가졌음에도 불구하고, 성장의 정체기에 머물러 있는 소규모 알짜 사업체들이 많습니다. 이 책이 반복되는 일상에 지친 직장인들에게는 '인수를 통한 창업'의 새로운 선택지를 제시하고, 훌륭한 유산을 가진 사업체들에게는 젊고 활기 넘치는 후계자를 연결해 주는 촉매제가 되기를 바랍니다.

건강한 '세대교체'를 통해 젊은 대표의 에너지가 소규모 사업체에 새로운 활력을 불어넣는 모습, 그것이 제가 꿈꾸는 대한민국 비즈니스 생태계의 미래입니다. 이 책이 그 변화를 시작하는 데 있어 여러분의 든든한 나침반이 되어주리라 믿습니다.

2025년 11월 21일

— 60평 창고에서, 역자 김지혁 드림

저자 서문
Preface

이 책은 하버드 비즈니스 스쿨 MBA 교육 과정에서 오랫동안 다루어 온 핵심 개념을 교실 밖 세상에 처음으로 소개하는 책입니다. 그 핵심은 바로 기존에 잘 운영되고 있는 소규모 기업을 인수해 직접 CEO로서 경영할 수 있다는 아이디어입니다. 매년 수백 명의 MBA 학생이 **인수 창업 (Entrepreneurship Through Acquisition, ETA)** 과정을 통해 이 개념을 배우고, 실제로 졸업 후 이 길을 선택하는 학생도 꾸준히 늘고 있습니다.

약 5년 전, 우리는 MBA 과정에서 부족하다고 느꼈던 부분을 보완하기 위해 소규모 기업의 인수와 운영을 체계적으로 다루는 강좌를 새롭게 개설했습니다. 이 강좌를 통해 경제의 중요한 축을 담당하면서도 상대적으로 주목받지 못했던 소규모 기업 인수 분야에 우리가 쌓아 온 실무 경험과 연구를 접목할 수 있었습니다. 우리는 이 분야가 더 많은 관심을 받아야 한다고 믿으며, 특히 기업가적 역량을 가진 사람들이 이러한 기업들을 인수해 성장시키는 것이 매우 중요하다고 생각합니다.

우리는 소규모 기업을 깊이 들여다볼수록 그 매력에 점점 더 빠져들었습니다. 학생들도 마찬가지였습니다. 새롭게 개설된 강좌는 매년 수강 신청이 마감될 정도로 높은 관심을 받았고, 졸업 후 실제로 소규모 기업을 인수하는 학생 수도 해마다 눈에 띄게 증가하고 있습니다.

이러한 흐름은 전혀 놀라운 일이 아닙니다. 소규모 기업을 인수하는 것은 경력 초기부터 리더로 성장할 기회를 제공하고, 현장에서 필요한 실무 감각과 종합적 경영 능력을 발휘할 무대를 마련해 주며, 나아가 자신의 가치관과 목표에 맞는 일터를 직접 만들어 갈 수 있는 길이기 때문입니다.

우리가 소규모 기업에 주목하는 또 다른 이유는 교육 및 연구적 가치 때문입니다. 이 책에 소개된 사례를 포함해 졸업생들이 인수한 여러 기업 중 일부에 우리가 실제로 투자한 적도 있습니다. 이는 인수 창업이 가진 잠재력에 대한 우리의 확신과 열정이 크다는 것을 보여줍니다. 또한, 이 길을 선택한 졸업생들이 각자의 방식으로 성장하고 성공하는 모습을 지켜보는 일은 우리에게 큰 보람과 기쁨을 안겨줍니다. 물론 이 길은 때로는 도전적이고 험난하지만 동시에 즐겁고 흥미진진하기에 더욱 의미 있고 가치 있는 여정이라 할 수 있습니다.

강의 수요가 꾸준히 증가하는 모습을 보며, 우리는 이 아이디어를 강의실 밖으로 확장해 더 많은 사람들에게 알리고, 소규모 회사를 인수하는 전 과정을 체계적으로 안내하는 책을 써야겠다고 마음먹었습니다.

아직 대중에게 널리 알려지지 않은 이 시장에는 다양한 기회가 열려 있습니다. 우리 학생들이 이 길을 선택했고, 교수진 또한 그 가능성에 확신을 가지게 되었듯이, 이 책을 읽는 여러분도 소규모 기업을 인수해 직접 CEO로 활동하는 일의 매력을 발견하고, 그 기회를 활용해 큰 성과를 이루시길 바랍니다.

CONTENTS

1부 큰 비전을 품되 작은 회사를 인수해라

2부 탐색을 위한 사전 준비

부록

시작하기 전에

1.　탐색자는 회사를 인수 하기 전 탐색 단계에 있는 인수 창업가를 말합니다.

2.　'인수계약서'와 '매매계약서'는 동일한 의미이며 본 도서에서는 '매매계약서'로 통일하여 표기했습니다.

3.　'셀러 파이낸싱 (Seller financing)' 과 '매도자 채권'은 동일한 의미이며 본 도서에서는 '매도자 채권'으로 통일하여 표기했습니다.

4.　순운전자본 (NWC) 은 기업이 일상적인 영업 활동을 유지하기 위해 필요한 자본을 의미하며 유동자산에서 유동부채를 차감한 값으로 계산합니다.

5.　QR 코드로 다운로드하실 수 있는 제스위츠 뮤직 재무 모델링 파일에서 조정 EBITDA, 운전자본, 인수 후 실제 현금흐름, 내부수익률 계산 방식, 투자자 수익률 구조를 모두 정리해 두었습니다.

제스위츠 뮤직 재무 모델링 파일
에러가 발생할 경우 Google 렌즈를 사용하세요.

Think Big, Buy Small

1부

큰 비전을 품되
작은 회사를 인수해라

HBR | PART ONE

Think Big, Buy Small

1부에서는 이미 검증된 소규모 기업을 인수해 그 소유주이자 CEO로 성장할 수 있는 기회를 소개합니다.

1장 「기회: 인수 창업」에서는 소규모 기업 인수가 열어주는 가능성과 이 시장의 매력, 그리고 그 기회를 실제로 구현하는 방법을 설명합니다. 더불어 이미 이 길을 선택한 사람들의 실제 사례를 통해 독자들이 성공 사례를 참고할 수 있도록 돕습니다.

2장 「인수 창업은 나에게 맞는 길인가?」에서는 성공적인 인수 창업가들에게서 공통적으로 발견되는 역량과 성향을 살펴봅니다. 이 길이 자신에게 적합한지는 각자가 중요하게 여기는 가치와 보유한 능력에 따라 달라질 것입니다.

마지막으로, 3장 「인수 과정」에서는 소규모 기업을 찾고 인수하기까지의 흐름을 전체적으로 살펴봅니다. 이후 책의 나머지 부분에서는 각 단계를 더욱 심도 있게 다루며, 실제 실행을 위한 구체적인 가이드라인을 제공합니다.

기회: 인수 창업
Entrepreneurship Through Acquisition

만약 여러분이 현재 커리어 전환을 고민하는 직장인이거나, 막 MBA 과정을 마치고 경영자로서 첫발을 내딛으려는 단계에 있다면 반드시 고려해볼 만한 기회가 있습니다. 그 기회는 바로 이미 운영 중인 회사를 인수해 곧바로 CEO로서 경영을 시작하는 것, 바로 **인수 창업 (Entrepreneurship Through Acquisition, ETA)** 입니다. 우리는 하버드 비즈니스 스쿨에서 이 주제를 가르치고 연구하며, 많은 전문가들이 전통적인 커리어 대신 이 길을 선택해 큰 보람과 성취를 동시에 얻는 모습을 지켜보았습니다.

자신의 회사를 직접 경영하는 것은 대기업 조직 내 커리어와는 완전히 다른 삶의 방식을 제공합니다. 스스로 조직을 이끌고, 중요한 결정을 내리며, 자신에게 가장 적합한 방식으로 일할 수 있는 진정한 자유와 주도권을 얻게 됩니다. 만약 지금의 조직에서 독립성과 성장의 한계를 느끼고 있다면, 인수 창업이 그 해답이 될 수 있습니다.

소규모 기업을 인수하여 직접 경영하는 것은 재무적 관점에서도 매우 매력적인 기회입니다. 인수 창업가들은 보통 은행 대출(부채)과 투자자 자본(지분)을 조합해 회사를 매입하며, 이 과정에서 본인도 상당한 지분을 보유할 수 있도록 거래 구조를 설계합니다. 이 지분은 곧 큰 재무적 보상으로 이어질 가능성을 의미합니다.

우수한 소규모 기업은 합리적인 가격에 인수할 수 있으며, 창업가와 투자자 모두에게 높은 투자수익률(ROI)을 제공합니다. 수익의 일부는 매년 배당 형태로 투자자에게 돌아가며, 향후 회사를 매각할 경우(특히 회사가 성장한 경우) 매입가를 훨씬 상회하는 상당한 시세 차익까지 실현할 수 있습니다. 따라서 인수 창업은 단순한 경력 전환을 넘어, 수익을 극대화할 수 있는 탁월한 전략적 선택입니다.

소규모 기업에 열정을 갖는 또 하나의 이유는 이들 사업이 지닌 다양성과 고유한 매력 때문입니다. 우리가 살펴본 인수 창업가들은 가정 의료 서비스, 해외 테마 여행 서비스, 악기 대여, 기업용 소프트웨어, 제조업 등 놀라울 정도로 다양한 분야의 회사를 인수해 운영하고 있습니다. 고층 빌딩 유리창 청소처럼 생활에 밀접한 서비스를 제공하는 회사도 있는가 하면, 소방호스 안전 검사처럼 남들이 주목하지 않는 틈새시장에서 활약하고 있는 기업들도 존재합니다. 이들 기업은 연간 500~1,500만 달러의 안정적인 매출과 75~300만 달러의 현금흐름을 꾸준히 창출합니다. 비록 빠르게 성장하는 테크 스타트업이나 고급 소비재 브랜드와는 거리가 있지만, 탄탄한 사업 기반과 안정적인 수익 구조를 갖춘 실속 있는 사업체들입니다. 대중의 관심은 주로 유니콘 스타트업에 쏠려 있지만, 실제로 이러한 소규모 기업들은 미국에만 약 20만 개 이상 존재하며, 전 세계적으로는 그 수가 훨씬 더 많습니다. 그리고 해마다 수천 개의 소규모 기업이 새로운 주인을 만나며 인수와 매각이 반복되고 있습니다.[1]

여러분은 소규모 기업을 운영할 충분한 자질과 준비를 이미 갖추고 있을지도 모릅니다. 회사의 인력 관리나 재무 성과에 대한 책임을 맡아본 경험이 있다면, 이미 그 기반이 마련된 셈입니다. 이 책에서는 우리가 직접 만나고 함께 일했거나, 투자까지 진행했던 인수 창업가들의 이야기를 소개합니다. 그들의 이야기를 읽다 보면, 그들 역시 우리와 다르지 않은 평범한 사람들이라는 사실을 자연스럽게 깨닫게 될 것입니다.[2]

실제로 많은 인수 창업가는 CEO 경험이 전무한 상태에서 이 길에 들어섰습니다. 보통 5~15년 정도의 직장 경력을 지녔으며, 대체로 중간관리자 이하 직급에서 경력을 쌓은 사람들이었습니다. 회사를 인수한 경험은 물론이고, 큰 개인 자산을 가진 경우도 드물었습니다. 이들은 대부분 투자자에게서 자금을 모아 인수를 성사시켰으며, 미국뿐만 아니라 여러 나라에서 인수 창업을 통해 자신의 경영 역량을 발휘했습니다.

흔히 '기업가'라고 하면 모험심 강한 창업가를 떠올리기 쉽습니다. 하지만 인수 창업가들은 오히려 신중하고 분석적인 성향을 지닌 경우가 많습니다. 이들이 특별한 점은 대기업이나 인기 산업에만 시선을 고정하지 않고, 소규모 기업과 틈새시장 속에서 잠재력을 찾아 나섰다는 사실입니다

---

1   가장 신뢰할 만한 자료에 따르면 이 매출 규모에 해당하는 소규모 기업은 약 13만~24만 개 정도로 추정됩니다. 하한치는 S&P Capital IQ, 상한치는 미국 인구조사국(US Census) 통계에 근거합니다. 여기에 연 매출 500만 달러 미만의 기업까지 포함하면, 전체 수는 140만 개 이상으로 늘어납니다.
2   토니 바티스타의 인수 창업가 사례 참고

다. 이들은 넘치는 에너지와 집요함, 그리고 영리함을 겸비하고 있었습니다.

물론, 인수 창업가의 길은 상당한 인내와 험난한 과정을 동반합니다. 저희가 이 시장을 연구하며 가장 놀라웠던 사실은 인수 창업가들이 직면하는 최대 난관이 바로 '적합한 회사를 찾고 실제로 인수하기까지의 과정'이라는 사실이었습니다. 기약 없는 탐색에 지쳐 중도 포기하거나, 수개월간의 노력이 수포로 돌아가거나, 매도자에게 필요한 질문을 제때 하지 않아 거래가 무산된 사례도 있었습니다. 어떤 이들은 기대감에 부풀어 서둘러 회사를 인수했다가 결과가 기대에 미치지 못한 경우도 있었습니다. 심지어 일부는 탐색을 시작조차 하지 못했는데, 이는 스스로 자격이 부족하다고 느끼거나, 탐색 방법, 비용, 인수 자금 조달 방식을 몰랐기 때문입니다.

인수 창업 사례 #1 - 토니 바티스타
ENTREPRENEUR THROUGH ACQUISITION

토니 바티스타(Tony Bautista)는 소방서용 소방 호스 안전 검사 서비스를 제공하는 '페일 세이프(Fail Safe LLC)'의 CEO입니다. 그는 약 10개월간의 탐색을 진행한 끝에 회사를 인수했습니다. 토니는 그 과정을 이렇게 회상합니다. "지금 돌이켜보면 가장 큰 장벽은 자본도, 경험도, 인맥도 아니었습니다. 가장 어려웠던 건 실행하겠다고 마음 먹는 일이었죠."

보스턴 출신인 토니는 미국으로 이민 온 어머니가 혼자 가정을 책임지며 여동생과 함께 자신을 키운 환경에서 자랐습니다.

"우리 가족은 매일 끼니를 거를 정도는 아니었지만, 한동안 푸드스탬프에 의존해야 했고, 어머니는 생계를 위해 여러 일을 해야만 했어요. 그럼에도 어머니는 저와 여동생에게 배움의 중요성을 끊임없이 강조하셨어요.

토니는 공립학교의 주말 및 방과 후 학습 프로그램에 참여하며 학업에 매진한 끝에 대학 전액 장학금을 받을 수 있었습니다. 대학 시절에는 고등학생을 대상으로 과외를 하며 생활비를 벌었고, 졸업 후에는 대형 자산운용사에서 3년 이상 근무했습니다.

"자산운용사에서 재무 분석과 회계 업무를 배우며 많은 것을 익혔습니다. 하지만 어느 순간 제가 단순히 숫자만 옮겨 적고 있다는 느낌이 들었습니다. 대학 시절 했던 과외는 제 노력이 누군가에게 변화를 만들어내는 것을 직접 느낄 수 있었지만, 자산운용사에서의 일은 실제로 어떤 변화를 만드는지 체감하기 어려웠습니다."

이런 고민이 이어지던 중, 2010년 어머니가 갑작스럽게 세상을 떠난 일이 그에게 중요한 전환점이 되었습니다.

"그때 뭔가 의미있는 일을 해야겠다고 결심했어요. 이렇게는 안되겠다고 생각했죠."

토니는 경영대학원에 진학해 새로운 길을 모색했고, 1학년과 2학년 사이 여름에는 벤처캐피털에서 인턴으로 일했지만, 그 일 역시 자신과 맞지 않다는 것을 깨달았습니다.

"벤처캐피털도 저와는 맞지 않았습니다. 스타트업 투자는 위험하게 느껴졌어요. 과외를 하며 학생들을 가르치고 직원들에게 급여를 지급하며 회사를 직접 성장시키는 경험에서 큰 만족을 느꼈지만, 여기서는 그런 만족을 느낄 수 없었습니다.

경영대학원 2학년이 되던 해, 토니는 28세의 나이에 소규모 회사를 인수하기로 결심했습니다. 토니는 이렇게 말했습니다.

"제 가장 큰 강점은 성실함과 더불어 사람들이 각자 원하는 것을 잘 이해하며 소통할 수 있다는 점이라고 생각합니다. 넉넉한 환경에서 자라진 않았지만, 대학과 경영대학원을 거치며 그런 능력을 키워왔습니다. 덕분에 인수 금액을 두고 비즈니스 브로커와 협상하고, 블루칼라 직원이 많은 현장을 운영하는 강한 성격의 오너들과도 편하게 이야기할 수 있었으며, 인수 자금을 지원해줄 투자자들과도 원활하게 소통할 수 있었습니다."

2014년, 토니는 은퇴를 앞둔 CEO이자 오너로부터 소방 호스 안전 검사 전문기업 '페일 세이프(Fail Safe LLC)'를 인수했습니다. 페일 세이프는 매년 각 지역 소방서로 현장팀을 보내 소방 호스의 안전성을 점검하는 서비스를 제공하는 회사였습니다. 토니는 회사를 인수한 후 고객 상담, 일정 조율, 팀장 관리 등 직원들이 맡고 있던 핵심 운영 업무 전반에 직접 뛰어들었습니다.

토니는 그 시절을 이렇게 회상합니다.

"돌이켜보면 제게 가장 부족했던 것은 사업 운영의 실무 경험이었어요. 직원 급여를 정확히 언제, 어떻게 지급해야 하는지조차 몰랐죠. 인수 후에 현장에서 직접 부딪히며 업무를 하나씩 배웠습니다. 물론 쉽지 않았지만 다행히 치명적인 실수로 이어지지는 않았습니다."

토니는 이어서 이렇게 말합니다.

"직원들에게 급여를 지급할 때 가장 큰 보람을 느낍니다. 그건 곧 제가 과거

　　　　　　　　　　　　　　　　　　　　　인수 창업 가이드 북

인수할 기업을 발굴하는 과정은 무엇보다 중요합니다. 이 단계가 제대로 이루어져야만 앞으로 수년, 어쩌면 커리어의 대부분을 함께할 회사를 경영하게 될 수도 있습니다.

회사의 재무 성과는 여러분의 생활 수준과 거주지, 나아가 자녀의 교육 환경까지 영향을 미칩니다. 반대로 잘못된 회사를 인수하면 쉽게 빠져나올 길이 없습니다. 회사가 실패하면 회사를 잃는 것은 물론, 여러분이 모은 저축과 가족, 지인이 투자한 자금까지 모두 잃을 수 있습니다. 그래서 올바른 회사를 찾는 것이 무엇보다 중요합니다.

이 책은 여러분이 직접 운영할 적합한 소규모 기업을 찾고 인수하는 과정에서 필요한 실질적인 조언과 도구를 제공합니다. 이어지는 장에서는 그 여정을 단계별로 살펴볼 것입니다.

- 인수 창업의 길이 자신에게 맞는지 판단하기

- 소규모 기업 탐색 과정에서 시간과 자원을 효율적으로 활용하기

- 자신에게 적합한 소규모 기업 선별하기

- 매도자가 합리적인 가격에 매각할 의지가 있는지 확인하기

- 인수에 필요한 자본 조달하기

- 거래 성사 이후 우선순위를 명확히 정하고 실행하기

소규모 기업을 운영하는 일이 위험하게 느껴지시나요? 회사를 인수한 뒤 발생할 수 있는 여러 부정적인 상황이 머릿속을 스칠 수 있습니다. '매출이 줄어들면 어떡하지?' '가장 중요한 고객이 경쟁사로 이탈하면 어떡하지?' '투자한 신기술 시장이 붕괴되면 어떡하지?' '나를 믿고 일하는 직원들에게 급여를 지급하지 못하면 어떡하지?'와 같은 걱정들이 끊임없이 떠오를 수 있습니다. 실제로 이러한 일들이 현실로 다가올 가능성은 존재하며, 소규모 기업은 대기업에 비해 위기에 훨씬 더 취약할 수 있습니다. 소규모 기업을 운영하는 일은 분명 도전적이고 위험이 따릅니다.

인수를 통한 창업은 이러한 위험을 사전에 줄일 수 있는 방법을 제공합니다. 이 책은 시간이 지나도 꾸준히 수익을 창출하는 기업을 찾아 인수하는 방법을 알려줍니다. 안정적인 수익 흐름을 오랫동안 유지할 가능성이 높은 회사를 선택하는 것이 인수 창업의 핵심입니다. 소규모 기업이 꾸준히 수익을 낼 수 있는지를 판단하는 일은 결코 쉽지 않습니다. 그러나 이 책에서는 인수 대상을 평가할 때 참고할 수 있는 몇 가지 지표를 제시합니다. 오랜 기간 안정적으로 운영되어 왔으며, 완만한 성장세를 유지하고, 충성도 높은 단골 고객층을 보유한 기업이 이에 해당합니다. 테크 기업이나 변동성이 큰 산업에 속한 기업, 또는 '조금만 손보면 된다'는 식의 턴어라운드 형 기업은 추천하지 않습니다. 겉보기에는 평범해 보이지만 꾸준히 수익을 창출하는 기업이야말로 적합한 인수 대상이며, 소규모 기업 운영의 위험을 줄이는 가장 현명한 선택입니다.

한 가지 더 명심해야 할 점은 인수 창업의 다른 대안들이 오히려 더 위험할 수 있다는 것입니다. 스타트업 창업은 제품이나 서비스가 수익성 있는 사업으로 자리 잡을지조차 불확실한 상태에서 모든 것을 처음부터 만들어야 합니다. 수익이 나기 전까지 제품 및 서비스의 전달 방식 설계, 고객 확보, 인력 채용, 마케팅, 관리 시스템 구축 등 수많은 업무를 처리해야 하며, 고객이 실제로 그 제품을 원할지, 또 그만큼의 값을 지불할 의향이 있을지는 아무도 알 수 없습니다. 이와 달리, 이미 안정적으로 이익을 내고 있는 회사를 인수하는 것은 훨씬 덜 위험합니다. 100% 안전하다고는 할 수 없지만, 적어도 비즈니스 모델이 지속 가능하다는 점은 이미 검증되었으며, 제품이나 서비스는 이미 시장에서 입지를 다진 상태입니다. 우리가 추천하는 유형의 회사를 잘 선택하면, 꾸준한 현금 흐름을 바탕으로 운영 효율화와 성장에 집중할 수 있습니다. 그렇다면 많은 사람들이 선택하는 경로, 즉 대기업에서의 안정적인 커리어는 정말로 안전할까요? 우리가 만난 많은 인수 창업가들은 대기업의 안정된 직장을 떠나이 길을 택했습니다. 인수 창업이 위험하지 않느냐는 질문에, 그들은 하나같이 이렇게 답했습니다. "대기업에 다니는 것도 결국 위험하기는 마찬가지입니다."

물론 코카콜라, 인텔, 타타와 같은 대기업이 사라지지는 않을 것입니다. 그러나 그 안에서도 부서가 폐쇄되거나 구조조정으로 인해 언제든지 일자리를 잃을 위험은 존재합니다. 사내 정치에 휘말리거나 승진 후동기 부여를 잃거나 성과를 내기 어려운 자리에 배치될 수도 있습니다. 이러한 위험은 문제가 터지고 나서야 알게 되는 경우가 많고, 개인이 할수 있는 일은 사실상 거의 없습니다. 위탁 폐기물 처리 기업 '탈리스마크(Talismark)'를 인수해 공동 경영 중인 찰스 무신스키(Charles Muszynski)는이렇게 말했습니다. "제가 스스로를 해고할 수 있다는 사실이 마음에 듭니다.”

인수 창업의 길은 결코 쉽지 않습니다. 끊임없는 노력과 실패를 극복하는 회복력, 현실적인 판단력, 그리고 경영 감각이 필요합니다. 인수할 사업체를 찾는 과정은 스타트업 창업보다 불확실성은 적지만, 여전히 예기치 못한 위험을 마주해야 합니다. 그럼에도 우리가 만난 많은 인수 창업가들은 이 길에서 얻은 보람과 성취가 감수해야 했던 모든 어려움을 충분히 상쇄했다고 말합니다.

보상의 실현: 재무적 기회
Reaping the Rewards: The Financial Opportunity

소규모 기업을 인수해 스스로 급여를 지급하는 경우, 대기업 임원의 연봉에 비해 다소 적을 수 있습니다. 하지만 여러분이 인수한 사업은 단순한 ‘직장’이 아닙니다. 이 회사는 여러분에게 급여를 제공함과 동시에, 여러분이 직접 지분을 보유한 투자 자산이기도 합니다. 특히 소규모 기업의 매입가는 일반적으로 수익 규모에 비해 상대적으로 낮아 투자 대상으로서 매우 매력적입니다.

한 가지 대표적인 사례를 살펴보겠습니다. 우리 졸업생 중 한 명은 최근 1,025만 달러에 한 회사를 인수했습니다. 이 회사는 연간 약 250만 달러의 **감가상각전 영업이익 (EBITDA, Earnings Before Interest, Taxes, Depreciation, and Amortization)** 을 꾸준히 창출하고 있습니다. 인수 금액 1,025만 달러 기준으로 연간 약 25%의 수익을 올리고 있는 셈입니다. 그의 투자자들 역시 투자금 대비 매우 높은 수익률을 얻고 있습니다. 만약 동일한 금액을 뮤추얼 펀드와 같은 전통적인 금융 상품에 투자했다면,

인수 창업 가이드 북

연간 수익률은 10%에도 미치지 못했을 것이며, 수익금 역시 100만 달러 이하에 그쳤을 것입니다.

물론 이 모든 수익이 창업가 본인에게만 돌아가는 것은 아닙니다. 총 인수 금액에는 약 25만 달러의 거래 비용이 포함되어 있으며, 인수를 위해 은행 대출 750만 달러와 투자자로부터 지분 투자금 300만 달러를 조달했습니다. 거래 구조는 다음과 같습니다.

차입금 (Borrowed)	750만 달러
+ 지분투자 유치 (Raised fro investors)	300만 달러
총 인수비용 (Total cost)	1,050만 달러

750만 달러의 차입금에는 연 6.5%의 이자가 적용되며, 연간 약 49만 달러의 이자 비용이 발생합니다. 이자 비용을 제외하면, 소유주들(지분 투자자)에게 실제로 돌아가는 순현금흐름은 연간 약 201만 달러 수준입니다.

세전영업현금흐름 (Pretax operating income)	250만 달러
− 이자비용 (Interest Expense)	49만 달러
주주에게 배분 가능한 현금흐름 (Cash available for owners)	201만 달러

해당 인수 창업가는 투자자들과의 지분 계약에 따라, 향후 매각으로 발생하는 이익의 20%를 배분받으며, 회사 경영의 대가로 연간 15만 달러의 기본 급여를 받습니다. 인수 첫해 그의 재무 성과는 다음과 같습니다.

인수 창업가가 소유한 지분	40만 달러
(Share owned by entrepreneur)	
+ 급여 (Salary)	15만 달러
인수 창업가의 첫 해 순자산 증가분	55만 달러
(Entrepreneur's year one wealth creation)	

이 가운데 현금으로 받은 금액은 15만 달러에 불과했으며, 나머지는 투자 성과에 따라 달라지는 이연 성과 보상이었습니다. 이는 세전 기준임에도 단기간에 그의 자산 규모를 크게 늘린 놀라운 성과였습니다.

이 인수 창업가는 단순히 회사를 인수하는 데 그치지 않고, 장기적인 성장을 계획했습니다. 그의 목표는 매년 안정적인 이익을 창출하는 것뿐만 아니라 기업 전체의 가치를 꾸준히 높이는 것이었습니다. 회사를 10년간 운영하며 매년 5%씩 성장시킨다면, 그의 연간 자산 증가분은 약 85만 달러에 이를 것으로 예상됩니다. 주요 수익원은 회사의 지속적인 영업이익이지만, 10년 뒤 동일한 시장 조건에서 회사를 매각할 경우 얻을 수 있는 매각 차익은 약 130만 달러에 달할 것입니다. 10년간의 누적 보상과 매각 차익을 합치면 그는 세전 기준으로 총 800만 달러 이상의 부를 손에 쥘 수 있습니다.

이처럼 높은 수익을 기대할 수 있는 이유는 이러한 기업들이 실적에 비해 상대적으로 낮은 가격에 거래되는 경우가 많기 때문입니다. 많은 성공적인 소규모 기업의 오너들은 은퇴, 건강 문제, 이혼, 사업 파트너 간 불화 등 개인적인 사정으로 회사를 매각해야 하는 상황에 놓입니다. 자녀들이 의사나 예술가처럼 완전히 다른 길을 택해 가업을 잇지 않으려는 경우도 흔합니다. 규모가 큰 기업이라면 전문 경영인을 영입하는 등 선택지가 다양하지만, 소규모 기업의 소유주들은 보통 회사를 인수해 직접 운영할 외부인을 찾아야 합니다.

안정적인 수익을 내는 회사를 찾는 일 자체가 쉽지 않기 때문에, 인수를 꿈꾸는 사람이라면 먼저 '적합한 기업'을 발굴해야 합니다. 탐색 과정에는 상당한 시간과 자금, 그리고 끊임없는 노력이 필요합니다. 매각을 원하는 기업은 꾸준히 시장에 등장하지만, 실제로 자본과 경영 의지를 동시에 갖춘 인수자는 많지 않습니다. 수요보다 공급이 많은 구조로 인해 소규모 기업의 매매가는 상대적으로 낮게 형성됩니다.

회사를 인수하는 것은 잠재적인 재무적 보상뿐만 아니라, 직업적 독립성과 개인적인 성취감을 동시에 얻을 수 있는 기회를 제공합니다. 대기업에서는 경력 초기에 리더십 경험을 쌓기 어렵지만, 소규모 기업의 CEO가 되면 회사의 전략을 직접 세우고 운영 전반의 중대한 결정을 스스로 내리게 됩니다. 인수 창업가 그렉 암브로시아(Greg Ambrosia)는 소규모 기업을 인수하면서 가장 큰 매력으로 자신의 결정이 회사와 직원들에게 즉각적인 변화를 만들어 낸다는 점을 꼽았습니다.

겨울 아침, '시티와이드 빌딩 서비스 (Citywide Building Services)'의 커다란 대기실은 차가운 공기로 가득 차 있습니다. 시티와이드 빌딩 서비스는 댈러스-포트워스 메트로플렉스 지역 최대의 고층 빌딩 유리창 청소 전문 기업입니다. 오전 6시 15분, 48명의 현장 직원들이 모인 가운데 CEO 그렉 암브로시아(Greg Ambrosia) 가 오늘의 작업 일정을 지시합니다. 업무 지시가 끝난 후, 팀들은 각자 회사 트럭에 올라 새벽의 도심 곳곳으로 출발합니다.

시티와이드 빌딩 서비스는 30년 전, 열정적이고 기업가 정신이 강한 자매 두 사람이 설립한 회사입니다. 뛰어난 안전 기준과 서비스 품질로 지역 시장에서 독보적인 명성을 쌓았으며, 현재는 사무실, 병원, 대학 등 주요 고층 건물의 정기 유지 보수에 없어서는 안 될 존재로 자리 잡았습니다. 2014년, 창업자 자매가 은퇴를 결심하자 그렉은 약 11개월간의 탐색 끝에 회사를 인수했습니다.

"CEO로 산다는 건 끊임없이 의사결정을 내리고, 사람들과 협력해 결과를 만들어 내는 일입니다. 저는 이 일에 완전히 몰입해 있습니다."

그렉은 원래 비즈니스와는 거리가 먼 사람이었습니다. 테네시주 녹스빌에서 자란 그는 정형외과 의사인 아버지와 전업주부인 어머니 밑에서 성장했습니다. 형은 외과 의사, 누나는 간호사였습니다.

"어릴 때부터 저희 집은 사업 이야기가 자연스럽게 오가는 분위기와는 거리가 멀었습니다."

고등학교 졸업 후, 그는 의학도 비즈니스도 아닌 전혀 다른 길을 택했습니다.

바로 미국 육군사관학교 (웨스트포인트) 에 입학한 것입니다. "고등학교 시절 미국사 수업을 들으면서 웨스트포인트 출신 지도자들이 얼마나 많은지 알게 되었습니다. 학교의 전통과 지도자를 길러 내는 사명이 저를 깊이 매료시켰습니다."

졸업 후 그는 아프가니스탄에 파병되어 120명의 병사를 지휘하는 중대장으로 복무했고, 그 공로로 은성무공훈장을 받았습니다. 2011년 제대 후에는 민간 경력 전환을 준비하며 경영대학원에 진학했습니다.

"군에서 리더십은 많이 배웠지만, 민간 기업 경험은 거의 없었습니다. 회계, 재무, 영업 관리 같은 기본적인 경영 업무조차 제대로 알지 못했기 때문에, 경영학 공부가 꼭 필요하다고 판단했습니다."

MBA 1학년과 2학년 사이 여름방학 동안, 그렉은 한 대기업에서 인턴으로 일하며 처음으로 민간 기업의 운영 방식을 직접 접했습니다. 그는 그 시간을 이렇게 회상합니다.

"동료들은 모두 똑똑하고 좋은 사람들이었습니다. 하지만 개인에게 주어지는 책임과 권한이 거의 없는 환경은 제 성향과 맞지 않았어요. 그때 이 길은 내가 원하는 길이 아닐 수도 있겠다는 생각이 들었죠. 저는 더 큰 역할과 책임을 맡아 진정한 리더십을 발휘할 수 있는 기회를 원했습니다."

이처럼 인수 창업을 시작하는 사람들은 각기 다른 강점과 약점을 가지고 출발합니다. 그렉은 이렇게 말했습니다.

"저는 분명히 부족한 점이 있었습니다. 자동차보다 비싼 물건을 사 본 적도 없었고, 큰 규모의 금융 거래 경험도 전혀 없었으니까요. 그래서 투자자들과 자주 소통하며 조언을 구했고, 모르는 부분은 하나씩 배워 나갔습니다. 대신 군에서 쌓은 리더십 경험은 새로운 역할에 큰 도움이 되었습니다."

경영권을 넘겨받은 후, 그렉은 시티와이드를 한 단계 더 성장시키기 위해 다양한 변화를 추진했습니다. 그는 신규 인력을 채용하고, 교육 및 안전 프로그램을 개선했으며, 직원들의 목표를 회사의 목표와 일치시키기 위해 보상 체계를 개편했습니다. 또한 직접 고객을 찾아 나섰으며, 회사의 IT 시스템도 전면적으로 업그레이드했습니다. 그렉은 이렇게 강조했습니다.

"이 일에서 제가 가장 좋아하는 두 가지는, 제가 내리는 결정이 회사의 성과와 제 경력에 직접적인 영향을 미친다는 점, 그리고 직원들이 각자의 자리에서 더 성장하도록 돕는 일입니다."

선택하기
Making the Choices

앞으로의 커리어 방향을 고민하고 있다면, 인수 창업을 진지하게 검토해보길 권합니다. 인수 창업은 대기업의 안정성과 스타트업의 불확실성 사이에서 충분히 매력적인 제3의 길이 될 수 있습니다.

다만 한 가지 짚고 넘어갈 점이 있습니다. 이 책에서 소개된 인수 창업가들 중 남성이 많은 것은 사실입니다. 그러나 이는 인수 창업을 커리어로 선택한 사람들 중 남성의 비율이 높았기 때문이지, 이 분야가 남성에게만 열려 있어서가 아닙니다. 실제로 소규모 회사를 인수해 성공적으로 성장시키고 있는 여성 창업가들도 적지 않습니다. 인수 창업이 제공하는 재무적 보상, 자율성, 삶의 주도권은 성별에 관계없이 누구에게나 열려 있으며, 오히려 몇몇의 장점은 여성에게 더 크게 와닿을 수 있습니다. 여성이 운영하는 회사라는 이유로 고객이 가격 인하를 요구하는 경우는 없습니다. 많은 남성이 스스로 주인이 되는 자유에 매력을 느끼듯, 육아나 가족 돌봄의 부담이 큰 여성들에게는 직접 사업을 운영하며 일과 가정의 균형을 스스로 조율할 수 있는 유연성이 큰 장점이 됩니다. 로빈 코비츠(Robin Kovitz)는 사모펀드 업계에서 성공적인 커리어를 쌓은 후, 어린 자녀들과 더 많은 시간을 보내기 위해 인수 창업으로 진로를 바꾸었습니다. 코비츠가 이끄는 회사 바스킷츠(Baskits, Inc.)는 북미 전역에 맞춤형 선물을 제작 및 배송하는 회사로 성장했습니다.

많은 여성들이 경력 초반에는 대기업에서 일하는 것을 선호하는 경향이 있습니다. 대기업에서 얻을 수 있는 소속감이나 안정성이 매력적으로 느껴지기 때문입니다. 그러나 일부 여성들은 경력 초반부터 소규모 회사를 인수해 직접 운영하는 길을 선택하기도 합니다. 젠 브라우스(Jenn Braus)는 경영대학원을 졸업한 후 남편과 함께 중남미 지역의 한 고아원에서 1년간 봉사활동을 했습니다. 이후 미국으로 돌아와 회사를 인수했으며, 현재는 응급의료 서비스 기업에 소프트웨어 및 솔루션을 제공하는 시스템즈 디자인 웨스트(Systems Design West)의 CEO로 일하고 있습니다.

한편, 커리어 후반부에 인수 창업을 선택하는 여성들도 적지 않습니다. 대기업에서 오랜 기간 경력을 쌓고 가정을 이루며 살아온 여성들이 삶의 우선순위와 관심사에 맞는 새로운 방식의 일을 찾으면서 인수 창업에 관심을 갖는 경우가 많습니다.

인수 창업을 선택하는 문제는 나이나 성별이 아니라 결국 개인의 역량과 목표에 달려 있습니다. 다음 장에서는 인수 창업에 적합한 사람의 특성을 더 자세히 살펴보고, 이 길이 자신에게 적합한 선택인지 판단하는 방법을 다룰 것입니다.

CHAPTER 2

인수 창업은 당신에게 맞는 길인가?
Is Entrepreneurship Through Acquisition for You?

소규모 회사를 인수하여 경영하는 일이 과연 여러분에게 적합한 선택일까요? 우리는 인수 창업이 매우 특별한 커리어라고 믿지만, 모든 사람에게 적합한 길은 아닙니다. 이 길은 직업적 성취, 독립성, 재정적 보상을 가져다줄 수 있지만, 막대한 시간과 에너지, 그리고 개인적인 희생을 요구하며, 일정 수준의 상식과 사업 감각도 필수적입니다. 따라서 이 길을 선택하기 전에, 인수 창업이 수반하는 도전과 보상이 무엇인지, 그리고 그 일상의 모습을 정확히 이해하는 것이 중요합니다.

사업체를 소유해 본 경험이 인수 창업에 반드시 필요한 것은 아닙니다. 우리가 알고 있는 인수 창업가들 대부분은 처음으로 회사를 소유한 사람들이었습니다. 개인적으로 부유할 필요도 없습니다. 인수 자금은 투자자들로부터 충분히 조달할 수 있기 때문입니다.

결국 이 커리어의 성공 여부는 적성 문제로 귀결됩니다. 성공적인 인수 창업가들은 각기 다른 배경과 성향을 지니고 있지만, 그들의 공통점은 자신만의 회사를 운영하며 깊은 만족감을 느낀다는 점이었습니다. 이 길이 여러분에게 적합한지는 단순한 역량뿐만 아니라, 여러분의 가치관과 목표가 무엇을 지향하는지에 달려 있습니다.

인수 창업가에게 중요한 가치란?
What You Value

사람마다 중요하게 여기는 가치는 다양합니다. 그러나 인수 창업을 고민할 때 스스로에게 던져야 할 핵심 질문은 단 하나입니다. '나는 어떤 가치를 가장 우선시하며, 그 가치를 지키기 위해 무엇을 기꺼이 포기할 수 있는가?'

독립성
Independence

우리가 만난 소규모 기업의 오너들은 스스로 결정하고 실행할 수 있는 자유를 무엇보다 소중히 여겼습니다. 그들은 직장 상사의 허락을 기다릴 필요 없이 스스로 방향을 정했습니다. 영업팀을 더 활기차게 만들고 싶다면 즉시 실행에 옮길 수 있습니다. 딸의 축구 경기를 보러 가고 싶다면 자유롭게 시간을 낼 수 있습니다. 고객이 바라는 것은 단 하나, 제품이 훌륭하고 가격이 합리적인지 여부입니다. 그 일을 어떻게 해냈는지는 아무도 중요하게 여기지 않습니다. 어떤 사람은 가족을 돌보며 회사를 성장시키고, 취미로 레이싱을 즐기며, 주말에는 종교 학교에서 아이들을 가르치기도 합니다. 이들은 자신의 시간을 주도적으로 관리할 수 있는 자유를 누리기 위해 사업가의 길을 선택했습니다. 물론 소규모 회사를 운영한다는 것은 많은 시간을 일에 투자해야 한다는 뜻이지만, 그 시간을 언제, 어디서, 어떻게 사용할지는 전적으로 본인의 선택에 달려 있습니다. 게다가 인수 창업은 어떤 회사를 선택하느냐에서 시작되므로, 처음부터 자신의 라이프스타일과 맞지 않는 회사는 제외할 수도 있습니다.

많은 사람이 독립성을 중요하게 여긴다고 말합니다. 자유를 싫어할 사람은 없겠지만, 현실에서는 오히려 대기업이 만들어 놓은 질서와 틀 안에서 편안함을 느끼는 경우도 적지 않습니다. 해야 할 일과 방법이 명확히 정해져 있을 때 업무는 단순해집니다. '이 매출 목표를 달성하라', '이 마감일을 맞춰라', '이 시간에 사무실에 있으라'와 같은 구체적인 지시가 있으면 오늘 해야 할 일을 정확히 알고, 그것을 마쳤을 때 더 고민할 필요 없이 퇴근할 수 있습니다. 조직의 체계는 성공에 이르기까지의 단계를 명확히 제시해 줍니다. 이러한 체계는 때로는 답답하게 느껴질 수 있지만, 독립적으로 일할 때도 그에 상응하는 스트레스와 책임이 따릅니다. 규모는 작지만 빠르게 움직이는 조직을 운영한다는 것은 목표와 우선순위, 실행 방식을 모두 스스로 점검하고 조정해야 함을 의미합니다. 매일 가장 먼저 해야 할 일을 직접 결정해야 하며, 직장 상사는 없지만 대출 기관, 투자자, 고객, 공급업체, 직원의 기대를 충족시키고, 규제 기관의 감독과 시장 경쟁 속에서 성과로 평가받아야 합니다.

무언가 잘못되었을 때 그 고통을 가장 크게 느끼는 사람은 바로 여러분 자신입니다. 자연스럽게 '내가 더 잘할 수 있었을까?'라는 질문이 떠오를 것입니다. 밤에 집에 돌아와서도 오늘 해결하지 못한 일과 내일 해야 할 일이 계속 머릿속을 맴돌게 됩니다. 모든 것은 결국 본인에게 달려 있습니다.

독립의 현실적인 어려움은 회사를 찾는 순간부터 시작됩니다. 인수에 적합한 회사를 탐색하는 과정에서 여러분은 매일 아침 수많은 업무에 직면하게 됩니다. 브로커와 연락하고, 기업 오너에게 직접 전화를 걸며, 매물로 나온 회사를 검토하고, 인수 제안서를 작성하는 등 해야 할 일은 좀처럼 줄어들지 않습니다. 이런 상황에서 '무엇이 중요한지', '지금 무엇을 먼저 해야 하는지'를 물어볼 직장 상사는 없습니다. 답을 내려야 할 사람은 오직 여러분 자신입니다. 스스로 생각을 정리하고, 중요한 일에 집중하는 능력이 성공의 핵심입니다. 결국, 이 길이 여러분이 원하는 삶인지 스스로에게 물어야 합니다. 독립의 자유는 언제나 책임의 무게와 함께하기 때문입니다.

성과에 따른 직접적인 보상
Being rewarded for what you do

신규 창업이든 기존 회사를 인수하는 방식이든, 창업의 특별한 점 중 하나는 여러분이 하는 모든 노력이 곧 여러분 자신과 투자자에게 직접적인 이익으로 돌아온다는 점입니다. 고객이나 거래처와의 거래를 성사시켰다면, 그 수익은 전적으로 여러분과 투자자의 몫이 됩니다. 보험료나 배송비를 더 낮게 협상했다면, 그 절감분 또한 모두 여러분에게 돌아옵니다.

이처럼 성과가 곧 보상으로 이어지는 구조는 직장 상사의 칭찬이나 조직 내 인센티브보다 훨씬 강력한 동기 부여가 됩니다. 이러한 보상 구조가 만들어 내는 추진력은 단순히 일을 해내는 수준을 넘어 조직 전체의 속도와 에너지를 결정짓는 동시에 양날의 검이기도 합니다. 어떤 달에는 성과가 눈에 띄게 좋아질 수도 있지만, 다른 달에는 오히려 상황이 악화되기도 합니다. 많은 인수 창업가들은 조직에 속해 있을 때는 느끼지 못했던 훨씬 더 큰 감정의 기복을 겪는다고 말합니다. 이는 '직접적인 보상'과 '의사결정의 무게'가 동시에 작용하며 생기는 강렬한 감정과 에너지 때문입니다. 일이 잘 풀리는 날의 성취감은 그야말로 짜릿합니다. 자신의 노력이 가족이나 투자자처럼 여러분을 믿고 의지하는 사람들에게 실질적인 도움이 되었기 때문입니다. 반대로 상황이 뜻대로 풀리지 않을 때는 깊은 좌절을 겪게 됩니다. 실패가 곧 자신이 가장 아끼는 사람들에게 상처로 돌아오기 때문입니다. 앞서 언급한, 아프가니스탄에서 120명의 병사를 지휘했던 중대장 출신 창업가 그렉 암브로시아는 이렇게 말했습니다.

"제 일은 짜릿하지만, 엄청난 스트레스를 동반합니다. 고객, 직원, 투자자들에게 성과를 증명해야 하고, 제 목표도 이루고 싶습니다. 전투 중 병사들을 지휘할 때보다 지금이 훨씬 더 큰 스트레스를 느낄 때가 많습니다. 전투에서는 극도의 긴장이 짧게 몰려온 뒤 긴 휴식이 뒤따랐지만, CEO로서의 책임감은 결코 멈추지 않습니다."

인수 창업의 길에 들어서기 전에 먼저 스스로에게 다음과 같은 질문을 던져야 합니다. '나는 불안과 희열이 교차하는 순간에도 냉정함을 유지할 수 있는가?', '실패를 부끄러워하지 않고 이를 발판 삼아 다시 일어설 수 있는가?', '손실의 아픔보다 성취의 기쁨을 더 오래 간직할 수 있는가?' 인수 창업에서 성공하려면 이러한 감정의 기복을 끝까지 견뎌낼 수 있어야 합니다. 만약 이 과정이 자신의 성향과 맞지 않는다면, 인수 창업은 적합하지 않은 선택일 수도 있습니다.

배움
Learning

회사를 탐색하는 과정에서 다양한 산업과 비즈니스 모델을 접하게 될 것입니다. 그중에는 존재조차 몰랐던 분야도 포함될 수 있습니다. 건실한 소규모 기업들은 주로 경제의 틈새시장에 자리하고 있습니다. 따라서 인수 대상을 정하고 본격적으로 조사에 착수하기 전까지는 해당 회사가 속한 산업에 대해 잘 알지 못했을 가능성이 큽니다. 그러므로 회사를 인수한 후에는 해당 사업에 깊이 몰입하여 단기간 내에 핵심 분야의 전문가로 성장해야 합니다. 동시에 마케팅, 생산, 법무, 회계 등 회사 운영 전반에 대해 최소한의 이해를 갖추는 것도 역시 중요합니다.

새로운 것을 배운다는 것은 언제나 시행착오를 동반합니다. 그 과정에서 실수를 겪는 것은 자연스러운 일이지만, 이러한 실수는 시간과 금전적 손실을 감수해야 합니다. 또한, 여러분은 항상 불완전한 정보를 바탕으로 결정을 내려야 합니다. 모든 세부 사항을 일일이 확인할 시간은 부족하며, 대기업에서는 쉽게 얻을 수 있는 자료나 보고서가 소규모 기업에서는 아예 없는 경우도 많기 때문입니다. 결국 문제를 직관적으로 파악하고 해결하는 법을 배우며, 경험을 쌓아가면서 그 감각을 지속적으로 다듬어야 합니다. 완벽한 결정을 내리기 위해 시간을 지체하기보다는 충분히 타당한 결정을 빠르게 내리는 것이 더 현명할 때가 있다는 것을 깨닫게 될 것입니다. 만약 여러분이 사업에 대해 진심 어린 호기심을 가지고 있고, 자신의 부족함을 인정할 만큼 겸손하다면, 이 여정을 즐길 수 있을 것입니다. 하지만 그렇지 않다면, 이 과정은 그저 고통스러운 시간이 될 뿐입니다.

포기해야 할 것들
What You'll Need to Do Without

인수 창업은 겉으로 보기에는 장점이 많아 보이지만, 그 속을 들여다보면 적지 않은 부담과 현실적인 어려움이 따릅니다. 실제로 인수 창업을 고려하거나 회사를 찾는 사람들은 대기업에서 누리던 안정감과 익숙한 환경을 포기해야 합니다. 이제 그중에서도 가장 포기하기 어려운 몇 가지 요소를 자세히 살펴보겠습니다.

안정적인 급여와 복지
A regular salary plus benefits

소규모 사업체를 성공적으로 인수하면, 투자자들과 함께 여러분의 급여와 복지 수준을 협의하게 됩니다. 그러나 인수할 회사를 찾는 기간 동안에는 이러한 혜택을 기대하기 어렵습니다. 인수 대상을 찾는 일은 하루 대부분의 시간을 전념해야 하는 작업으로, 낡은 차를 고치거나 지하실을 인테리어하는 것처럼 퇴근 후나 주말에 틈틈이 할 수 있는 일이 아닙니다.[3] 따라서 이 기간에는 기존 직장에서 받던 급여와 복지를 포기해야 합니다. 탐색 자금을 어떻게 마련하느냐에 따라 생활비를 충당하는 방식이 달라집니다. 직접 자금을 부담한다면 저축이나 배우자의 수입에 의존해야 할 것입니다. 투자자로부터 자금을 조달한다면 일정 수준의 급여와 복지를 받을 수 있습니다. 보통 급여는 연간 약 80,000 달러 정도로 생활을 유지하기에는 충분하지만 여유롭지는 않습니다. 이러한 상황은

---

3   이 점은 탐색 비용을 다룰 때 다시 설명하겠습니다.

하루라도 빨리 자신에게 적합한 회사를 찾아 인수하려는 강력한 동기를 자연스럽게 부여합니다.

대기업에 속해 있다는 자부심
Working for a big brand

이름만 들어도 알 만한 회사에서 일한다는 것은 누구에게나 자부심을 느끼게 하는 일입니다. '저는 구글에서 일합니다' 또는 '제너럴 일렉트릭이나 코카콜라에서 일합니다'라는 한마디에서 느껴지는 정체성과 소속감은 확실히 특별합니다.

하지만 인수 창업가인 그렉 마주르(Greg Mazur)의 말처럼, 자신이 회사를 직접 소유한다는 사실은 또 다른 형태의 인정과 명성을 제공합니다. 그는 이렇게 말했습니다. "저는 그레이트 이스턴 프리미엄 펫 푸드(Great Eastern Premium Pet Food)의 CEO이자 소유주입니다. 이 말을 할 때마다 제 회사를 직접 소유하고 이끌어 간다는 사실에서 깊은 자부심을 느낍니다."

동료 커뮤니티
A community of colleagues

여러분은 매일 점심 식사를 누구와 함께하십니까?

직장 생활은 단순히 일하는 공간을 넘어 사회적 교류와 경험의 중요한 터전입니다. 특히, 대기업에서는 가치관, 기술, 그리고 학력 등이 비슷한 사람들을 쉽게 만날 수 있습니다. 이들은 곧 여러분의 동료이자 커뮤니티를 형성하며, 주말에는 함께 스키나 골프를 즐기는 등 사적으로도 자주 어울리게 됩니다. 반면에 소규모 기업에서는 진정한 의미의 '동료'를 만나기가 쉽지 않습니다. 함께 일하는 사람들은 대부분 직원, 고객, 혹은 공급업체 관계자에 그치는 경우가 많기 때문입니다. 더욱이, 회사를 인수한 후 CEO가 된 사람이라면 실무진과의 역량 및 경험 격차가 커서 소통의 어려움을 느낄 수도 있습니다. 따라서 새로 회사를 이끌게 된 CEO가 직장에서 마음을 나눌 친구를 찾는 것은 쉽지 않은 일입니다.

물론 업계 모임, 동호회, 종교 단체, 자선 단체 등을 통해 직장 밖에서 새로운 인간관계를 형성하는 것도 가능합니다. 하지만 사업에 전념하느라 여가 활동에 시간을 내기 어려워지고, 이로 인해 사회적 고립감을 느끼는 경우도 적지 않습니다. 특히 이러한 부담은 미혼인 소유주에게 더 크게 다가올 수 있습니다. 한 소규모 기업 CEO는 웃으며 이렇게 말했습니다. "저요? 연애도 결혼도 다 제쳐두고 그냥 사업만 합니다."

자원과 인프라
Resources and infrastructure

대기업은 직원들의 업무를 지원하기 위해 다양한 자원을 갖추고 있습니다. 인사 (HR), 법무, 연구개발 (R&D) 부서가 있으며, 새로운 프로젝트에 투자할 충분한 자본도 보유하고 있습니다. 이러한 전문 인력, 체계적인 절차, 그리고 풍부한 자원이 뒷받침되기 때문에 대기업에서는 직원들이 높은 성과를 낼 가능성이 큽니다. 반면, 소규모 기업은 이러한 인프라가 부족하여 일을 완벽하게 하는 것보다 일단 해내는 것 자체가 더 중요해집니다. 예를 들어, 신제품 출시는 시장 조사 보고서 대신 소유주의 직감으로 결정되기도 합니다. 급여를 조정할 때도 시장 조사를 거치기보다는 근처 사업주 몇 명에게 직접 물어보고 정하는 일이 흔합니다. 재무제표

역시 내부에서 자체적으로 작성하며 외부 감사를 받지 않는 경우도 많습니다. 이는 소유주가 재무 보고서보다 매일의 현장 경험과 직관을 더 신뢰하기 때문입니다.

앞서 언급했듯이, 소규모 기업은 중요한 결정을 내릴 때 정밀한 데이터 분석보다는 직관과 제한된 정보에 의존하는 경향이 있습니다. 이는 소규모 기업의 CEO들이 이러한 방식을 선호해서가 아니라, 현실적으로 그것이 가장 빠르고 효과적인 선택이기 때문입니다. 이러한 환경에서 성공하려면, 완벽한 정보 대신 경험과 직관을 활용하여 신속하게 판단하는 능력을 길러야 합니다.

기술과 자질
Skills and Traits

지금까지는 인수 창업가로서 성공하기 위해 필요한 가치와 목표에 대해 살펴보았습니다. 이제 성공적인 인수 창업가들에게 공통적으로 나타나는 자질과 역량에 대해 이야기해보겠습니다.

기본적인 경영 역량
Basic management skills

이 책에서 소개하는 많은 사례가 하버드 비즈니스 스쿨 MBA 졸업생들을 중심으로 다루어지는 이유는 그들이 우리의 제자이자 잘 알고 있는 인물들이기 때문입니다. 그렇다고 해서 이 길을 걷는 데 MBA 학위가 반드시 필요한 것은 아닙니다. 오히려 중요한 것은 일정 수준의 경영 경험과 사업 감각입니다. 재무제표를 읽을 줄 알고, 기본적인 재무 원리와 재

인수 창업 가이드 북

무 모델링 등 '비즈니스 언어'를 이해할 수 있어야 합니다.

한 가지 더 중요한 점은 다른 사람들을 이끌고 관리할 줄 아는 능력입니다. 모든 정보를 충분히 갖추지 못한 상황에서도 결정을 내려야 하는 순간은 끊임없이 찾아옵니다. 이럴 때 현실 감각과 판단력은 작은 회사를 안정적으로 운영하는 데 큰 도움이 됩니다. 에너지와 집중력 역시 빼놓을 수 없는 요소입니다. 소규모 기업을 경영한다는 것은 많은 노력을 요구할 뿐만 아니라, 직접 현장에서 방향을 제시하는 '선두에서 이끄는 리더십'을 필요로 합니다. 소유주는 회사의 속도와 방향을 결정하는 것은 물론, 때로는 영업 총괄이나 최고재무책임자 (CFO) 역할까지 직접 맡아야 할 때도 있습니다.

이러한 기본적인 경영 역량은 사업을 직접 운영한 경험이 없어도 충분히 습득할 수 있습니다. 실제로 훌륭한 인수 창업가나 소규모 기업 경영자 중에는 군 출신이나 엔지니어 등 전혀 다른 경력을 가진 사람들도 많습니다. 물론 모든 사람이 회사를 성공적으로 운영할 수 있는 것은 아닙니다. 매도자와의 인수인계 기간 동안 충분히 협력하며, 자신이 경영을 이어갈 수 있다고 확신하는 회사를 선택하는 것이 중요합니다.

신뢰를 주는 태도와 자신감
A convincing attitude and confidence

탁월한 의사소통 능력은 인수 창업가에게 필수적인 자질입니다. 매도자, 사업 브로커, 투자자, 직원 등 처음 만나는 사람들에게 자연스럽게 다가가 자신감과 긍정적인 에너지를 보여 주는 것이 중요합니다. 사람들은 여러분이 신뢰할 만한 사람인지 끊임없이 판단하려 할 것입니다. 만약 여러분이 스스로를 믿지 않는다면 그들 역시 여러분을 신뢰하기 어려울 것입니다. 물론 항상 낙관적이거나 자신감이 넘칠 수는 없습니다. 하지만 불안이나 걱정이 있더라도 결정을 내리고 행동으로 옮길 줄 알아야 합니다. 인수 창업가는 실수를 두려워하지 않기 때문에 어려운 상황에도 멈추지 않습니다. 잘못된 결정을 내릴 때도 있지만, 그 경험을 통해 배우고 방향을 조정하며 다시 앞으로 나아갑니다.

끈기
Persistence

인수에 적합한 회사를 찾는 과정에는 끊임없는 에너지가 필요합니다. 마음에 드는 회사를 발견할 때까지 탐색을 멈추지 않고, 관심 있는 회사를 철저히 검토하며, 인수가 완료될 때까지 여러 차례 협상을 이어갈 의지가 있어야 합니다. 회사를 찾는 동안 하루 12시간씩 몇 달을 일해도 마음에 드는 매물을 단 한 곳도 찾지 못할 수 있습니다. 이런 탐색 과정은 아무리 노력해도 눈에 띄는 성과가 없어 답답하게 느껴질 때가 많습니다. 최악의 경우, 마음에 드는 회사를 찾아 가격과 조건에 합의하고 수개월간 계약 마무리 절차를 진행했음에도 불구하고, 막판에 매도자가 매각을 철회해 거래가 무산되는 일도 발생할 수 있습니다. 탐색 과정은 진전이 더딘 날들, 예기치 못한 실망, 그리고 수많은 좌절로 가득 차 있습니다. 그러나 단 한 번의 성공은 이러한 긴 여정의 끝에서 찾아옵니다. 끈기 있는 인수 창업가들은 이러한 극심한 기복을 끝까지 견뎌내며 마침내 자신이 찾던 회사를 손에 넣게 됩니다.

어떤 이들은 경력 초반부터 자신만의 회사를 창업해 직접 운영하겠다는 확신을 갖습니다. 하지만 창업의 길은 결코 단순하지 않습니다. 스스로 회사의 주인이 되어 누군가의 지시를 받지 않는 자유를 원하면서도 직장 동료들과의 끈끈한 유대감을 포기하고 싶지 않을 수 있습니다. 또한, 자신의 노력과 성과가 정직하게 보상받기를 바라지만, 사업가로서 매일 마주해야 할 위험을 직접 감수하는 것은 부담스러울 수 있습니다. 모든 기준을 완벽히 충족하는 선택지는 없다는 점을 기억해야 합니다. 지금 겪는 이러한 갈등과 고민은 결코 여러분만의 문제가 아닙니다. 인수 창업으로 성공한 사업가들 역시 비슷한 고민의 터널을 지나왔습니다.

인수 창업은 결코 평범한 선택이 아니라는 점을 기억해야 합니다. 실제로 미국의 약 1억 8,000만 명의 근로자 중 자기 회사를 소유한 사람은 2% 미만에 불과합니다. 그럼에도 우리가 만나본 대부분의 인수 창업가들은 자신의 일에 깊은 자부심과 만족감을 보였습니다. 반대로 대기업에서 성공 가도를 달리는 임원들 중에는 오히려 자기 일에 만족하지 못하는 경우가 많았습니다. 확실한 건, 우리가 만난 성공적인 인수 창업가 중 다시 조직의 일원으로 돌아가고 싶다고 말한 사람은 한 명도 없었다는 점입니다.

인수 창업의 길을 택하기 전, 다음 한 가지를 꼭 기억해야 할 것입니다. 인수 창업은 개인적인 부를 쌓을 수 있는 기회를 제공합니다. 그러나 금전적 성공을 삶의 만족감과 동일시하는 함정에 빠져서는 안 됩니다. 특히 인수 창업처럼 정해진 길이 없는 영역에서는 성공을 숫자로 예측하기 어렵습니다. 따라서 무엇보다 중요한 것은 그 일을 하고 있을 당신의 일상을 한 번 상상해 보는 것입니다. 만약 그 모습이 즐겁게 그려지고, 그 과정 자체를 즐길 수 있겠다고 느껴진다면, 경제적 성공은 그 여정의 끝에서 당신을 기다리고 있을 것입니다.

지금까지의 이야기에 여러분이 조금이라도 공감했다면, 이제 다음으로 넘어가 봅시다. 이제는 소규모 회사를 실제로 인수하는 과정을 살펴볼 차례입니다.

CHAPTER 3

인수 과정
The Acquisition Process

회사를 찾아 인수하는 과정은 커리어에서 가장 흥미로우면서도 도전적인 경험 중 하나가 될 것입니다. 수많은 사업을 들여다보고, 다양한 사람들을 만나며, 무엇보다 자신의 미래를 결정하는 중요한 선택을 깊이 고민하게 되기 때문입니다. 물론 그 과정은 결코 만만치 않습니다. 인수까지의 모든 단계를 스스로 설계하고 실행해야 하므로 정신적·육체적으로 상당한 에너지가 소모됩니다. 회사를 인수하는 과정은 전업으로 매달려도 최소 6개월에서 최대 2년 정도 소요됩니다.

이 책의 나머지 부분에서는 인수 과정을 단계별로 상세히 안내합니다. 이번 장에서는 그에 앞서 전체적인 개요를 먼저 소개합니다. 각 단계가 어떻게 구성되어 있는지, 앞으로 어떤 일을 단계별로 해야 하며, 얼마나 시간이 필요한지를 이해할 수 있을 것입니다. 인수 과정은 총 4단계로 이루어져 있으며, 다음 장에서 순서대로 자세히 설명하겠습니다.

1. 탐색 전략 수립 (Preparing for your search)

2. 적합한 회사 발굴 (Finding the right business to buy)

3. 인수 제안 및 조건 협상 (Making an offer)

4. 최종 계약 및 성공적인 마무리 (Completing the acquisition)

회사를 인수하기 위한 탐색을 시작하기 전에, 반드시 짚고 넘어가야 할 것이 있습니다. 바로 탐색 과정에 드는 비용을 구체적으로 파악하고, 그에 대한 자금 계획을 세우는 일입니다. 여기서 말하는 비용은 단순한 금전적인 지출뿐만 아니라 시간과 에너지, 그리고 안정적인 급여를 포기하는 기회비용까지 모두 포함됩니다. 이 책의 4장과 5장에서는 이러한 재무 비용을 좀 더 구체적으로 살펴보고, 탐색과 인수 과정에 필요한 자금을 어떻게 준비할 수 있는지 단계별로 안내할 것입니다.

다음으로 인수할 회사의 조건을 구체적으로 정해야 합니다. 회사의 위치, 산업 분야, 규모 등은 개인의 역량, 특정 산업에 대한 이해, 선호도에 따라 유리한 인수 대상이 달라질 수 있습니다. 위험 관리 측면에서 가장 이상적인 기업은 꾸준히 수익을 내고 안정적으로 성장하며, 충성도 높은 단골 고객을 보유한 소규모 기업입니다. 이에 대한 자세한 내용은 '원하는 업종의 회사를 인수하려는 경우'를 참고하시기 바랍니다.

탐색 자금을 확보하고 인수할 기업의 기준을 세웠다면, 이제 본격적으로 회사를 찾아 나설 단계입니다. 탐색 과정에서 여러분은 수백 개의 후보 기업을 검토하게 될 것입니다. 대부분은 기본 조건이 맞지 않아 초기 단계에서 빠르게 제외할 수 있습니다. 그러나 유력한 후보 기업에 대해서는 훨씬 더 정밀한 검토가 필요합니다. 실제로 자금이 오가기 전까지는 목표 회사에 대한 모든 정보를 파악해야 합니다. 재무 성과, 공급망, 직원 구성, 경영진, 고객 관계, 보유 설비는 물론, 기업이 속한 산업과 경쟁 업체 정보까지 철저히 조사해야 합니다.

원하는 업종의 회사를 인수하려는 경우
WHAT IF YOU WANT TO BUY A DIFFERENT TYPE OF BUSINESS?

만약 막연히 사업체를 찾는 것이 아니라 처음부터 특정 사업을 인수할 목표를 가지고 있다면 어떨까요? 치과 대학을 갓 졸업한 사람이라면 새로 개원하는 대신 이미 운영 중인 치과를 인수하는 방안을 고려할 수 있습니다. 골동품 애호가라면 경제적 이익보다는 취미와 일을 병행할 수 있는 골동품 가게를 인수하는 데 더 끌릴 수도 있습니다. 은퇴를 앞둔 임원이라면 오랫동안 살아온 정든 동네에서 작은 가게를 운영하며 여유로운 삶을 꿈꿀 수도 있습니다.

목표가 분명하더라도 이 책의 핵심 내용은 대부분 그대로 적용됩니다. 어떤 유형의 회사를 원하든, 결국 자신의 상황에 맞는 최적의 인수 대상을 찾아내는 과정은 동일하기 때문입니다. 따라서 좋은 매물을 선별하는 데 필요한 원칙과 조언들은 여전히 유효하며, 실질적인 판단 기준이 되어줄 것입니다. 물론, 주된 목적이 재정적 성공이 아니라면 탐색 전략은 일부 달라질 수 있습니다. 예를 들어 사업 브로커보다는 관련 업계 박람회에서 기회를 찾는 것이 더 효과적일 수 있습니다. 성공의 기준이 다르니 회사를 평가하는 기준 또한 달라질 것입니다. 하지만 잠재 매물을 조사하고, 가격을 제안하고, 거래를 협상하며, 자금을 조달해 인수를 마무리하는 핵심 과정은 동일합니다. 만약 돈을 버는 것만이 유일한 목표가 아니라면, 회사를 찾는 방식부터 달라져야 합니다. 불특정 다수를 상대하는 비즈니스 매물 브로커를 이용하기보다는 관련 업계 박람회와 같은 곳에서 직접 기회를 모색하는 것이 더 효과적일 수 있습니다. 성공을 바라보는 관점이 다르면 회사의 가치를 평가하는 방식도 달라질 수밖에 없습니다. 하지만 핵심적인 인수 프로세스 자체가 달라지는 것은 아닙니다. 잠재 인수 대상 회사를 조사하고, 인수 제안 가격을 산정하며, 거래를 협상하고, 인수 자금을 조달한 뒤, 최종적으로 인수를 마무리하는 과정은 인수 목적과 관계없이 동일하게 진행되어야 합니다.

유망 기업 소싱하기
Identifying Prospects

소싱 (Sourcing)은 인수 가능한 소규모 회사를 발굴하는 활동으로, 인수 창업의 실질적인 첫걸음입니다. 탐색을 시작할 때, 사업 브로커를 통해 기회를 찾을지 아니면 소유주에게 직접 접근할지를 결정해야 합니다. 두 방식은 과정과 성격이 상당히 다릅니다.

대다수의 소규모 기업 소유주는 회사를 매각하는 경험이 처음이기에 비즈니스 매물 브로커의 도움을 받습니다. 브로커는 매도자를 대신해 가격 협상부터 조건 조율까지 전 과정을 책임집니다. 이 과정에서 매수자인 여러분이 인수 적합성을 판단할 수 있도록 회사 자료를 제공합니다. 브로커와의 관계가 잘 형성되면, 여러분의 관심사에 맞는 회사를 발견했을 때 우선적으로 연락을 받을 가능성이 높아집니다. 많은 인수 창업가들은 인수 대상을 찾는 과정에서 100명 이상의 브로커와 긴밀히 연락을 주고받습니다. 넓은 지역과 다양한 산업을 탐색하려면 많은 브로커와 협력하는 것이 필수적입니다.

한편, 일부 인수 창업가들은 브로커를 거치지 않고 소유주에게 직접 접근하여 거래를 성사시키기도 합니다. 이 방식은 회사가 시장에 매물로 나오기 전에 접근할 수 있어 더 유리한 조건과 가격으로 거래를 성사시킬 가능성이 있다는 점에서 매력적입니다. 그러나 소유주에게 직접 접근하는 방식은 상당한 시간과 노력이 요구됩니다. 인수 대상 리스트를 직접 작성하고, 다양한 경로를 통해 조사한 뒤, 우편, 이메일, 전화 등을 이용해 일일이 연락해야 하기 때문입니다. 실제로 매각 의사가 있는 소유주를 한 명 찾기 위해서는 브로커를 이용할 때보다 훨씬 더 많은 사람과 접촉해야 합니다.

운 좋게 좋은 회사를 찾았다 하더라도, 매도자가 시장 가격이나 일반적인 거래 절차를 잘 모르는 경우가 종종 있어 이를 이해시키는 과정이 필요합니다. 브로커가 없다면 이러한 설명과 설득을 모두 직접 해야 하므로 더 많은 시간과 노력이 요구됩니다. 두 가지 소싱 전략의 구체적인 실행 방법은 8장과 9장에서 자세히 설명하겠습니다.

유망 기업 선별하기
Filtering prospects

어떤 방식으로 후보 회사를 소싱하든, 여러분은 빠르게 매물을 선별하여 더 깊이 검토할 회사를 소수의 관리 가능한 범위로 좁히는 것이 중요합니다. 후보 회사를 선별할 때는 브로커나 소유주로부터 즉시 확인 가능한 정보를 활용해 인수하려는 회사의 특성과 비교 평가해야 합니다.

10장 「지속 가능한 수익을 창출하는 소규모 기업」과 11장 「재무 정보를 활용해 지속 가능한 수익 구조 평가하기」에서는 이 선별 과정을 상세히 설명하며, 사업 건전성을 판단하고 심층 실사 진행 여부를 결정하는 데 필요한 도구를 제공할 것입니다.

인수 제안하기
Making an Offer

마음에 드는 소규모 회사를 찾았다면, 그 회사가 정말 여러분에게 적합한지 평가하기 위해 파악해야 할 것이 많습니다. 사업이 실제로 어떻게 운영되는지, 고객은 누구인지, 핵심 직원이나 주요 공급업체가 있는지 등을 자세히 조사해야 합니다. 브로커에게서 받은 서류를 더 깊이 분석하거나, 직접 발굴한 잠재 매물이라면 소유주로부터 추가 정보를 얻을 수 있습니다. 이후 소유주와 대화를 나누고 회사를 방문하며, 같은 업종의 다른 회사들과 접촉하는 과정도 시작됩니다. 이러한 **예비 실사 (Preliminary Due Diligence)** 과정은 반복적인 성격을 띱니다. 하나의 사실 확인이 연쇄적인 질문으로 이어지기 때문입니다. 이처럼 조사, 필터링, 질문, 학습을 계속 반복하다가, 마침내 인수 제안을 할 준비를 하게 됩니다. 이것이 바로 탐색 과정의 핵심이며, 이에 대해서는 12장 「소유주의 매각 의지 파악하기」에서 자세히 다룰 것입니다.

인수 가격과 거래 조건
Offer price and deal terms

적정 인수 가격을 산정하는 마법 같은 공식은 없지만, 대부분의 소규모 기업은 조정 **EBITDA (감가상각전 이익)** 기준으로 3~5배 수준에서 거래됩니다. EBITDA라는 개념은 11장에서 더 자세히 설명하겠지만, 회사의 세전 영업현금흐름과 유사한 개념이라고 이해하면 됩니다. 물론 이 배수

(멀티플)는 해당 회사가 여러분과 매도자에게 주는 가치에 따라 달라질 수 있습니다. 이러한 요소들을 고려하여, 여러분은 매도자에게 첫 번째 인수 제안서를 보내게 되는데, 이를 **관심표명서 (Indication of Interest, IOI)** 라고 부릅니다. 관심표명서는 보통 한 장짜리 문서로, 가격 외에 구체적인 거래 조건은 거의 담지 않으며, 매수자나 매도자 모두에게 법적 구속력이 없습니다. 관심표명서의 목적은 가격 (또는 가격 범위)에 대해 잠정적으로 합의하는 데 있습니다. 이를 통해 다른 조건 협상에 시간을 들이기 전에, 가격 측면에서 의견이 맞는지를 확인할 수 있습니다. 가격 산정 방식과 예비 인수의향서 작성 방법은 14장 「소규모 기업 인수에 얼마를 지불해야 하는가?」에서 다루겠습니다.

인수의향서
The letter of intent

인수를 진행하려면 인수 가격뿐만 아니라 매도자 채권 (셀러 파이낸싱) 규모 등 인수 조건도 함께 결정해야 합니다. 매수자와 매도자는 인수 가격과 기타 조건에 대해 협상하며, 이 과정은 핵심 조건을 담은 **인수의향서 (Letter of Intent, LOI)**를 작성하는 단계에서 시작됩니다. 협상은 주로 가격을 중심으로 시작되며, 이후 금융 구조, 선행 조건, 확인 실사 계획 등으로 논의가 이어집니다. 인수 준비를 위해 소유주와 합의하여 매수자에게 일정 기간 독점 교섭권을 부여하는 것도 통상적인 절차입니다. 구체적인 거래 조건과 인수의향서 체결 과정에 대해서는 15장 「거래 조건」과 16장 「인수 제안」에서 자세히 설명할 것입니다.

매수자는 인수의향서를 협상하는 동안에도 다른 인수 후보를 지속적으로 발굴해야 합니다. 브로커 매물과 직접 소싱을 병행하며 탐색을 이어가고, 다른 후보 기업들에 대한 예비 실사도 동시에 진행해야 합니다. 대부분의 인수의향서는 결국 거절되기 때문에, 단 하나의 거래에만 의존해서는 안 됩니다. 매도자가 비현실적인 가격을 요구하거나, 매각 의지가 없거나, 현금 비중이 높은 조건을 선호해 매도자 채권을 거부하는 등 다양한 이유로 제안이 거절될 수 있습니다. 가장 흔한 경우는 매도자의 속내를 끝내 알 수 없는 상황입니다. 아무런 답변 없이 침묵으로 제안을 묵살하는데, 이를 흔히 '월스트리트식 거절 (Wall Street no)'이라고 부릅니다.

인수 완료하기
Completing the Acquisition

매도자가 서명한 인수의향서를 회신하면, 본격적으로 **확인 실사 (Confirmatory Due Diligence)** 단계에 돌입하게 됩니다. 이 단계는 탐색과 인수 과정 중 가장 많은 시간과 노력이 요구되며, 그동안 파악한 회사의 재무와 운영에 대한 이해가 정확한지 철저히 검증하는 절차입니다. 이 시기에는 회사를 더 깊이 이해하기 위해 이전보다 훨씬 더 많은 시간을 회사에서 보내며, 직원뿐만 아니라 주요 공급업체와 핵심 고객까지 직접 만나 정보를 확인합니다. 동시에 인수 자금 조달을 위해 대출 기관과 지분 투자자들과도 협의해야 합니다.[4]

여러분은 여러 중대한 업무를 처리하기 위해 외부 전문가를 고용하고 관리해야 할 것입니다. 공식 인수 문서를 준비하고 숨겨진 부채를 확인하려면 변호사가 필요하며, 재무 검토와 **수익의 질 보고서 (quality-of-earnings report)**를 작성하기 위해 회계사를 고용해야 합니다. 이는 회사

---

4 〈인수 자금은 어떻게 마련할 것인가?〉 참고

가 청구서와 세금을 제대로 납부했는지 확인하고, 수익성을 유지할 수 있을지 명확히 파악하기 위함입니다. 이 외에도 환경 관련 책임이나 노동 문제 등을 확인하기 위해 다른 외부 전문가의 자문이 필요할 수 있으며, 이들에게도 비용을 지불해야 합니다. 확인 실사 과정에서 발견된 문제들은 회사에 대한 기존의 인식을 크게 바꿀 수 있으므로, 이러한 문제는 신속히 파악해야 합니다. 만약 거래를 중단해야 할 정도로 심각한 사안이 있다면, 시간을 효율적으로 관리하고 외부 자문 비용을 절약하기 위해서라도 최대한 빨리 그 문제를 찾아내야 합니다. 예를 들어, 매도자의 실수로 회계 수치가 잘못 기재되어 있다면 이를 수정하고 가격 조정을 요구해야 합니다. 다만, 재협상이 항상 원하는 방향으로 이뤄지는 것은 아닙니다. 합의에 실패하면 다른 인수 후보로 넘어가야 합니다.

확인 실사가 성공적으로 마무리되면, 다음 단계는 인수의향서(LOI)보다 훨씬 더 구체적이고 상세한 조건을 담은 매매계약서를 협상하는 것입니다. 매매계약서의 세부 사항은 16장 「인수 제안」과 19장 「인수에 필요한 자기자본 조달」에서 자세히 설명하겠습니다. 확인 실사가 완료되면 마침내 인수가 성사되는 날이 찾아옵니다. 인수 창업가들은 이 순간을 가장 의미 있고 보람 있는 시간으로 여깁니다. 이는 수개월 동안 후보 기업을 발굴하고 검토하며 끊임없이 협상해 온 노력이 마침내 자신의 회사를 인수하는 결실로 이어지기 때문입니다. 회사를 인수하는 순간부터 그들은 새로운 소유주이자 CEO가 됩니다. 하지만 끝이 아니라 이제 막 시작일 뿐입니다. 많은 인수 창업가들은 인수 직후 몇 개월을 마치 소방호스로 물을 들이마시는 것과 같다고 말합니다. 회사를 책임지는 동시에 새로운 세부 사항을 끊임없이 배워야 하기 때문입니다. 이러한 전환기에 대한 구체적인 조언은 21장 「인수 클로징과 그 이후」에서 자세히 다룰 예정입니다.

인수 자금은 어떻게 마련할 것인가?
HOW WILL YOU PAY FOR YOUR ACQUISITION?

회사를 찾거나 인수할 때 필요한 자금을 반드시 본인의 돈으로만 마련할 필요는 없습니다. 주위에 부유한 지인이 있어야 한다는 생각도 잘못된 것입니다. 인수 자금은 은행 대출, 매도자 채권, 개인 투자자의 지분 투자 등 다양한 방식으로 조달할 수 있습니다. 그렇다면 지분 투자에 참여할 사람들은 누구일까요? 실제로 본인이 생각하는 것보다 훨씬 다양한 사람들이 인수 창업에 투자할 자격과 여력을 갖추고 있습니다. 지역 병원 원장, 변호사, 중소기업 대표, 기업 임원 등 자산은 있지만 매력적인 비상장 투자 기회를 찾기 어려운 사람들이 여기에 포함됩니다.

인수 창업을 시작하는 많은 창업자들은 이러한 투자자들로부터 자금을 유치합니다. 이 투자자들은 주식시장보다 높은 수익률을 기대하며 투자 기회를 찾고 있으며, 여러분은 바로 그 기회를 제공하는 역할을 합니다. 5장에서는 인수 자금이나 탐색 비용을 마련하기 위해 투자자들에게 접근하는 방법을 설명합니다. 5부에서는 인수를 완료하기 위해 필요한 자금을 단계별로 조달하는 방법을 다룹니다.

  소규모 회사를 찾는 과정은 외부로 끊임없이 손을 뻗어 기회를 만들고, 그 기회에 에너지와 열정을 쏟아 적합한 거래를 찾아내는 일입니다. 즉, 소규모 회사를 인수하려면 탐색에 전적으로 몰두해야 하며, 그 과정에서 많은 실망스러운 일을 겪을 수 있습니다. 실제로 인수가 성사되기 전까지는 노력의 결과가 가시적으로 드러나지 않는 경우가 많습니다. 이러한 이유로 2장 「인수 창업은 나에게 맞는 길인가?」에서 강조했던 자질들이 중요합니다. 에너지, 열정, 끈기, 그리고 매일 스스로를 독려할 수 있는 능력이 있어야 탐색을 성공적으로 마무리하고 좋은 회사를 인수할 수 있습니다.

Preparing for Your Search

2부

탐색을 위한
사전 준비

Preparing for Your Search

여러분은 직접 소유하고 경영할 소규모 회사를 인수하여 창업가가 된다는 개념에 흥미를 느끼고 계실 것입니다. 2부에서는 본격적인 탐색에 앞서 필요한 준비 과정을 안내합니다.

먼저 4장 「탐색 과정에 드는 비용 미리 계산하기」에서는 전업으로 탐색을 진행할 때 발생하는 실제 지출 비용과 소득 상실에 따른 기회비용을 모두 다룹니다. 이어지는 5장 「탐색 자금 마련하기」에서는 탐색 과정을 성공적으로 완주하기 위해 필요한 자금을 어떻게 마련할지 집중적으로 살펴봅니다. 마지막으로 6장 「인수할 회사의 조건 정의하기」에서는 여러분이 인수해야 할 기업이 갖춰야 할 특징들에 대해 설명합니다."

탐색 과정에 드는 비용 미리 계산하기
Anticipating the Cost of Your Search

소규모 회사를 인수하기 위해 가장 먼저 해야 할 일은 합리적인 가격에 매물로 나온 기업들 가운데 여러분이 원하는 조건을 갖춘 회사를 찾아내는 것입니다. 우리는 이 과정을 **탐색 (Search)** 이라 부르며, 이 책의 상당 부분은 탐색을 어떻게 효과적으로 수행할지에 대한 내용으로 구성되어 있습니다.

탐색 과정은 시간과 비용이 많이 드는 작업이며, 인수 성공 여부는 여러분의 판단력과 일정 부분 운에 달려 있습니다. 탐색이 어려운 가장 큰 이유는 소규모 기업 인수 시장이 폐쇄적이며, 기업 정보가 한곳에 통합되어 있지 않기 때문입니다. 많은 소규모 사업주들이 고객이나 직원이 불안해할 것을 우려해 자신이 회사를 매물로 내놓았다는 사실을 공개하기를 꺼립니다. 이처럼 시장 정보가 충분히 공개되지 않기 때문에 여러 비즈니스 브로커를 통하거나, 사업주들에게 직접 연락해 회사를 매각할 의사가 있는지 확인하는 방법밖에 없습니다. 그 과정에서 인수 가능한 회사 목록은 계속 변동됩니다. 어떤 회사는 이미 거래가 성사되어 시장에서 사라지고, 또 다른 사업주는 매각을 결심하여 새로운 매물이 나타나기도 합니다. 기업 인수 시장의 이러한 특성 때문에 탐색 작업은 전업으로 매달려도 1~2년이 걸릴 수 있습니다.

인수할 회사를 찾는 과정에서는 다양한 비용이 발생합니다. 사무실 운영비, 통신 및 인터넷 요금, 자료 조사비, 출장비뿐만 아니라 변호사와 회계사 등 전문가에게 지급하는 수임료도 포함됩니다. 그러나 탐색 과정에서 가장 큰 비용은 따로 있습니다. 바로 현재 경력을 잠시 멈추는 동안 받지 못하는 보상, 즉 기회비용입니다. 여기에는 급여뿐만 아니라 성과급, 건강보험, 연금 등 복리후생도 모두 포함됩니다.

탐색 비용은 탐색을 어떻게 계획하느냐에 따라 달라질 수 있으며, 50만 달러 미만일 수도 있고 100만 달러를 초과할 수도 있습니다. 회계사나 변호사 수임료처럼 실제로 지출되는 비용도 있지만, 가장 큰 비중을 차지하는 것은 여러분이 포기하게 되는 급여와 복리후생비입니다. 탐색 비용은 본인이 직접 부담할 수도 있고, 일부 자금을 투자자들에게 조달할 수도 있습니다. 어떤 사람들은 배우자의 소득으로 생활비를 충당하는 등 특별한 방식으로 비용을 해결하기도 합니다. 그러나 탐색 자금을 조달할지 여부를 고민하기 전에, 먼저 탐색 범위와 조건을 명확히 이해하는 것이 중요합니다.

탐색 비용을 계산하려면 먼저 탐색 방식 결정해야 합니다. 다음은 몇 가지 중요한 선택 사항입니다.

- 파트너와 함께 탐색할 것인가, 아니면 혼자 탐색할 것인가?

- 어느 지역과 산업에 집중할 것인가?

- 브로커를 활용할 것인가, 아니면 직접 소싱 활동을 할 것인가?

소규모 회사를 인수하기 위한 탐색에는 정답이 없습니다. 전국적으로 폭넓게 탐색하여 인수에 성공한 사람도 있고, 특정 지역에 집중해 좋은 결과를 얻은 사람도 있습니다. 예를 들어, 제이 데이비스(Jay Davis)와 제이슨 파나노스(Jason Pananos)는 2년 반 동안 75만 달러를 들여 '벡터 디지즈 컨트롤 인터내셔널(Vector Disease Control International)'이라는 회사를 찾아 인수했습니다. 반면, 주드 투마(Jude Tuma)는 단 두 달 만에 '펜 워런티(Penn Warranty)'라는 회사를 찾아내어, 3개월 만에 거래를 마무리했습니다. 지금까지 우리가 확인한 사례 중 가장 검소하게 탐색을 진행한 사람은 아리 메도프(Ari Medoff)입니다. 그는 미국 동남부 지역에서 인수할 회사를 찾는 데 총 14개월 동안 탐색비와 생활비를 포함해 2만 5,000달러도 채 쓰지 않았습니다. 아리는 결국 조건에 맞는 요양 간호 서비스 업체를 성공적으로 인수했지만, 그 과정에서 가족과 함께 장인, 장모의 집 지하 주거 공간에서 지내며 생활비를 최소화했습니다. 이처럼 탐색 비용이 사람마다 크게 차이 나는 이유는 운의 요소도 일부 있지만, 궁극적으로는 탐색의 범위와 방식에 대한 선택에 따라 달라집니다.

파트너와 함께 탐색할 것인가 아니면 혼자 탐색할 것인가?
Searching alone or with a partner

많은 인수 창업가들, 특히 경험이 부족한 사람들은 파트너와 함께 사업체를 인수하는 것이 유리하다고 생각합니다. 파트너와 함께 회사를 찾으면 서로의 부족한 부분을 보완하고 더 나은 결정을 내릴 수 있기 때문입니다. 파트너가 있으면 혼자일 때보다 탐색 과정이 훨씬 더 생산적이라는 주장은 설득력이 있습니다. 각자의 전문성이 다를 경우, 서로 잘 아는 분야의 매물을 맡아 검토함으로써 전체 탐색 효율을 크게 높일 수 있습니다. 제조업 회사를 검토할 때는 제조업 운영이나 생산 관리 경험이 있는 파트너가 정확한 판단을 내릴 수 있으며, 소매업 및 리테일 관련 기회를 검토할 때는 마케팅 및 유통 경험이 있는 파트너가 고객 기반, 브랜딩, 영업 구조 등을 더 효과적으로 분석할 수 있습니다. 파트너끼리 지속적으로 의견을 나누고 경험을 공유하다 보면 탐색 기준이 더욱 정교해지고 집중해야 할 방향이 명확해집니다. 이러한 시너지 효과는 실제로 존재하며, 제대로 된 파트너를 만났을 때 그 효과가 상당히 크게 나타날 수 있습니다.

파트너와 함께 탐색한다는 것은 비용이 두 배로 늘어난다는 뜻이기도 합니다. 웹사이트 구축이나 통신비 같은 일부 고정비를 제외하면, 파트너가 생기면 탐색 비용은 거의 두 배로 늘어납니다. 급여를 포기하는 사람도 두 명이고, 생활비도 두 사람 몫이 필요하며, 사무실도 더 넓어야 하고, 출장비도 두 배로 증가합니다. 여기에 더 큰 비용은 인수 창업으로 얻게 될 금전적 보상이 절반으로 줄어든다는 점입니다.

회사를 인수한 뒤에도 두 명의 급여, 건강보험, 연금 등 혜택을 모두 부담해야 하므로, 규모가 작은 회사일수록 상당한 부담이 될 수 있습니다. 게다가 역할 분담 문제도 생각보다 복잡합니다. 대부분 한 사람이 운영하던 회사를 인수하게 되는데, 둘 중 누가 CEO를 맡을지, 다른 파트너는 어떤 역할을 할지, 의견이 엇갈릴 경우 어떻게 정리할지를 미리 정해 놓아야 합니다.

파트너와 함께 사업을 운영할 때 발생하는 여러 문제를 줄이는 방법 중 하나는, 두 사람이 함께 경영해도 될 만큼 역할과 보상이 충분히 제공되는 규모가 큰 회사를 인수 대상으로 삼는 것입니다. 그러나 규모가 클수록 수익성과 현금흐름에 비해 매각 금액이 더 높게 책정되는 경향이 있습니다. 따라서 이러한 방식을 택하더라도 파트너 체제에서 발생하는 경제적 부담이 완전히 해소되지는 않습니다.

많은 인수 창업가들이 파트너십을 선택하는 진짜 이유는 경제적 효율성보다 정서적인 부분 때문인 경우가 많습니다. 탐색 과정은 외롭고 실망스러운 일이 반복될 수 있어, 그 어려움을 함께 견딜 동료가 있으면 마음이 훨씬 편해지는 것이 사실입니다. 그러나 파트너를 들일지 결정할 때는 감정적인 이유를 경제적 논리로 포장하고 있는 건 아닌지 경계해야 합니다. 파트너를 들이면 탐색 비용이 거의 두 배로 늘고, 성공 후의 보상도 나눠야 하므로 경제적 부담이 훨씬 커질 수 있습니다.

영화 〈월 스트리트〉의 고든 게코가 남긴 말이 현명한 조언일 수 있습니다. "친구가 필요하면, 개를 키워라." 개는 훨씬 적은 비용으로도 함께할 수 있으며, 당장 회사를 찾지 못하더라도 조건 없는 위로와 애정을 보내 줄 것입니다.

탐색 범위

The scope of your search

소규모 회사를 인수하려 할 때는 시장에 있는 모든 매물을 검토해야만 좋은 기업을 인수할 것 같다는 강박을 느낄 수 있습니다. 처음부터 특정 지역이나 산업으로 범위를 좁히는 것이 선택지를 줄여 좋은 인수 기회를 놓칠까 걱정되기도 합니다. 하지만 전국 단위로 수십 개의 산업을 동시에 탐색하는 방식은 시간과 비용 면에서 큰 부담이 됩니다. 전국에 흩어진 수천 개의 매물을 일일이 검토해야 하고, 유망해 보이는 기회를 확인하려면 먼 지역까지 직접 방문해야 하기 때문입니다.[5]

많은 인수 탐색자들은 거주지에 대한 선호나 조건이 명확할 경우 처음부터 특정 지역으로 범위를 좁혀 탐색하는 경향이 있습니다. 창업자는 회사를 인수한 뒤 장시간 일해야 하며, 최소 10년 이상 사업의 모든 부분에 깊이 관여해야 하므로 회사 근처에 거주하는 것이 바람직합니다. 특히 회사가 집에서 멀리 떨어져 있다면 직접 출근하지 않고 원거리에서 경영하는 방식은 사업 초기에 심각한 위험을 초래할 수 있습니다. 또한 본인이나 가족이 회사가 위치한 지역으로 이주해 만족스럽게 생활하지 못한다면 가정에서의 불행과 회사 경영의 어려움을 동시에 겪을 수 있으며, 결국 사업 성과에도 부정적인 영향을 미칠 수 있습니다. 따라서 매물로 나온 회사가 있는 지역에 거주할 의사가 없다면 그 지역에서 회사를

5 　역자 주: 한국은 미국에 비해 국토가 좁아 이동 비용과 시간이 적게 들며, 산업 구조가 미국보다 더 집중되어 있어 탐색 과정의 부담이 상대적으로 낮습니다. 그러나 매출과 현금흐름이 안정적인 중소기업의 수가 적고, 가족경영 비중이 높아 매각 의사가 공개되지 않는 경우가 많아 매물 시장이 작습니다. 또한 기업가치 산정이 표준화되어 있지 않고, 매각 의사 결정이 보수적으로 이루어지는 경향이 있어 탐색 비용은 낮더라도 매도자 발굴과 거래 성사 과정은 오히려 더 어려울 수 있습니다.

찾는 것은 애초에 의미가 없습니다.

탐색 범위를 좁혀 특정 산업에 집중하면, 그동안 쌓아 온 경험과 지식을 효과적으로 활용할 수 있습니다. 우리는 종종 자신의 경력과 밀접하게 연관된 익숙한 분야의 회사를 인수하는 사례를 봅니다. 이러한 분야에서는 새로운 기회가 있을 가능성이 높은 영역이나 아직 충족되지 않은 고객 수요를 다른 사람들보다 더 잘 파악할 수 있습니다. 또한, 관심 있는 회사의 소유주를 이미 알고 있거나 업계 네트워크를 통해 매물을 소개받을 가능성도 있습니다. 특정 산업에 집중하면 회사를 이해하는 데 필요한 시간과 노력을 크게 줄일 수 있으며, 다른 사람들이 알아차리지 못한 잠재적 가치를 발견할 수 있어 유리합니다.

어떤 방식으로 매물을 찾을 것인가
How you'll source prospects

소규모 회사를 인수하려면 먼저 **소싱 (Sourcing)** 작업을 시작해야 합니다. 탐색 방식을 정할 때, 파트너를 둘지, 특정 지역이나 산업에 집중할지를 고려하는 것처럼, 소싱 방식 역시 탐색 비용과 효율성에 큰 영향을 미칩니다. 매물을 찾는 방법은 크게 두 가지로 나뉘며, 8장 「브로커를 통한 매물 소싱」과 9장 「직접 소싱」에서 각각 자세히 다룰 예정입니다. 이 절에서는 각 방법의 개요와 소요 비용에 대해 간략히 설명하겠습니다.

가장 일반적이고 단순한 소싱 방식은 비즈니스 브로커를 활용하는 것입니다. 대부분의 사업주는 자신의 회사를 매각한 경험이 없기 때문에 매각 과정 전반을 지원할 브로커를 고용합니다. 브로커는 매도자가 매각 절차를 원활히 진행하도록 돕고, 탐색자에게는 매각 의지가 확실한 소유주를 연결하며 필요한 정보를 빠르게 제공해 줍니다. 특정 매물이 관심을 가질 만한 회사라면 브로커는 중간에서 거래가 성사되도록 조율하여 특히 매각 경험이 없는 매도자와의 거래에서 큰 도움을 줍니다. 브로커를 통해 시장에 나온 매물이라는 사실 자체가 매도자가 회사를 매각할 의지가 충분하다는 신호이기 때문에 이는 탐색의 효율성을 높이는 중요한 요소입니다.

많은 인수 창업가들은 회사를 찾을 때 주로 브로커를 통해 매물을 확인합니다. 하지만 브로커를 거치지 않을 경우, 직접 사업주에게 연락해 매각 의사를 확인해야 합니다. 직접 소싱의 장점은 시장에 공개되지 않은 우수한 회사를 발견할 가능성이 높고, 경쟁자가 적어 유리한 조건으로 거래할 수 있다는 점입니다. 단점으로는 시간과 비용이 훨씬 많이 소요된다는 점이 있습니다. 콜드콜, 대량 메시지 발송, 특정 회사와 사업주를 조사한 뒤 작성하는 맞춤형 편지 등 다양한 방식으로 접촉해야 합니다. 이러한 노력에도 답변을 받을 가능성이 낮은 이유는 대부분의 사업주가 회사를 팔 의사가 없기 때문입니다. 대량으로 보낸 일반 메시지에는 거의 반응이 없으며, 보통 100명에게 보내면 1명 정도가 답장을 합니다. 반면, 특정 회사를 충분히 조사한 뒤 그 회사만을 위해 작성한 맞춤형 메시지는 훨씬 높은 확률로 답변을 받을 수 있습니다. 하지만 그만큼 준비에 많은 시간과 노력이 필요합니다.

직접 소싱 방식은 공장처럼 체계적으로 운영해야 하는 작업입니다. 최대한 많은 사업주와 접촉해야 하므로 보통 두세 명의 전담 인력을 배치해 하루 종일 연락 업무를 맡깁니다. 인턴을 활용해 인건비를 절감할 수도 있지만, 인력이 늘어날수록 더 넓은 사무실, 여러 대의 전화기와 컴퓨터, 그리고 기본적인 인프라가 필요해집니다. 인수 후보를 찾기 위해 기업 정보를 구매해 분석해야 하며, 수백에서 수천 건에 이르는 연락 기록을 체계적으로 관리하기 위해 CRM 같은 전문 관리 시스템도 필요합니다.

겉으로 보기에는 브로커를 활용하는 방식이 직접 소싱보다 훨씬 저렴해 보입니다. 탐색 과정에서 가장 중요한 것은 잠재 매물을 찾는 데 드는 시간과 비용을 최소화하는 것입니다. 그럼에도 일부 똑똑하고 경험 많은 인수 창업가들은 직접 소싱을 선택해 인수에 성공하기도 합니다. 이들은 브로커를 통한 소싱과 직접 소싱을 병행하여 회사를 찾는 전략을 사용합니다. 먼저 브로커가 제공한 매물을 검토하며 시장 전체의 구조를 파악하고, 유망한 틈새시장을 발견하는 방식입니다. 특정 산업이나 분야에 대한 이해가 깊어지면, 그 분야에서 직접 소싱을 할 때 효율성이 크게 높아집니다. 업계의 흐름을 파악하고 있으므로 매물을 더 빠르게 평가할 수 있으며, 그 과정에서 형성된 네트워크를 활용해 매도자와 자연스럽게 연결될 가능성도 커지고, 깊은 신뢰를 쌓을 수 있는 기반이 됩니다.

탐색 방식 조율하기
Coordinating your choices

탐색 구조는 어떤 조합을 선택하느냐에 따라 효율성이 달라질 수 있습니다. 지금까지 관찰한 가장 흔한 두 가지 조합은 다음과 같습니다. 첫째, 특정 산업이나 지역에 집중하지 않고 파트너와 함께 직접 소싱을 병행하는 방식입니다. 둘째, 혼자서 탐색을 진행하면서 특정 지역에 집중하고 브로커를 통해 소싱하는 방식입니다. 물론 탐색에 정답은 없으며, 이 두 가지 방식 외에도 다양한 조합이 가능합니다. 개인의 성향이나 재정 상황 등 여러 여건에 따라 탐색 전략을 유연하게 조정할 수 있습니다.

탐색 방식과 주요 조건을 정했다면, 이제 실제로 탐색에 필요한 예산을 설정할 차례입니다. 이해를 돕기 위해 앞서 소개한 두 가지 일반적인 조합을 기준으로 살펴보겠습니다. 첫 번째는 충분한 자금이 확보된 파트너 체제를 통해 직접 소싱을 중심으로 회사를 찾는 방식입니다. 두 번째는 비용이 적게 드는 방식으로, 개인 자금을 활용해 지역 기반 네트워크와 브로커를 통해 혼자 회사를 찾는 경우입니다. 이 두 가지는 탐색 구조의 양극단에 해당한다고 볼 수 있습니다. 여러분이 어떤 방식으로 탐색을 진행하느냐에 따라 예산은 자연스럽게 이 둘의 중간 어딘가에 자리 잡게 될 것입니다. 표 4.1은 이 두 가지 탐색 유형을 기준으로 2년 동안 필요한 총비용을 보여줍니다. 다른 탐색 유형 역시 이 둘의 중간 어딘가에 위치할 가능성이 높습니다.

예산에 대한 설명은 실제로 비용이 발생하는 순서대로 진행하겠습니다. 이렇게 하면 탐색을 시작할 때 각 단계에서 어떤 비용이 드는지 명확히 이해할 수 있습니다. 이 과정을 통해 예산뿐만 아니라 실행 계획도 함께 세울 수 있습니다.

소규모 기업 인수 2년 탐색 비용

	탐색 유형	
탐색 인력 구성	파트너(공동 탐색)	개인 (단독 탐색)
범위	전국적	지역적
소싱 방식	직접 접촉	브로커 활용
실제 지출 비용		
법률 자문	$25,000	$1,000
사무실	$48,000	$12,000
통신	$16,000	$6,000
데이터	$20,000	$8,000
출장 및 여행	$120,000	$10,000
	$229,000	$37,000
포기한 소득		
포기한 급여	$600,000	$300,000
포기한 복리후생	$200,000	$100,000
	$800,000	$400,000
거래 실패 대비 준비금	$50,000	$50,000
합계	$1,079,000	$487,000

법률 비용

Legal fees

탐색을 시작할 때 가장 먼저 해야 할 일은 탐색 활동을 위한 법인 설립입니다. 법인을 설립하면 브로커와 매도자에게 탐색에 진지하게 임하고 있다는 인상을 주는 동시에, 탐색 과정에서 발생하는 비용을 개인 재정과 명확히 구분해 관리할 수 있습니다.

미국에서는 탐색 활동을 위해 LLC (유한책임회사) 형태의 법인을 설립합니다. 다른 나라에서도 대부분 이와 유사한 구조의 법인이 있습니다. LLC는 **통과 과세 (Pass-Through)** 방식으로 운영되며, 법인 자체가 세금을 내지 않고, 모든 수익과 비용이 개인 세금 신고로 전달되는 과세 구조를 가지고 있습니다. LLC 설립은 비교적 간단하며, 온라인으로 직접 설립하거나, 변호사를 통해서도 진행할 수 있습니다. 설립 비용도 크게 부담되지 않습니다. 일부 로스쿨에서는 학생들의 실습을 위해 LLC 설립을 무료로 도와주는 법률 클리닉 프로그램을 운영하기도 합니다. 법인을 설립하려면 국세청 (IRS) 에서 고용주 식별 번호 (EIN, Employer Identification Number)를 발급받아야 하며, 신청 절차는 그리 어렵지 않습니다.[6]

LLC 설립과 EIN 신청 전에 회사 이름을 정해야 합니다. 회사명은 전문적이고 신뢰감을 줄 수 있도록 짓는 것이 중요합니다. 장난스럽거나 의미가 모호한 이름, 또는 애완동물이나 주변 사람 이름처럼 가벼운 인상을 주는 이름은 피해야 합니다. 회사 이름을 정하는 것은 소셜 미디어 닉네임을 짓는 것과는 다릅니다. 예를 들어, 랜디 셰일러가 은퇴를 앞둔 소유주를 대상으로 탐색 전략을 세우며 설립한 '석세션 리더십 캐피털 (Succession Leadership Capital)'은 소유주의 세대교체라는 주제를 잘 반영한 훌륭한 회사명입니다. 하지만 회사명을 정하는 데 지나치게 많은 시간을 들이지 않는 것이 중요합니다. 회사명은 사업 성과에 큰 영향을 미치지 않으므로, 이미 다른 회사가 사용 중인지와 웹사이트 및 이메일에 사용

---

6   역자 주: 한국의 유한책임회사는 법인세를 납부하는 일반 법인으로 취급되어 미국 LLC의 가장 큰 특징인 통과과세(pass-through taxation)를 적용받지 않는다는 점을 이해하셔야합니다. 한국에서 법인을 설립하려면 상호 및 자본금을 정한 후 법인 등기를 진행하고 국세청에서 사업자등록번호를 발급받아야 합니다. 설립은 주로 법무사를 통해 진행하며, 등록 면허세와 수수료 등을 포함해 보통 수십만 원에서 100만 원 안팎의 비용이 발생합니다.

할 도메인을 확보할 수 있는지만 확인하면 됩니다.

만약 혼자서 탐색을 진행하고 탐색 비용도 본인 자금으로 부담하는 경우라면, 회사 이름을 정하고 EIN을 발급받아 LLC를 설립하는 것, 이 세 가지면 충분합니다. 이 과정에서 드는 법률 비용은 보통 약 1,000달러 수준이며, 직접 처리하거나 저렴한 대행 서비스를 이용하여 비용을 절감할 수 있습니다.

파트너와 함께 전국 단위로 탐색을 진행할 계획이라면, 두 사람의 역할과 의사결정 방식을 규정하는 운영계약서(Operating Agreement)가 필요합니다. 만약 외부 투자자로부터 탐색 자금을 조달받는 구조라면, 투자자인 유한책임파트너(LP)와 탐색자인 무한책임파트너(GP)의 권리와 의무를 명시한 주주계약서(Shareholders' Agreement)서가 필수입니다. 이러한 계약서는 구성에 따라 단순하거나 매우 복잡할 수 있습니다. 일반적으로 탐색자(GP) 간의 계약은 간단한 편이지만, 탐색자(GP)와 투자자(LP) 간의 계약은 훨씬 더 상세하게 작성되며, 법률 비용만으로 25,000달러 이상 들 수 있습니다.

사무실 비용
Office expenses

혼자 탐색을 진행할 경우 대부분 집에서 일을 시작합니다. 하지만 집에 어린아이가 있거나 업무 환경이 적합하지 않다면, 저렴한 사무실을 하나 마련하는 것이 좋습니다. 외부 손님을 받을 일이 거의 없으므로 공간이 크거나 화려할 필요는 없습니다. 회의실, 키친, 로비, 접견 공간 같은 부대시설도 필요하지 않습니다. 전화가 잘 연결되고 인터넷이 안정적이면 충분합니다. 창문이 있으면 좋겠지만 필수는 아닙니다. 이 공간은 혼자 쓰는 사무실이며, 비용도 본인이 전적으로 부담해야 하므로 지금 단계에서는 최대한 절약하는 것이 중요합니다. 약 150 ft^2(약 4~5평) 정도의 작은 공간에 오래된 철제 책상, 파일 캐비닛, 닳은 의자, 그리고 끈을 잡아당겨 켜는 전등을 떠올리면 어떤 공간인지 쉽게 상상할 수 있을 것입니다. 설령 탐색 지역이 뉴욕이나 보스턴처럼 물가가 높은 도시라 하더라도, 사무실은 반드시 중심가에 위치할 필요는 없습니다. 뉴욕이라면 타임스퀘어 대신 브루클린 외곽을, 보스턴이라면 코플리스퀘어 대신 올스턴[7] 같은 지역을 고려할 수 있습니다. 이러한 조건을 바탕으로 개인 사무실 비용을 연간 약 6,000달러로 책정할 수 있습니다.

파트너와 함께 탐색을 진행하거나 직접 소싱을 위해 여러 명의 인턴을 활용할 계획이라면, 혼자 사용할 때보다 넉넉한 공간이 필요합니다. 이제는 본인만 쓰는 공간이 아니라 다른 사람들과 함께 일할 수 있는 사무실이어야 합니다. 기본적인 책상만 놓을 수 있는 작은 방보다는 작은 회의실, 두세 개의 별도 책상과 업무 공간, 창문이 있는 밝고 쾌적한 환경을 갖추는 것이 좋습니다. 장비와 공간도 조금 더 나아야 하며, 접근성 또한 중요합니다. 이 정도 구성이라면 약 600 ft^2(약 17평) 정도 크기의 사무실이 필요하며, 비용은 개인이 사용하는 공간보다 약 4배 높은 연간 24,000달러로 예상됩니다.

---

7   역자 주: 보스턴 시내에서 서쪽에 위치한 외곽지역

통신 비용

Communication

탐색을 본격적으로 시작하면 전화 통화가 업무의 중요한 부분을 차지하게 됩니다. 따라서 회의 통화, 착신 전환, 보이스메일 기능이 포함된 전화 시스템을 준비해야 합니다. 파트너와 함께 탐색하거나 소싱을 돕는 직원이 있다면 내선 연결 기능도 필요합니다. 탐색 과정에서 여러분과 직원들은 전화를 자주 쓰게 되므로, 업무량이 많아질 경우 집 전화나 개인 휴대폰만으로는 부족할 수 있습니다. 잡음이 없고 튼튼한 스피커폰, 편안한 헤드셋 등 전문적인 통화 환경을 갖추는 것이 필수적입니다.

브로커, 매도자, 투자자에게 신뢰를 주기 위해서는 간단한 회사 웹사이트가 필요합니다. 웹사이트는 직접 제작하거나 홈페이지 제작 업체에 외주를 맡길 수 있습니다. 웹사이트에는 회사 소개, 투자 기준 및 탐색 방식, 투자자 및 자문팀 소개, 연락처 등 기본적인 내용을 담으면 충분합니다. 이미 활동 중인 다른 인수 창업가들의 웹사이트를 참고하는 것도 유용합니다. 회사 이름을 정할 때와 마찬가지로 웹사이트 제작에 많은 비용을 들일 필요는 없으며, 깔끔하고 전문적으로 보이는 정도면 충분합니다. 그리고 웹사이트와 동일한 도메인의 이메일 주소를 만들어 사용하는 것이 좋습니다. 개인 이메일 대신 업무용 이메일을 사용하면 탐색 활동이 전문적으로 운영되고 있다는 인상을 줄 수 있습니다.

전화 통화, 이메일, 잠재 매물 리스트, 그리고 접촉했던 회사의 정보를 체계적으로 관리하려면 데이터베이스 시스템(CRM)도 필요합니다. 혼자 탐색하며 주로 브로커 매물을 검토하는 정도라면 Zoho와 같은 웹 기반 CRM으로도 충분하며, 월 몇 달러 수준의 비용으로 부담이 적습니다. 하지만 파트너와 함께 탐색하거나 직접 소싱 등 대규모 탐색을 진행하려면 더 체계적인 시스템이 필요할 수 있습니다. Salesforce.com과 같은 상용 CRM은 적합하지만, 비용이 훨씬 높아져 월 100달러 이상이 들 수 있습니다.

매물 데이터 구매 비용
Company Data

브로커들은 여러 협회나 네트워크를 통해 쉽게 연락할 수 있으며, 이를 활용하면 무료로 다양한 매물을 받아볼 수 있습니다. 최근에는 Axialmarket.com 이나 Dealnexus.com 같은 플랫폼이 등장하면서 탐색 과정이 훨씬 간편해졌습니다. 브로커들은 이 시스템을 통해 탐색자에게 적합한 매물을 찾아 전달할 수 있고, 탐색자는 자신이 원하는 조건을 설정해 매물을 받을 수 있습니다. 이러한 온라인 플랫폼의 비용은 연간 약 4,000~5,000달러 수준입니다.

매물을 직접 소싱하는 경우는 상황이 완전히 달라집니다. 수천 개의 중소기업 정보를 확보해야 하며, 연락을 하기 전까지는 누가 실제로 매각 의사가 있는지 알 수 없습니다. 일부 탐색자들은 비용을 절약하기 위해 이메일 주소를 추측해 보내기도 하지만, 이는 귀중한 시간을 낭비하는 비효율적인 방법입니다. 매물 데이터를 구매하면 시간을 절약할 수 있을 뿐만 아니라, 회사별 특성을 반영한 접근이 가능해 답변을 받을 가능성이 훨씬 높아집니다.

출장 비용

Travel

지역 기반으로 탐색을 진행한다면, 인수 후보 기업을 방문하는 데 드는 비용은 크지 않습니다. 대부분 차로 몇 시간 이동하는 수준이며, 필요하면 저렴한 모텔에서 하루나 이틀 정도 묵으면 됩니다. 지역 기반 탐색은 연간 5,000달러 정도의 출장 비용이면 충분합니다.

전국 단위 탐색은 출장 비용이 훨씬 더 많이 듭니다. 초기에는 한 달에 한두 번 정도 매물을 직접 보러 가게 되고, 진지하게 검토할 매물을 찾게 되면 거래가 진행되는 동안 여러 차례 현장을 다시 방문해야 합니다. 이 과정에서 자연스럽게 항공권, 택시비, 숙박비, 식사비 등이 계속 발생합니다. 목적지와 체류 기간에 따라 비용은 달라지지만, 전국 단위로 탐색을 진행하면 탐색자 1인 기준 연간 약 30,000달러 이상을 여행 경비로 쓰는 경우가 흔합니다.

포기한 급여와 복리후생 비용

Forgone Salary and Benefits

회사를 인수하기 위한 탐색은 온전히 집중해야 성공할 수 있는 일입니다. 파트타임으로 시도해 보고 싶은 마음은 충분히 이해됩니다. 저녁 시간이나 주말에 취미처럼 탐색을 하면서 본업에서 나오는 안정적인 수입을 유지하며 좋은 기회를 찾을 수 있다고 생각할 수도 있습니다. 그러나 파트타임으로 탐색을 진행하는 방식은 현실적으로 어렵습니다. 해야 할 일이 너무 많기 때문입니다. 탐색 과정의 첫 단계인 매물 소싱만 보더라도 업무량이 상당합니다. 브로커 기반 탐색의 경우, 100명 이상의 브로커와 지속적으로 연락을 주고받아야 하며, 그들이 보내오는 수천 건의 티저(매물 요약 자료)를 검토해야 합니다. 직접 소싱을 한다면 연락해야 할 회사의 수는 이보다 훨씬 많습니다. 탐색은 전업으로 일해도 벅찰 정도이며, 이렇게 집중적으로 일해야 일주일에 겨우 한 건 정도 괜찮은 후보를 발견할 수 있습니다. 만약 저녁과 주말에만 시간을 투자한다면, 몇 달이 지나도 제대로 검토할 만한 회사가 몇 개 나오기 어려울 것입니다. 실제로 수년째 파트타임으로 탐색을 이어가는 사람도 있지만, 아직까지 단 하나의 성과도 내지 못한 경우도 있습니다.

파트타임으로 탐색을 진행할 때 가장 큰 문제는 단순히 업무량이 아니라, 일이 발생하는 타이밍을 파트타임으로는 도저히 맞출 수 없다는 점입니다. 설령 검토할 만한 회사를 찾았다 하더라도, 거래가 진행될수록 매도자의 요구에 즉각적으로 대응해야 하며, 매도자 역시 언제든 질문에 답하고 미팅이 가능한 사람을 원합니다. 진행 속도가 조금만 느려져도 매도자는 금세 흥미를 잃고 매각 의지를 철회할 수 있습니다. 은행과 대출 상담을 저녁 7시에 진행할 수 없고, 투자자에게 연락을 미루었다가 토요일에 다시 전화하는 것도 불가능합니다.

본업을 그만두고 탐색에 완전히 전념하기로 결정하는 것은 큰 결심입니다. 하지만 좋은 회사를 찾고 가장 유리한 조건으로 거래를 성사시킬 수 있는 모든 기회를 확보할 수 있습니다. 탐색 비용 중 가장 큰 비중을 차지하는 것은 바로 포기해야 하는 연봉과 복리후생입니다. 본인의 연봉은 이미 알고 있으니 계산은 어렵지 않습니다. 여기에 건강보험, 연금 적립 등 각종 혜택까지 고려해야 합니다. 현재 연봉이 15만 달러이고 복리후생 비율이 30%라고 가정하면, 탐색에 뛰어들면서 발생하는 연간 기회

 　　　　　　　　　　　　　　　　　　　　　

비용은 약 20만 달러에 달합니다. 만약 파트너와 함께 탐색한다면 이 비용은 연간 40만 달러 수준으로 늘어날 수 있습니다.

회사를 빨리 인수하면 관련 비용과 기타 지출을 줄일 수 있습니다. 그러나 실제로 언제 좋은 회사를 찾아 거래를 성사시킬 수 있을지는 예측하기 어렵습니다. 따라서 보수적으로 2년 치 예산을 책정할 것을 권장합니다. 물론 인수가 더 빨리 이루어질 가능성도 있지만, 2년을 기준으로 계획을 세우면 서둘러 아무 회사나 인수해야 한다는 압박에서 벗어나 장기적으로 성장 가능성이 높은 회사를 선택하는 데 집중할 수 있습니다.

거래 실패 비용
Broken-deal costs

인수할 회사를 찾고 나면, 본격적인 거래 절차에 들어가면서 변호사, 회계사 등 기타 외부 전문가에게 지불해야 하는 거래 관련 비용이 발생합니다. 이 비용이 누적되면 10만 달러를 훌쩍 넘을 수 있습니다. 거래가 성사되면 이러한 비용은 전체 인수 금액에 포함되어 대출, 매도자 채권, 투자금 등으로 조달되지만, 문제는 거래가 막판에 무산될 경우 이 비용을 모두 본인이 부담해야 한다는 점입니다.

소규모 기업 거래의 경우, 업계에서는 약 절반 정도가 최종 단계에서 무산된다는 추정도 있습니다. 물론 이 책 후반에서 다룰 외부 전문가 활용 단계를 잘 지킨다면 거래 실패 비용을 최소화할 수는 있지만, 완전히 피하기는 어렵습니다. 따라서 거래 실패에 대비하여 최소 5만 달러의 준비금을 예산에 포함할 것을 권합니다.

만약 거래 실패에 대비한 준비금이 부족하다면, 지나치게 보수적으로 행동하게 될 수 있습니다. 예를 들어, 거래가 성사될 것이라는 확신이 있을 때에만 외부 전문가를 고용하려 할 것입니다. 이로 인해 좋은 매물을 철저히 검토할 기회를 놓치게 되고, 탐색 기간이 불필요하게 길어질 수 있습니다. 경우에 따라서는 단순히 확인만 하면 되는 사항임에도 준비금 부족으로 전문가 투입을 망설이다가 좋은 인수 기회를 잃을 수도 있습니다. 준비금이 부족할 때 가장 위험한 상황은 거래 막판에 문제점이 드러났음에도 이미 투입된 비용이 아깝다는 이유로 무리하게 거래를 강행하는 경우입니다. 이러한 상황을 피하려면 언제든 냉정하게 거래를 포기할 수 있는 재정적 여유가 필요합니다. 나쁜 회사를 인수하는 것보다는 아예 인수를 하지 않는 것이 훨씬 더 현명합니다.

다음 단계
Next Steps

이처럼 언급된 비용들을 모두 고려하면, 소규모 기업을 인수하기 위한 탐색이 결코 쉬운 일이 아니라는 것을 알 수 있습니다. 그렇다면 인수 창업가들이 이러한 비용을 어떻게 마련할지 궁금할 것입니다. 다음 장에서 그 방법을 자세히 설명하겠습니다.

인수 창업 가이드 북

CHAPTER 5

탐색 자금 마련하기
Paying for Your Search

지난 장에서 다룬 내용을 바탕으로 탐색 조건을 설정했다면, 앞으로 약 2년 동안 100만 달러 또는 그 이상의 비용이 들 수 있습니다. 브로커를 활용해 탐색 범위를 좁히고 혼자 진행하더라도 약 2년 동안 50만 달러 정도가 필요합니다. 대부분의 인수 창업가들은 이 정도 규모의 자금을 당장 보유하고 있지 않기 때문에, 이번 장에서는 탐색 자금을 어떻게 마련할 수 있는지에 대해 알아보겠습니다.

전국적으로 회사를 직접 발굴하며 탐색을 진행할 계획이라면, 탐색 초기부터 투자금을 미리 확보해야 합니다. 이러한 탐색 구조를 **서치 펀드 (Search Fund)**라고 합니다. 서치 펀드는 4장에서 언급한 현금 지출 비용, 계약 실패 비용, 인수 창업가에게 지급되는 최소 연봉, 그리고 기타 지원비를 충당합니다. 인수 창업가에게는 일반적인 연봉보다 낮은 수준인 연간 8만 달러의 급여가 지급됩니다. 낮은 급여를 책정하는 이유는 인수 창업가가 회사 인수에 성공했을 때만 실질적인 보상을 얻는 구조를 만들기 위해서입니다. 즉, 실패하면 생활비 외에는 얻을 것이 없지만, 성공하면 큰 보상을 받을 수 있습니다.

서치 펀드는 보통 2년 동안의 탐색 활동을 지원합니다. 단독 인수 창업가는 약 30만 달러, 두 명이 함께하는 파트너형 인수 창업가는 약 60만 달러의 투자를 받는 것이 일반적입니다. 인수 창업가는 이 기간 동안 동일한 학력과 경력을 바탕으로 다른 회사에서 일했다면 받을 수 있었던 평균 연봉보다 낮은 급여를 받습니다. 따라서 이 차액은 인수 창업가가 감수하는 '기회비용', 즉 다른 커리어를 선택했을 경우 벌 수 있었던 금액으로 간주됩니다.

일부 인수 창업가는 특정 지역에 탐색 활동을 집중하거나 브로커를 활용하기 때문에 탐색 단계에서 외부 투자금을 조달하지 않기도 합니다. 이들은 **자체 자금 기반 탐색 방식 (Self-Funded Search)**을 선택합니다. 이 방식은 초기 탐색 단계에서는 외부 투자금을 받지 않고, 인수할 회사를 확정한 뒤에만 투자자를 모집하는 구조입니다. 이러한 접근법에는 명확한 장점이 있습니다. 대부분의 투자자는 인수 창업가 개인의 역량보다는 유망한 인수 대상 기업 자체의 매력에 투자하는 것을 선호합니다. 인수 매물을 찾는 사람을 전적으로 신뢰하기보다는, 실제 성과가 입증된 회사에 투자하는 것이 리스크를 더 명확히 판단할 수 있기 때문입니다. 따라서 먼저 좋은 회사를 찾아놓은 인수 창업가는 이후 투자자를 모집할 때 훨씬 유리한 조건으로 협상할 수 있는 위치에 서게 됩니다.

여러분이 만약 자신의 자금으로 회사를 인수하기로 결정했다면, 앞으로의 모든 의사결정에서 극도의 절약 정신을 발휘해야 합니다. 향후 발생할 모든 비용을 충당하기 위해 보유한 유동 자산을 최대한 활용해야 하는 경우가 많습니다. 현금을 최대한 동원하고, 주택담보대출, 신용카드, 퇴직연금 등을 활용해 자금을 마련하기도 합니다. 말 그대로 비용을 줄이기 위해 가능한 모든 수단을 동원하는 것입니다. 생활비를 스스로 충당하기 어려운 경우에는 배우자의 소득에 의존하거나, 부모님과 함께 거주하며 생활비를 최소화하는 경우도 있습니다. 탐색 기간 동안 소득이 없거나, 생활비로 사용할 수 있는 자금이 제한적이기 때문입니다. 자신의 돈으로 사업체를 인수하는 방식은 성공했을 때 가장 큰 보상을 얻을 수 있지만, 탐색 과정에서 부담과 스트레스도 그만큼 큽니다.

앞 장에서 간략히 소개한 아리 메도프의 사례는 대표적인 자체 자금 기반 탐색 사례입니다. 그는 비용을 절감하기 위해 탐색 기간 동안 처가댁 지하실에서 거주하며 회사를 찾았습니다. 탐색 범위는 미국 동부 연안(펜실베이니아에서 조지아까지)으로 제한하여 교통비를 줄였고, 무급 인턴을 활용해 소규모 기업 소유주 데이터베이스를 구축하고 이메일 캠페인을 진행했습니다. 회사 설립 비용을 절약하기 위해 인수용 특수 목적 회사인 아로사(Arosa, LLC)를 설립할 때 로펌을 이용하지 않고 현지 로스쿨의 무료 법률 클리닉을 통해 법인 설립 절차를 완료했습니다. 이러한 노력 덕분에 그는 총 탐색 비용을 약 25만 달러 이하로 줄였으며, 약 14개월 만에 인수 대상을 찾는 데 성공했습니다.

아리 메도프의 전략은 매우 위험한 방식이었습니다. 한 번은 인수 계약이 거의 마무리될 무렵, 거래가 갑자기 무산된 적이 있었고, 그로 인해 발생한 계약 취소 비용만으로 탐색이 중단될 위기에 처하기도 했습니다. 다행히 몇 달 후 거래를 다시 성사시켜 노스캐롤라이나의 방문 간호 사업체를 인수하는 데 성공했지만, 이는 어디까지나 운이 매우 좋았던 사례였습니다. 대부분의 경우, 이러한 상황에서 자금난으로 프로젝트가 중단되었을 가능성이 높습니다.

이 장의 후반부에서는 잠재 투자자에게 접근하는 방법을 다룰 것입니다. 그에 앞서, 탐색 자금을 외부에서 조달하는 선택지에 대해 더 깊이 살펴보겠습니다.

서치 펀드
The Search Fund

서치 펀드 (Search Fund)를 활용하면 개인 자금이 부족하더라도 전국적으로 회사를 체계적으로 탐색할 수 있으며, 외부 자금을 확보할 기회도 얻을 수 있습니다. 핵심은 간단합니다. 서치 펀드를 통해 당장 자금이 부족하더라도 회사를 탐색할 기회를 가질 수 있습니다. 투자자들은 회사를 인수할 경우 지분을 나누는 조건으로 인수 창업가에게 자금을 제공하며, 인수 창업가는 이 자금을 활용해 1~2년 동안 인수할 회사를 찾는 데

　　　　　　　　　　　　　　　　　　　인수 창업 가이드 북

전념합니다. 서치 펀드를 조성하려면 인수할 회사에 대한 우선 투자 기회와 인수 후 이익의 일부를 제공하는 조건으로 투자자들에게 자금을 모집해야 합니다. 서치 펀드의 구조에서는 투자자가 자금을 제공하고, 인수 창업가는 자신의 시간, 노력, 그리고 전문성을 투자합니다. 성공할 경우 투자자는 수익의 일부를, 인수 창업가는 나머지 몫을 가져갑니다. 이러한 관계는 마치 아직 만들어지지 않은 파이를 어떻게 나눌지 합의하는 것과 같습니다. 문제는 그 파이가 실제로 얼마나 클지, 혹은 존재하기나 할지 아무도 모른다는 점입니다. 만약 탐색이 인수로 이어지지 못하면 투자자들은 탐색에 사용한 자금을 그대로 잃게 됩니다.

서치 펀드는 기업 인수를 통해 창업을 꿈꾸는 사람들에게 세 가지 핵심 목표를 동시에 달성할 기회를 제공합니다. 첫째, 탐색 과정에 필요한 자금을 확보하여 2년 동안의 기본 생계비와 탐색 과정에서 발생하는 비용을 충당할 수 있습니다. 둘째, 적합한 회사를 찾았을 때 투자에 참여할 투자자들과의 네트워크를 형성할 수 있습니다. 셋째, 매도자에게 자금력을 명확히 보여줄 수 있습니다. 고액 자산가들로 구성된 서치 펀드 투자자 그룹은 충분한 인수 자금을 마련할 수 있다는 신뢰를 제공합니다. 서치 펀드의 구조는 다음 사례를 통해 명확히 이해할 수 있습니다.

그렉 제로네머스(Greg Geronemus)와 데이비드 로즈너(David Rosner)는 2011년 가을, 풋브리지 파트너스(Footbridge Partners)라는 서치 펀드를 설립했습니다. 그렉은 금융 서비스와 헬스케어 분야에서 약 5년간 경력을 쌓았고, 데이비드는 여러 중소기업에서 비슷한 기간 동안 폭넓은 경험을 쌓았습니다. 두 사람 모두 기업 인수를 통한 창업을 목표로 했지만, 배우자들이 뉴욕에 거주해야 했기 때문에 탐색 지역을 뉴욕 인근으로 제한했습니다. 이들은 외부 투자자의 자금을 활용하여 탐색을 진행하고자 했습니다. 초기에는 지인들을 중심으로 투자 유치를 시작했으며, 이후 점차 투자자 범위를 넓혀 최종적으로 6명의 투자자로부터 총 55만 달러의 탐색 자금을 확보했습니다. 이번 장에서는 그들의 사례를 통해 서치 펀드가 실제로 어떻게 운영되는지 살펴보겠습니다.

투자제안서 작성하기
Creating an offering memorandum

서치 펀드의 자금 모집을 시작하려면, 먼저 잠재 투자자들이 탐색 계획과 예산, 제안 조건을 명확히 이해할 수 있도록 공식적인 투자제안서 (Offering Memorandum)를 준비해야 합니다. 그렉과 데이비드는 투자제안서를 작성하면서, 모든 투자 관련 법규를 준수하고 있는지를 확인하기 위해 변호사에게 검토를 의뢰했습니다. 자금 모집이 끝난 뒤에는, 제안서에 명시된 조건을 바탕으로 변호사가 파트너십 계약서 (Partnership Agreement)를 작성했습니다. 이처럼 투자제안서는 반드시 법률 전문가의 검토를 거치는 것이 중요합니다. 서치 펀드는 단순한 투자 협의가 아니라 법적으로 효력이 있는 계약 구조이기 때문입니다.

펀드 자금 조달하기
Raising the fund

투자제안서를 완성했다면 이제 투자자를 찾을 단계입니다. 다만, 몇 가지 유념해야 할 점이 있습니다. 서치 펀드는 여전히 일반적이지 않은 투자 방식입니다. 대부분의 투자자는 주식이나 채권 같은 전통적인 자산 투자에 익숙하기 때문에, 탐색에 투자할 사람을 찾으려면 기존 인맥을

 인수 창업 가이드 북

넘어 새로운 네트워크를 구축해야 할 가능성이 높습니다. 그렉과 데이비드는 자신들을 알고 있는 사람 중 개인적으로 직접 투자 가능한 자금을 보유했거나 잠재적 투자자를 소개해 줄 수 있는 45명의 리스트를 작성했습니다. 그들은 가장 가까운 지인부터 차례로 접촉을 시작했습니다. 그렉은 이렇게 회상했습니다. "첫 번째 투자자를 확보하는 것이 가장 중요했습니다. 그 사람이 다른 투자자들에게 우리를 보증해 주기 때문이죠. 아무도 첫 번째 투자자가 되길 원하지 않지만, 첫 번째 투자자가 생기면 탐색이 순식간에 탄력을 받습니다."

2011년 10월부터 12월까지 두 사람은 리스트에 있는 사람들에게 이메일을 보내며, 관심을 보이는 사람들과 전화 통화나 직접 미팅을 통해 후속 논의를 진행했습니다. 데이비드는 당시를 이렇게 회상했습니다. "투자자마다 반응이 달랐습니다. 어떤 사람은 첫 통화에서 바로 긍정적인 답을 주기도 했고, 어떤 사람은 여러 차례 만나고도 결국 참여하지 않겠다고 했습니다. 지금 돌이켜보면, 초기에 관심이 없는 사람들은 좀 더 과감하게 정리했어야 했다는 생각이 듭니다." 결국, 그렉과 데이비드는 6명의 투자자로부터 총 55만 달러의 탐색 자금을 확보했습니다. 이는 10~15명의 투자자가 각자 3~5만 달러씩 출자하는 일반적인 경우에 비해 예상보다 적은 금액이었지만, 두 사람이 목표했던 최대 2년간의 탐색 자금을 성공적으로 마련했다는 점에서 그 의미가 컸습니다. 그렉과 데이비드는 필요한 자금을 확보함으로써 본격적인 탐색의 첫 단추를 꿸 수 있었습니다.

펀드 조건 협상하기
Negotiating the terms

대부분의 서치 펀드는 업계 전반에서 통용되는 표준 계약 구조를 따릅니다. 인수 창업가와 투자자 간의 기본 틀은 유사하지만, 세부 조건은 펀드마다 약간씩 다를 수 있습니다. 아래는 그렉과 데이비드가 투자자들과 협의하여 정한 주요 조건들입니다.

1. **인수 기회 제안 의무** 인수 창업가가 인수 대상 기업을 발견하면, 반드시 그 기회를 투자자들에게 우선적으로 제안해야 합니다.

2. **초기 자본의 편입 (Rolled-in Capital)** 인수가 완료되면 투자자들이 탐색 단계에서 투자한 55만 달러가 인수한 회사의 지분으로 전환됩니다. 특정 투자자가 인수 단계에서 추가 투자를 하지 않더라도 초기 탐색 자금에 대한 지분은 그대로 받습니다. 일반적으로 초기 탐색 자금은 초기 투자의 위험을 반영하여 약 50%의 프리미엄이 붙은 상태로 전환됩니다. 따라서 창업가들은 수익을 분배받기 전에 55만 달러가 아닌 82만 5,000달러를 먼저 상환해야 합니다.

3. **우선 수익률 (Preferred Return)** 회사가 인수된 후 이익이 발생하면, 해당 수익은 먼저 투자자들에게 배분됩니다. 투자자들은 자신이 투자한 원금과 매년 6~9%의 최소 수익률(우선 수익률)을 우선적으로 받은 뒤, 남은 이익을 인수 창업가와 나눠 갖게 됩니다.

4. **수익 공유 (Profit Sharing)** 인수 창업가가 일정 목표 수익률을 달성하면, 남은 이익 중 최대 35%까지 인수 창업가에게 배분됩니다. 풋브리지 파트너십에서는 **캐치업 (Catch-up)** 구조가 포함되어 있습니

다. 즉, 회사가 수익을 창출하면 투자자가 원금과 연 6~9%의 우선 수익을 먼저 지급받고, 이후 인수 창업가가 남은 수익의 35%를 배분받습니다. 이후에도 회사가 지속적으로 이익을 내면 인수 창업가는 전체 이익의 최대 35%까지 추가로 배분받게 됩니다.

펀드 클로징
Closing the fund

자금 모집 과정의 마지막 단계는 펀드를 마감(클로징)하는 것입니다. 이 단계에서는 펀드의 구조와 조건을 정의하는 각종 계약서가 체결되며, 투자자들이 약속한 자금을 인수 창업가들에게 송금합니다. 그렉과 데이비드는 자금 모집을 시작한 지 약 6개월 만인 2012년 2월에 펀드를 공식적으로 마감하고 자금을 수령했습니다. 자금을 확보한 두 사람은 본격적으로 인수할 회사를 찾기 시작했습니다. 탐색 범위는 뉴욕시 인근 지역으로 제한했지만, 브로커, 직접 접촉, 현지 네트워크 등 가능한 모든 채널을 활용해 잠재적인 인수 대상을 발굴했습니다. 그 결과, 2013년에 뉴욕시에 위치한 한 여행사를 인수하는 데 성공했습니다. 이 회사는 20년 이상의 업력을 가진 기업으로, 세계 주요 여행지에서 체험 중심의 프리미엄 단체 여행 상품을 판매하는 회사였습니다.

그렉과 데이비드처럼 투자자 자금으로 회사를 찾아 인수하려는 경우, 탐색을 시작하기 전에 초기 단계부터 투자자들과 접촉하여 펀드를 조성할 준비를 해야 합니다. 반면, 아리 메도프처럼 자기 돈으로 탐색을 시작하더라도 탐색 초기부터 잠재 투자자들과 관계를 맺어 두는 것이 좋습니다. 그래야 실제로 인수할 회사를 찾았을 때, 필요한 자금을 신속히 마련할 수 있기 때문입니다. 또한, 외부 자금으로 탐색을 진행하더라도 추가 인수 자금을 투자할 수 있는 다른 투자자들과의 관계를 꾸준히 유지해야 합니다. 이는 인수 단계에 도달했을 때, 처음 탐색 자금을 투자했던 투자자들이 여러분이 원하는 금액을 전부 투자하지 못하거나, 추가 투자를 꺼릴 가능성이 있기 때문입니다.

이제부터는 잠재 투자자를 처음 만나는 순간부터, 실제 투자 약속을 얻어내기까지 필요한 구체적인 방법들을 살펴보겠습니다.

아는 사람부터 시작하기
Starting with people you know

잠재 투자자들을 만날 때는 가족, 오랜 친구, 고객, 비즈니스 동료, 전·현직 상사 등 여러분을 잘 아는 사람들부터 시작하는 것을 추천합니다. 이들은 이미 여러분의 역량을 믿고 있으므로, 투자 기회의 매력만 설득하면 되는 반면에, 낯선 사람을 투자자로 전환시키기 위해서는 투자 기회뿐 아니라 여러분 자신까지 함께 증명해야 합니다.

여러분을 신뢰하는 사람들에게서 투자를 유치하는 데는 두 가지 장점이 있습니다. 첫째, 편안한 환경과 분위기에서 발표 경험을 쌓을 수 있습니다. 투자자를 설득하는 일도 다른 일과 마찬가지로 연습할수록 능숙해지기 때문입니다. 초반에는 여러분을 지지해 주는 사람들 앞에서 경험을 쌓는 것이 좋습니다. 둘째, 자금 조달은 네트워크 효과가 있을 때 가장 잘 작동합니다. 대부분 투자자는 남들보다 먼저 투자하겠다고 나서는 것을 꺼립니다. 투자자들은 보통 여러분을 아는 누군가가 먼저 투자했다는 사실에서 신뢰와 확신을 얻습니다. 따라서 가까운 사람들에게서 초기 투자를 확보하는 것이 유리합니다. 그렉과 데이비드도 같은 방식으로 인수 창업을 시작했습니다. 그렉은 이렇게 회상했습니다. "첫 번째로 전화를 건 사람은 제 전 직장 상사였어요. 저를 믿어줬고 바로 투자 결정을 내렸죠."

첫 번째 투자자가 생기면, 그 모멘텀을 이어가야 합니다. 예를 들어, "저는 함께할 수 있는 투자자 그룹을 만들고 있습니다. 혹시 제가 꼭 만나봐야 할 만한 분이 있을까요?"라고 말하며 자연스럽게 대화를 이어가는 것입니다. 투자자들은 자신이 긍정적으로 평가한 기회를 지인이나 동료에게 공유하는 데 적극적입니다. 그렉의 전 상사는 두 사람을 다른 투자자들에게 소개했고, 그중 일부는 실제 펀드에 참여했습니다.

본인의 인맥만으로 투자자를 충분히 확보하기 어렵다면, 서치펀드 전문 투자자 커뮤니티를 적극 활용해야 합니다. 이들은 새로운 인수 창업가를 발굴하고 유능한 인재를 자신들의 네트워크에 연결해 주는 데 매우 적극적입니다.

영업하기

Selling your search

자금을 모집하는 일은 결국 일종의 영업 활동입니다. 따라서 다음과 같은 영업의 기본 원칙이 그대로 적용됩니다.

1. 시간 엄수하기 (Arrive on time)

약속한 시간에 도착하는 단순한 행동만으로도 상대에 대한 존중과 신뢰를 표현할 수 있으며, 여러분이 체계적이고 준비된 사람이라는 인상을 심어줍니다. 한 투자자는 이렇게 말했습니다. "약속 시간에 제 사무실에 도착조차 못하는 사람을 어려운 일을 해낼 수 있다고 어떻게 믿을 수 있겠습니까?" 정시에 왔다고 해서 투자자가 바로 투자를 받는 것은 아니지만 늦게 오는 것은 최악의 인상을 남깁니다. 그리고 미팅 며칠 전에는 반드시 투자 제안서 (Offering Memorandum) 를 미리 전달해야 합니다. 자료를 사전에 검토할 시간을 주는 것만으로도, 투자자에게 "이 사람은 준비되어 있다"는 인상을 줄 수 있습니다.

2. 상대의 눈을 바라보기 (Look the prospect in the eye)

투자자와의 만남은 단순히 투자 기회를 소개하는 자리가 아니라, 소규모 기업의 리더로서 역량과 자신감을 보여주는 자리이기도 합니다. 자료는 메모에 의존하지 않을 정도로 충분히 숙지하고, 눈을 맞추며 자연스럽게 대화하듯 설명하는 태도가 중요합니다. 이러한 태도는 단순한 프레젠테이션보다 훨씬 더 강한 신뢰를 줍니다.

3. 상대의 언어에 맞추기 (Tune into their language)

투자자마다 사고방식, 말투, 사용하는 언어가 다릅니다. 따라서 상대의 사고방식과 말투를 먼저 파악한 후, 이에 맞춰 대화해야 합니다. 투자자가 여러분이 찾는 회사가 속한 산업의 전문가라면, 그 업계의 전문 용어를 적절히 활용하는 것이 효과적입니다. 투자자가 해당 산업에 익숙하지 않다면, 전문 용어를 남용하기보다 누구나 이해할 수 있는 언어로 설명하는 것이 훨씬 설득력이 있습니다. 핵심은 상대의 언어로 말할 때 신뢰가 형성된다는 점입니다.

4. 발표 시간 조율하기 (Time your presentation)

미팅이 시작되면 먼저 투자자에게 시간이 얼마나 있는지 물어봐야 할 것이며, 그에 따라 발표의 길이와 내용을 유연하게 조정해야 합니다. 투자자가 질문이 많다면 요점을 중심으로 간결하게 말하고, 시간적 여유가 많고 적극적이라면 세부 내용을 더해 자세하게 설명할 수도 있습니다. 이를 위해 사전에 발표 자료를 짧은 버전과 긴 버전 두 가지로 준비해 두면 좋습니다.

5. 동등한 파트너로서 관계 형성하기 (Act like a peer)

투자자들은 단순히 자금을 맡길 상대가 아니라, 함께 성장할 파트너를 찾습니다. 따라서 관계의 출발점은 상호 존중이어야 합니다. 투자자들은 리더십과 명확한 비전을 가진 CEO에게 투자하길 원하며, 자신들의 경험과 조언이 존중받기를 바랍니다. 투자 유치는 부탁이 아니라 파트너십의 제안이라는 점을 기억해야 합니다.

6. 스토리 활용하기 (Tell stories)

투자자 설득 과정에서 겪는 어려움 중 하나는 대부분의 인수 창업가들이 비슷한 말만 한다는 점입니다.

"싸게 사서 비싸게 팔 겁니다."

"경쟁 진입 장벽이 높은 회사를 찾고 있습니다."

"마케팅을 개선해 매출을 늘리겠습니다."

이런 말들은 너무 추상적이라 설득력이 떨어집니다. 개인 투자 제안에 익숙하지 않은 투자자는 내용을 구체적으로 파악하기 어렵고, 경험 많은 투자자는 이런 설명으로는 여러분이 다른 사람들과 다르다고 느끼지 않습니다. 결국 모두에게 추상적인 말만 하는 것은 효과적이지 않습니다. 대신, 실제 경험을 바탕으로 한 구체적인 사례를 이야기로 들려주는 편이 훨씬 설득력 있습니다.

실제 사례를 중심으로 투자자들을 설득하는 것은 세 가지 이점이 있습니다. 첫째, '경쟁 진입 장벽'과 같은 추상적인 개념을 현실적인 맥락에 연결해 여러분의 계획에 현실감과 구체성을 더합니다. 아래 내용처럼 같은 말을 하더라도, 표현하는 방식에 따라 전달력은 완전히 달라집니다.

"저는 다른 업체가 쉽게 따라올 수 없는 회사를 찾고 있습니다. 제품 운송비가 많이 들어 가격 경쟁이 어려운 산업에 속해 있거나, 오랜 시간 쌓아 온 브랜드 인지도와 평판 덕분에 고객 이탈이 거의 없는 업체들이 바로 제가 찾는 회사들입니다."

◇◇◇◇◇◇◇◇◇◇◇◇◇◇◇◇◇◇◇◇ **구체적인 사례** ◇◇◇◇◇◇◇◇◇◇◇◇◇◇◇◇◇◇◇◇

"제가 살펴본 카스트로닉스(Castronics)라는 회사는 석유 및 가스 시추 업체용 금속 파이프에 나사선을 가공하는 업체입니다. 이 파이프는 크고 무거워서 운송비가 가공비의 6배에 달하기 때문에, 먼 지역의 경쟁 업체들은 물류비 부담으로 가격 경쟁에서 밀릴 수밖에 없습니다. 게다가 시추업체 입장에서는 파이프가 제때 도착하고 정확한 길이로 맞물리는 것이 매우 중요합니다. 이러한 이유로 시추 업체들은 새로운 파이프 공급 업체로 바꾸는 데 극도로 신중할 수밖에 없습니다. 카스트로닉스는 안정적으로 높은 마진을 유지할 수 있었으며, 저는 바로 이런 유형의 회사를 찾고 있습니다."

이런 식의 스토리를 활용하면 투자자의 관심을 끌 수 있을 뿐만 아니라, 여러분의 사고방식을 자연스럽게 보여줄 수 있습니다. 나중에 실제 인수 대상을 소개할 때 투자자들이 여러분의 판단을 이해하고 공감할 가능성이 높아집니다.

한 예비 창업자는 단순한 조건만 나열하는 대신, 자신이 검토했던 여러 회사를 간략히 소개하며, 각 회사의 특징과 자신의 인수 기준과 연결지어 설명했습니다. 나중에 그녀가 실제로 인수하려는 회사를 소개했을 때, 투자자들은 이렇게 반응했습니다. "아, 그래서 그 회사를 선택했군요. 말씀하셨던 조건을 모두 충족하네요!"

마지막으로 발표에 구체적인 사례를 들어가며 설명하면, 그것만으로도 여러분이 다양한 경험을 가진 사람이라는 인상을 줄 수 있습니다. 모든 예비 창업가가 공통적으로 받는 질문이 있습니다. "지금 당장 CEO로서 회사를 이끌 만큼 충분한 경험이 있나요?" 언젠가 이 질문에 직접 답해야 하겠지만, 그전에 실제 사례를 통해 투자자들이 여러분이 CEO로서의 역량을 갖춘 사람이라고 느끼게 만드는 것이 중요합니다.

투자자와의 초기 미팅에서는 인수 대상 기업뿐만 아니라 여러분 자신도 평가받습니다. 여러분은 회사의 잠재적 CEO이며, 투자자 미팅은 투자 설명회이자 면접의 성격을 띠고 있습니다. 투자자들은 여러분이 진지하고 성실하며, 깊이 있는 사고와 성숙함을 갖춘 사람인지 평가할 것입니다. 이 점을 항상 염두에 두고, 말뿐만 아니라 행동으로도 이러한 자질을 보여주어야 합니다.

다음 커뮤니케이션: 선순환 만들기
The Next Communication: Creating the Virtuous Circle

투자 미팅의 마지막 순간은 투자금 유치의 흐름(모멘텀)을 형성하는 데 있어 가장 중요한 시점입니다. 투자자들에게 조급함을 느끼게 해서는 안

  인수 창업 가이드 북

되지만, 이 투자 기회가 무한정 열려 있지는 않다는 점을 분명히 인식시켜야 합니다. 즉, 지금 결정을 내리지 않으면 다른 투자자에게 기회가 넘어갈 수 있다는 자연스러운 긴장감을 조성하는 것이 핵심입니다. 투자자들이 기다려도 손해 볼 것이 없다고 느낀다면 결정을 미루고 투자 의사를 밝히지 않을 가능성이 높습니다.

따라서 각 미팅은 명확한 다음 단계 제안으로 마무리해야 합니다. 예를 들어, '2주 후에 다시 전화드려 궁금하신 점을 여쭙고, 진행 상황을 공유드려도 될까요?'라고 제안하는 것입니다.

그리고 실제로 2주 후에 연락을 취해야 합니다. 후속 연락에서는 투자자의 질문을 먼저 듣고 성실히 답변한 뒤, 펀드의 진행 상황을 공유하는 것이 좋습니다. 이러한 꾸준한 후속 대화와 관리는 바로 모멘텀을 유지하는 핵심이며, 이 흐름을 잘 만들어가면 자연스럽게 선순환이 형성됩니다. 한 명의 투자자가 먼저 투자 의사를 밝히면, 다른 투자자들도 좋은 기회를 놓치지 않기 위해 서둘러 참여하게 됩니다. 이렇게 긍정적인 흐름이 다른 투자자들에게 전염되듯 이어지는 것이 바로 선순환입니다.

다음 단계
Next Steps

4장에서는 탐색을 위한 예산을 세우고 필요한 자금을 파악했습니다. 이번 장에서는 그 자금을 어떻게 마련할지, 즉 본인의 자금으로 인수 대상을 찾을 것인지, 아니면 투자자 자금을 활용할 것인지에 대해 판단하는 데 도움이 될 것입니다. 어떤 방식을 선택하든, 투자자 네트워크를 구축하는 일은 필수적입니다. 자체 자금으로 회사를 찾는다면, 여러분이 구축한 투자자 네트워크는 훗날 인수 단계에서 함께 투자할 파트너가 될 수 있습니다. 반대로 서치 펀드를 조성한다면, 그 투자자들은 탐색부터 인수까지 전 과정을 함께하는 핵심 파트너가 될 것입니다. 무엇보다 투자자들에게 접근할 때는 어떤 회사를 인수하고자 하는지, 그리고 왜 그것이 좋은 기회인지 명확히 전달해야 합니다. 다음 장에서 이 주제를 더 자세히 다룰 것입니다.

CHAPTER 6

인수할 회사의 조건 정의하기
Identifying the Characteristics You Want in Your Business

작은 회사를 인수하기 위한 탐색을 시작하면, 누구나 한 번쯤 메가트렌드에 눈길이 갑니다. '앞으로 세상을 바꿀 산업은 무엇일까?', '폭발적인 성장과 높은 수익이 가능한 분야는 어디일까?' 이런 생각들은 흥미롭고 대화 소재로는 좋지만 올바른 인수 결정을 이끌어 내는 경우는 거의 없습니다. 그래서 이번 장에서는 겉보기에는 다소 평범하고 지루해 보이지만, 매년 꾸준한 고객 유입과 매출이 유지되고, 성장 속도는 느리지만 안정적인 수익을 창출하는 회사, 즉 우리가 말하는 '꾸준히 수익을 창출하는 사업'을 어떻게 찾을지 다뤄보겠습니다.

꾸준히 수익을 내는 안정적인 회사
An Established and Profitable Firm

이미 여러 번 언급했지만, 인수 대상은 꾸준히 수익을 창출하며 이미 자리 잡은 비즈니스 구조를 가진 회사여야 합니다. 회사가 수익성이 있다는 것은 제품이나 서비스를 생산하는 데 드는 비용보다 고객이 더 많은 돈을 기꺼이 지불하는 상태를 의미합니다. 이 정의는 단순해 보이지만, 현실은 그렇게 간단하지 않습니다. 어떤 회사는 매년 꾸준히 수익을 내는 반면, 어떤 회사는 계속 적자를 기록합니다. 한때는 성공적이었지만 현재 그렇지 않은 회사도 있고, 손익분기점 근처를 맴도는 회사도 있으며, 단 한 번도 흑자를 기록한 적이 없는 회사도 있습니다. 이러한 회사는 저렴하게 인수할 수 있는 기회처럼 보일 수 있지만, 피하는 것이 현명합니다. 이유는 간단합니다. 이런 회사를 인수하면 사업 모델을 처음부터 다시 구축해야 하며, 이는 예상보다 훨씬 어렵고 위험한 일입니다. 따라서 매년 꾸준히 이익을 내고 이미 검증된 비즈니스 모델을 가진 회사를 인수 대상으로 선택해야 합니다.

지속적으로 수익을 내는 기업의 중요한 특징 중 하나는 재구매 고객, 즉 단골이 존재한다는 점입니다. 물론 소규모 기업이 꾸준한 수익성을 유지하는 이유는 이것뿐만이 아닙니다. 직원과 고객을 잘 대하고, 정직하게 운영하며, 비용을 효율적으로 관리하는 등 기본적인 경영 원칙도 큰 역할을 합니다. 이처럼 기본기를 잘 지키는 것은 정말 중요합니다. 하지만 꾸준히 수익을 창출하는 기업은 단순히 일상적인 운영을 잘하는 것 이상을 보여줍니다. 좋은 기업은 자사의 제품이나 서비스를 진심으로 가치 있게 여기는 올바른 고객층을 확보하고, 해마다 그 고객들이 제품이나 서비스를 다시 찾도록 만드는 강력한 힘을 갖고 있습니다.

회사의 소유주가 바뀌면 일부 고객은 다른 선택지를 고민하게 되며, 경쟁사들은 그 틈을 노려 빠르게 움직입니다. 인수 후 고객이 이탈하는 상황은 최악의 시나리오라 할 수 있습니다. 그러나 실제로 단골 고객은 회사의 소유주가 바뀌더라도 쉽게 떠나지 않는 경우가 많습니다. 결국 고객 유지가 인수 이후 성공적인 전환의 핵심이며, 단골 고객들은 지속 가능한 성장의 기반이 됩니다.

저성장 기업
Slow Growth

겉으로 보기에 매력적인 고성장 기업은 그만큼 높은 리스크가 내재되어 있습니다. 성장이 빠르다는 것은 기존 고객보다 신규 고객의 유입 속도가 훨씬 빠르다는 의미입니다. 하지만 충성도와 거래 이력이 없는 신규 고객은 각기 다른 요구를 가지고 있어 문제 발생 가능성이 높습니다.

빠른 성장을 뒷받침하기 위해서는 뛰어난 경영 역량과 막대한 자금이 필수적입니다. 그러나 사업의 본질에 집중하기보다 자금을 조달하는 일이 경영의 핵심 과제가 되어 경영자에게 큰 부담이 될 수 있습니다. 더욱이 빠르게 성장하는 기업은 경쟁자를 끌어들이는 자석과도 같습니다. 누구나 그 시장의 확장성과 새로운 고객을 노리고 진입하려 하기 때문에, 아무리 열심히 일해도 경쟁사를 따라잡지 못하면 실패할 가능성이 높아집니다. 설령 살아남더라도 치열한 경쟁으로 결국 낮은 가격에 제품을 판매하게 되고, 수익 또한 감소할 수 있습니다. 더 큰 문제는 고성장 사업일수록 매도자가 미래 가치를 이유로 더 높은 매각가를 요구한다는 점입니다. 결국, 고성장 사업을 인수한다는 것은 더 많은 노력이 필요하고, 실패 위험이 클 뿐 아니라, 높은 인수 비용까지 지불해야 함을 의미합니다.

반대로 성장률이 낮은 사업은 일반적으로 위험 부담이 적어 상대적으로 안정적입니다. 특히 개인 자산이 상당 부분 투입되는 소규모 사업 인수에서는 위험이 낮다는 사실만으로도 큰 장점이 됩니다. 실제로 사업체를 인수하면 자산의 대부분이 해당 사업에 묶이기 때문입니다.

'자녀의 대학 등록금 걱정 없는 삶', '주 7일, 하루 12시간의 노동에서의 해방', 이러한 목표들의 현실적인 해법이 바로 '지루해 보이는 회사(저성장 기업)'를 인수하는 것입니다.

물론 열심히 일을 해야 하는 사실은 변함이 없지만, 걱정의 무게가 달라집니다. 가족과 함께 저녁 식사를 하고 편안한 밤잠을 누릴 수 있습니다. 저성장 기업은 경영 부담이 적고 추가 자금이 많이 필요하지 않으며, 모든 일이 원만하게 진행됩니다. 고객과 장기적인 관계를 통해 그들의 니즈를 깊이 이해할 시간이 주어지고, 이를 바탕으로 제품과 서비스를 개선하면 고객은 매년 자연스럽게 여러분을 다시 찾게 됩니다. 이렇게 발생하는 반복 매출은 마케팅 비용을 절감하고, 다음 해의 실적을 훨씬 더 예측 가능하게 만듭니다. 예상치 못한 변수는 줄어들며 회사 경영은 더욱 단순해집니다. 저성장 기업은 고성장 기업보다 훨씬 더 합리적인 가격으로 인수할 수 있다는 이점 역시 빼놓을 수 없습니다.

1장에서 소개한 그렉 암브로시아와 토니 바티스타가 인수한 회사들은 모두 겉보기엔 평범하고 성장 속도가 느린 사업이었습니다. 그렉이 운영하는 댈러스의 고층 건물 유리창 청소 서비스는 도심에 새 건물이 자주 생기지 않아 성장 동력이 크지 않습니다. 그러나 기존 고객들이 서비스에 만족하며 매년 꾸준히 이용함으로써 안정적인 반복 매출이 발생합니다. 토니가 운영하는 소방 호스 검사 서비스도 마찬가지입니다. 시장의 성장률은 낮지만, 고객들은 거의 매년 그의 서비스를 다시 이용합니다.

두 사람 모두 서비스 품질 개선이나 영업 지역 확장을 통해 성장을 추구하지만, 단골 고객 기반이 견고한 시장에서는 새로운 고객을 확보하기가 쉽지 않습니다. 기존 고객들이 현재 서비스에 만족하며 이탈하지 않기 때문에 경쟁사가 비집고 들어와 시장 점유율을 확대하는 것은 어려운 일입니다. 성장 속도는 더딜지라도 충성도 높은 기존 고객 덕분에 안정적으로 수익을 창출할 수 있는 것입니다.

평범하고 지루해 보이는 회사를 인수한다고 해서 CEO의 역할이 단조로워지는 것은 결코 아닙니다. 그렉과 토니는 회사의 모든 영역에 책임을 지며 각자의 역량을 총동원해 눈코 뜰 새 없이 바쁜 나날을 보내고 있습니다. 직원 채용, IT 시스템 재구축, 현장 운영, 서비스 품질 개선, 경영 체계 고도화 등 처리해야 할 일들이 끊임없이 이어집니다. 회사의 성장 속도는 느리지만, 두 사람은 꾸준히 생산 능력을 키우고 고객 기반을 확대하고 있습니다. 직접 고객을 만나 서비스 개선 아이디어를 듣고, 직원들과 자주 소통하며 안전성과 품질, 효율성을 높이기 위해 끊임없이 노력합니다. 그렉과 토니는 자신들의 상태를 이렇게 표현합니다. "매일이 도전이고, 완전히 몰입해 있으며, 잠시도 쉴 틈이 없습니다." 이토록 치열하게 일하는 이유는 단 하나, 회사의 성공과 실패가 온전히 자신들에게 달려 있다는 사실을 누구보다 잘 알고 있기 때문입니다.

우리는 연간 세전 이익이 약 75~200만 달러 사이인 회사를 인수 대상으로 삼는 것이 가장 현실적이라고 판단합니다. 이때 몇 가지 고려해야 할 사항이 있습니다. 규모가 작은 회사일수록 이익 대비 인수 가격이 저렴해 매력적으로 보일 수 있습니다. 그러나 인수 후 자신의 노력이 정당한 보상으로 이어지려면, 지나치게 작은 회사보다는 일정 규모 이상의 회사를 선택하는 것이 바람직합니다. 이는 인수 창업가의 보상이 결국 회사의 수익성과 직결되기 때문입니다.

한편, 세전 이익이 200만 달러를 초과하는 회사부터는 소형 사모펀드 (Private Equity)와 같은 기관 투자자들이 경쟁에 참여하기 시작합니다. 이로 인해 인수 경쟁이 치열해지면서 매입 가격이 상승하고, 사업 소유 시 기대할 수 있는 재무적 이익은 감소할 수 밖에 없습니다.

또 하나 현실적으로 고려해야 할 사항은 자기자본을 얼마나 조달할 수 있느냐입니다. 일반적으로 인수 가격의 약 1/3은 자기자본으로 충당해야 하며, 소규모 사업체의 경우 보통 세전 이익의 약 4배 수준에서 거래됩니다. 따라서 이 범위의 최저점에 있는 회사를 인수하려면 약 100만 달러, 최고점에 있는 회사를 인수하려면 약 270만 달러의 자기자본이 필요합니다. 자금 조달 방법에 대해서는 이 책의 뒷부분에서 다루겠지만, 아직 네트워크가 충분히 크지 않다면 이익 규모가 작은 회사부터 탐색하는 것이 현실적일 것입니다.

안정적인 수익, 저성장, 반복적인 매출, 꾸준한 현금흐름을 갖춘 회사는 많습니다. 하지만 모든 회사가 적합한 인수 대상이 되는 것은 아닙니다. 가장 먼저 해야 할 일은 자신의 경력, 기술, 강점, 그리고 약점을 명확히 파악하는 것입니다. 이를 토대로 자신의 역량을 발휘할 수 있는 사업으로 탐색 범위를 좁혀야 합니다. 대부분의 사업은 인력 관리, 마케팅, 생산, 법률, 회계 등 거의 모든 분야에 대한 폭넓은 이해와 종합적인 경영 능력을 필요로 합니다. 실제로 이러한 역량을 갖춘 경영자라면 업종에 관계없이 성공할 가능성이 높지만, 자신의 성향이나 가치관이 인수 대상과 적합한지 반드시 확인해야 합니다. 예를 들어, 알레르기가 있다면 반려동물 관련 사업은 피해야 합니다. 영업에 대한 거부감이 있다면 CEO가 직접 영업을 책임져야 하는 회사는 적합하지 않을 것입니다. 잦은 출장을 원치 않는다면 해외에 지사나 공급망을 둔 사업은 처음부터 제외해야 합니다. 사람 관리가 큰 스트레스라면 수백 명의 직원을 이끄는 자리는 감당하기 어려울 수 있습니다.

회사를 인수하기 전에 해당 사업이 실제로 어떻게 운영되는지 반드시 이해해야 합니다. 제품이 어떻게 생산되고, 서비스가 어떤 과정을 통해 제공되는지, 그리고 그 과정이 정확히 무엇에 의존하는지를 꼼꼼히 살펴봐야 합니다. 특히, 사업이 특정 인물, 대체하기 어려운 기술, 핵심 고객, 또는 단일 공급망에 지나치게 의존하고 있지 않은지 확인해야 합니다. 이러한 요소들은 인수 후 성공을 좌우하는 중요한 변수가 될 수 있습니다.

고객과 산업에 대한 이해도 필수적이며, 다음과 같은 근본적인 질문에 답할 수 있어야 합니다. 고객은 왜 이 회사에서 제품을 구매하는가? 경쟁사는 누구이며, 이 회사의 강점과 약점은 무엇인가? 물론 처음부터 모든 것을 완벽히 알 수는 없지만, 탐색 과정과 특정 회사를 대상으로 한 실사를 통해 점차 많은 정보를 얻게 될 것입니다. 어떤 사업은 구조가 단순해 이해하기 쉬운 반면, 어떤 사업은 복잡해 파악하기 어려울 수도 있습니다. 그러나 인수를 마무리하기 전에 반드시 회사의 수익 구조와 돈을 버는 방식을 명확히 이해해야 합니다. 실사를 마쳤음에도 사업 구조가 불투명하고 강점과 약점이 명확하지 않다면, 그 회사는 인수하지 않는 것이 바람직합니다.

라이프스타일이 잘 맞는 기업
A Good Match with Your Lifestyle

인수할 사업체를 찾을 때는 자신의 라이프스타일을 함께 고려해야 합니다. 먼저, 회사가 위치한 지역으로 가족과 함께 이사하여 정착할 의지가 있는지 확인하는 것이 중요합니다. 소규모 사업은 CEO가 매일 현장에 있어야 원활히 운영됩니다.

물론 탐색 범위를 지나치게 좁히는 실수를 피해야 합니다. 특정 도시나 지역만 고집하면 많은 좋은 기회를 놓칠 수 있습니다. 가족이 특정 지역에서 살기를 원하지 않는다면 해당 지역은 탐색 대상에서 제외하는 것이 바람직합니다. 예를 들어, 가족이 노스다코타주에서 살기를 원하지 않는다면 그곳에서 회사를 찾는 것은 적절하지 않습니다. 만약 가족이 보스턴 서부 교외 외의 지역에서는 살기를 원하지 않는다면, 인수할 사업체를 찾기보다 근처에서 직장을 구하는 것이 더 현실적일지도 모릅니다.

인수 창업 가이드 북

가족의 의견을 중요하게 여겨야 하는 이유는 분명합니다. 사업을 운영한다는 것은 에너지와 시간, 그리고 인생의 많은 부분을 투자해야 하는 일입니다. 여러분과 가족의 경제적 미래가 사업에 달려 있으며, 가족이 불행한 상태에서 사업만 성공시킬 수는 없습니다. 사업에 필요한 막대한 에너지와 집중력은 안정된 가정에서 나온다는 사실을 기억해야 합니다.

회사를 성공적으로 운영하려면 무엇보다 충분한 체력과 집중력이 필요합니다. 만약 건강 문제나 생활 패턴으로 인해 장시간 일하는 것이 어렵다면, 이러한 한계를 인수 탐색 단계에서 현실적으로 고려해야 합니다. 자신의 회사를 운영하는 가장 큰 장점 중 하나는 일과 삶의 균형을 스스로 조정할 수 있다는 점입니다. 수입이 다소 줄더라도 가족과 더 많은 시간을 보내기로 결정할 수 있으며, 그 선택에 대해 누구에게 허락을 받거나 사과를 구할 필요가 없습니다. 사업가는 자신의 일과 삶을 자신과 가족의 방식에 맞게 설계할 수 있습니다. 실제로 다른 일이나 취미, 개인 프로젝트를 병행하면서도 안정적으로 회사를 운영하는 사례도 많습니다. 이러한 유연성이야말로 사업가가 누릴 수 있는 가장 큰 장점 중 하나입니다. 따라서 회사를 선택할 때는 단순히 수익성만 고려하지 말고, 자신의 삶의 방식이나 가치관과 조화를 이룰 수 있는 환경인지를 반드시 확인해야 합니다.

일자리가 아닌 회사를 사는 것
Buying a Business, Not a Job

자신이 직접 사업가가 되는 길은 다양하지만, 선택한 경로에 따라 삶의 모습은 완전히 달라질 수 있습니다. 회사를 인수해 소유주가 됨으로써 '직업적 독립'을 이루는 사람들도 있지만, 마케터, 브로커, 인테리어 디자이너, 프리랜서, 컨설턴트 등 자영업을 통해 목표를 달성하는 사람들도 있습니다. 그러나 후자의 길은 자신의 시간을 돈으로 교환하는 본질적인 한계에 부딪히게 됩니다. 하루 24시간 동안 한 사람이 처리할 수 있는 고객의 수는 물리적으로 제한되어 있습니다. 물론 보조 인력을 고용하면 더 많은 업무를 처리할 수는 있지만, 고객이 여전히 특정 개인의 실력이나 명성 때문에 거래를 지속한다면, 그것은 '사업'이라기 보다 '직업'에 가깝습니다. 진정한 비즈니스는 개인의 역량이 아닌 시스템으로 작동합니다. 고객은 특정 개인이 아닌 회사 자체의 제품과 서비스를 신뢰하며, 누가 일을 하든 동일한 결과물을 만들어내는 시스템과 프로세스가 그 기반을 이룹니다. 이처럼 고객이 개인이 아닌 회사를 신뢰하고 찾을 때, 그 일이 비로소 '사업'이 됩니다.

물론 어떤 직장은 사업을 소유하는 것보다 훨씬 더 나은 경우도 있습니다. 예를 들어, 소프트웨어 개발 외주 업체와 웹사이트 디자인 에이전시의 사례를 들 수 있습니다. 두 회사는 본사 사무실 없이 고정비를 극도로 낮게 유지하는 철학을 가지고 있었습니다. 이 두 회사의 CEO들은 중간 관리자 없이 직접 직원과 외주 인력에게 업무를 배분했고, 영업과 재무 관리자의 역할까지 수행했습니다. 이러한 단순화된 구조 덕분에 두 회사는 높은 수익성을 유지할 수 있었고, 두 CEO는 이전보다 훨씬 많은 돈을

                                                    인수 창업 가이드 북

벌었습니다. 하지만 이들이 소유한 것이 과연 훌륭한 '사업'이었을까요, 아니면 훌륭한 '직업'이었을까요? 의견은 분분할 수 있지만, 이 사례에서 현실은 명확했습니다. 개발 외주 업체의 CEO는 큰 교통사고를 당했고, 웹사이트 디자인 에이전시의 CEO는 개인적인 건강 문제로 인해, 두 사람 모두 몇 달간 회사를 완전히 떠나야만 했습니다. 그들이 복귀했을 때, 회사는 예전의 모습을 잃고 껍데기만 남아 있었습니다. 직원들 대부분은 회사를 떠났고, 고객들은 대금을 지불하지 않았으며, 새 계약도 없었습니다. CEO가 없자 회사도 존재하지 않았던 것입니다. 결국 이들이 가진 것은 '사업'이 아니라 '직업'이었습니다. 물론 아주 좋은 직업이었지만, 어디까지나 '직업'일 뿐이었습니다.

훌륭한 '직업'을 사는 것도 나쁜 일은 아닙니다. 하지만 이 책이 다루는 주제는 단순히 '좋은 일자리'를 얻는 것이 아니라, '좋은 사업'을 인수하는 법입니다. 훌륭한 사업을 소유하는 것이 훌륭한 직업을 가지는 것보다 훨씬 더 큰 가치가 있습니다. 그 이유는 두 가지입니다.

첫째, 소규모 사업체를 소유하면 여러분의 수입은 더 이상 노동 시간에 묶이지 않습니다. 장인이나 전문직 종사자가 자신의 시간을 투입하여 수익을 창출하는 것과 달리, 사업가는 자신이 구축한 경영 시스템을 통해 수익을 극대화합니다. 이 시스템이 잘 갖춰져 있다면, 나를 대신해 여러 직원이 고객을 만족시키고 꾸준히 수익을 만들어 냅니다. 이를 통해 더 큰 경제적 보상은 물론, 내 시간을 내 마음대로 쓸 수 있는 자유로운 라이프스타일까지 가능해집니다.

둘째, 회사 소유주는 두 가지 방식으로 보상을 받습니다. 하나는 경영자로서 받는 급여이고, 다른 하나는 회사에 투입한 시간, 노력, 자본에 대한 투자 수익입니다. 사업이 성장하면 그 자체가 매각 가능한 자산이 되어 언젠가 여러분의 부를 구성하는 중요한 요소가 될 수 있습니다. 이와 달리, 대부분의 전문직 종사자는 매각할 수 있는 '사업체'가 없기 때문에 노동이 멈추면 수입 역시 멈추게 됩니다. 장인이 은퇴 후 자신의 도구를 매각하더라도 감가상각된 가치만 돌려받을 수 있는 반면, 성공적인 사업체는 투자 원금보다 훨씬 높은 가치를 인정받아 매각될 수 있습니다.

따라서 탐색 과정에서는 '일'이 아닌 '사업'을 찾아야 합니다. 회사가 오너 한 사람에게 지나치게 의존하는 구조라면 피하는 것이 좋습니다. 오너가 주요 영업을 맡는 경우는 흔하지만, 제품이나 서비스의 대부분을 직접 제공하고 있다면 주의해야 합니다. 만약 오너가 빠졌을 때 회사가 정상적으로 운영되지 않을 것 같다면, 그 회사는 '사업'이라기보다 '일'에 가깝습니다. 오너의 역할이 대체 불가능하여 그가 떠나는 순간 회사의 가치가 사라진다면, 그런 구조의 사업은 피해야 합니다.

무시해야 할 것들

What to Ignore

이 장에서 요약한 '좋은 인수 대상 기업의 조건'에는 여러분이 예상했을 몇 가지 항목이 빠져 있습니다. 대표적인 것이 바로 내가 '열정을 느끼는 분야의 사업'만 해야 한다는 기준입니다.

물론 사람마다 관심사와 열정은 다양합니다. 나무배, 올드카, 음악, 희귀 서적, 와인, 미식 등 그 종류는 끝이 없습니다. 사회에 도움이 되는 일을 하고 싶다는 사명감을 갖는 것도 충분히 이해할 수 있습니다. 탄소 배출을 줄이거나 환경에 기여하는 일을 떠올릴 수도 있습니다. 그러나 사

인수 창업 가이드 북

업에 대한 열정이라는 개념은 모호할 뿐만 아니라, 자칫 위험할 수 있습니다. 열정이 과하면 냉정한 판단력이 흐려지고, 실제 가치보다 높은 가격에 인수할 위험이 커지기 때문입니다.

여러분이 진정으로 열정을 쏟아야 할 대상은 사업을 통해 돈을 벌고 자신이 원하는 커리어와 삶을 만드는 일입니다. 개인적인 취미나 사명감만으로는 좋은 사업이 되기 어렵습니다. 따라서 인수할 회사의 제품이나 서비스를 꼭 사랑해야 한다는 강박관념에서 벗어날 필요가 있습니다. 오히려 가장 좋은 사업은 평범하고 지루해 보이는 경우가 많습니다.

그리고 인수 가격도 조건 목록에서 제외되어야 합니다. 인수 금액이 단순히 보유한 현금의 양에 따라 결정되는 것이 아니기 때문입니다.

다음 단계
Next Steps

이후에 자세히 설명하겠지만, 회사 인수에 필요한 자금을 조달하는 방법은 다양합니다. 은행 대출이 가장 일반적이며, 위험과 보상을 공유할 투자자를 유치하는 방식도 있습니다. 이러한 이유로 인수 대상 회사의 가격에는 사실상 정해진 상한선이 없습니다. 다만, 인수 가격이 높아질수록 확보할 수 있는 지분 비율은 줄어듭니다. 이는 개인의 자산 규모를 훨씬 초과하는 회사를 인수할 수도 있다는 뜻이지만, 그 대상은 반드시 그만한 가치가 있는 회사여야 한다는 전제가 따릅니다. 이어지는 장에서는 인수 대상으로서 가치가 있는 회사를 어떻게 식별할 수 있는지에 대해 집중적으로 다룹니다.

Finding the Right Small Business to Buy

3부

인수하기에 적합한
소규모 회사를 찾는 법

Finding the Right Small Business to Buy

이제 본격적으로 인수할 회사를 찾는 단계에 들어갑니다. 이 장에서는 탐색의 초기 과정을 살펴봅니다. 수많은 후보 기업을 발굴한 뒤, 조건에 맞지 않거나 매력이 없는 매물을 신속히 걸러내는 것이 핵심입니다. 이를 통해 유망한 소수의 인수 후보에 집중할 시간을 확보할 수 있습니다.

후보 기업을 발굴하는 방법은 3개의 장에 걸쳐 다룹니다. 7장 「효율적인 탐색 전략: 개요」에서는 탐색 과정에서 발굴한 여러 후보 기업 중 어떤 회사를 집중적으로 검토해야 할지 판단하는 기준을 설명합니다. 이어서 8장 「브로커를 통한 매물 소싱」에서는 중개인을 통해 인수 대상을 찾는 방법을, 9장 「직접 소싱」에서는 회사 소유주에게 직접 연락해 인수 기회를 발굴하는 전략을 소개합니다.

10~12장에서는 이렇게 발굴한 후보 기업 중 지속적으로 수익을 내고 소유주의 매각 의지가 확실한 회사를 선별하는 과정을 다룹니다. 10장 「지속 가능한 수익을 창출하는 소규모 기업」에서는 오랜 기간 꾸준히 수익을 내는 기업의 특성을 분석하고, 11장 「재무 정보를 활용해 지속 가능한 수익 구조 평가하기」에서는 실제 재무 데이터를 활용해 수익성을 정량적으로 평가하는 방법을 설명합니다. 마지막으로 12장 「소유주의 매각 의지 파악하기」에서는 재무제표만큼 중요한 매도 의사를 확인하여 인수 대상을 최종 선별하는 방법을 다룹니다.

CHAPTER 7

효율적인 탐색 전략 : 개요
Managing Your Search Effectively: An Overview

인수 후보를 탐색할 때는 밀접하게 연관된 두 가지 핵심 과제를 동시에 수행해야 합니다. 첫 번째는 후보 기업을 발굴하는 일입니다. 인수 대상이 될 가능성이 있는 기업들을 다수 찾아내고, 그 회사들의 정보를 확보해야 합니다. 최종 목표는 단 하나의 적합한 회사를 찾는 것이지만, 인수에 적합한 회사를 발굴하려면 최소 수백 개의 매물 리스트를 확보해야 합니다. 두 번째 과제는 후보 기업을 효과적으로 선별하는 일입니다. 확보한 기업들의 정보를 분석해 인수 대상이 될 수 없는 기업을 신속히 걸러내야 합니다. 효율적인 탐색을 위해서는 가망이 없는 회사를 과감히 제외하는 데 주저할 필요가 없습니다. 인수 제안을 고려할 만한 유망한 기업만을 심도 있게 검토하는 데 시간을 집중해야 합니다.

여러분은 브로커를 활용하든 직접 소유주에게 연락하든, 탐색 기간 동안 지속적으로 새로운 인수 후보를 발굴할 수 있는 시스템을 구축해야 합니다. 초기에는 시스템이 안정화되기까지 한두 달 정도 소요되지만, 이후에는 반복적인 작업을 통해 하루 평균 두 건의 새로운 후보 기업을 확보할 수 있습니다. 탐색이 진행될수록 어떤 방식이 더 효율적인지 스스로 파악하게 됩니다. 예를 들어, 특정 브로커가 특정 산업이나 지역에 전문성을 가지고 있음을 알게 되거나, 예상보다 매력적인 산업을 발견하여 해당 분야에 집중함으로써 더 많은 후보 기업을 찾을 수도 있습니다.

탐색 과정에서 마음에 드는 회사가 생겼다고 해서 그 회사에만 매달리며 새로운 후보 회사 발굴을 멈춰서는 안 됩니다. 처음에는 훌륭해 보였던 기업도 자세히 살펴보면 기대에 못 미치는 경우가 많습니다. 과거 실적이 실제보다 부풀려졌거나 주요 고객층을 이미 잃었으며, 매도자와의 조건 협상이 어려울 수도 있습니다. 이처럼 회사 하나를 검토하고 적합성을 판단하는 데 몇 달이 걸리는 경우가 흔합니다. 만약 그 기간 동안 새로운 회사를 찾는 것을 멈춘다면, 처음부터 검색을 다시 시작하는 데 또 몇 달이 소요되어 전체 일정이 불필요하게 지연될 수 있습니다. 따라서 거래가 성사되어 계약서에 도장을 찍기 전까지는 매일 새로운 후보를 발굴하며 모멘텀을 유지하는 것이 훨씬 더 현명한 전략입니다.

인수 후보 선별하기
Filtering Prospects

새로 발견한 인수 후보를 효율적으로 선별하는 일은 탐색 과정에서 가장 중요한 작업 중 하나입니다. 후보로 선정된 대부분의 회사를 신속히 걸러내야만, 실제로 가능성이 있는 몇몇 회사에 시간과 에너지를 집중할 수 있습니다. 인수 후보 선별 과정은 생각보다 단순하며 반복적인 작업입니다. 1차 선별 과정(초기 필터링)에서는 많은 정보가 필요하지 않습니다. 회사의 위치나 산업이 적합하지 않다면 후보에서 제외할 수 있습니다. 1차 선별 과정을 통과한 후보 기업들은 더 많은 정보와 시간이 필요한 2차 선별 과정(2차 필터링)으로 넘어갑니다. 2차 선별 과정에서는 회사의 기본적 특성, 재무 정보, 매도자의 태도 등 다양한 정보를 종합적으로 판단합니다. 이러한 선별 과정을 거치면 대부분의 후보는 자연스럽게 탈락하게 됩니다. 1차와 2차 선별 과정을 모두 통과한 회사는 세부적인 검토를 진행할 가치가 있는 대상으로 간주됩니다. 그리고 이 다음 단계가 바로 **예비 실사 (preliminary due diligence)** 단계입니다. 자세한 내용은 이 책의 4부 「인수 제안하기」에서 다룹니다.

초기 필터링
Initial filters

1차 선별 과정에서는 최소한의 정보만으로 회사를 선별합니다. 회사가 어떤 사업을 하는지, 규모는 어느 정도인지, 어디에 위치해 있는지 정도만 파악하면 충분합니다. 브로커를 통해 확보한 매물이라면, 이러한 정보는 보통 **티저 (Teaser)** 라고 불리는 1~2페이지 분량의 요약 자료에 정리되어 있습니다. 티저는 인수 매물에 대해 처음 접하는 정보이며, 이 정보만으로도 해당 기업을 인수 대상에서 바로 제외할지 판단할 수 있습니다.

만약 해당 매물이 직접 발굴한 회사라면, 기업 데이터베이스나 공개된 데이터만으로도 1차 선별 과정을 진행할 수 있으며, 굳이 소유주에게 연락하지 않고도 인수 후보로 고려할지 여부를 판단할 수 있습니다. 소유주에게 실제로 연락하는 경우에는 첫 통화에서 얻은 정보를 바탕으로 1차 선별 과정을 진행하면 됩니다.

1차 선별 과정은 신속하게 진행됩니다. 예를 들어, 위치나 업종이 맞지 않는 회사는 1분도 채 걸리지 않아 제외할 수 있습니다. 조금 더 검토가 필요한 경우라도 보통 1~2시간이면 충분합니다. 1차 선별 과정의 목적은 후보 회사를 빠르게 걸러내는 데 있습니다. 앞서 여러 차례 강조했듯이, 우리가 찾고자 하는 기업에는 몇 가지 공통적인 특징이 있습니다. 1차 필터링은 이러한 기준을 빠르게 적용하여 기준에 크게 미달하는 후보를 초기에 제거하는 과정입니다. 회사가 오랜 기간 동안 꾸준히 수익을 내고 있는지와 같은 요소는 초기 단계에서 바로 확인하기 어려우므로 처음부터 상세히 검토할 필요는 없습니다. 그러나 기업의 전반적인 수익성이나 비즈니스 모델 등은 비교적 쉽게 파악할 수 있습니다. 1차 선별 과정은 결국 다음과 같은 단순한 질문에 답하는 과정입니다.

☑ 이 회사는 꾸준히 수익을 내고 있는가?[8]

---

8 역자 주: 원서 본문에서 'Consistently profitable '은 단순히 매년 꾸준히 수익을 냈다는 과거의 기록을 의미하는 반면, 'Enduringly profitable' 은 시장 변화와 경쟁을 버티며 앞으로도 수익이 유지될 수 있는 구조, 즉 '지속 가능한 수익성'을 뜻합니다. 과거에 수익을 냈다는 사실과 앞으로도 수익을 낼 수 있는 구조를 갖추었다는 사실은 전혀 다른 이야기라는 점을 기억하시면 됩니다.

- ☑ 스타트업이나 구조조정 중인 기업이 아니라, 이미 안정된 단계의 기업인가?

- ☑ 규모는 적절한가?

- ☑ 내가 거주할 수 있는 지역에 위치해 있는가?

- ☑ 내가 직접 운영할 수 있는가?

- ☑ 나의 생활 방식과 잘 맞는가?

이런 질문에 모두 '예' 라고 답할 수 있고, 추가로 설정한 기준까지 통과했다면, 이제 한 단계 더 깊이 검토할 차례입니다.

심층 필터링
Deeper Filters

심층 필터링 (2차 선별 과정) 에서 반드시 답해야 할 두 가지 핵심 질문은 다음과 같습니다.

- ☑ 이 회사는 오랜 기간 흔들리지 않는 수익 구조를 가지고 있는가?

- ☑ 소유주는 정말로 매각 의지가 확실한가?

물론 이 단계에서는 두 질문에 대해 명확한 답을 기대하기는 어렵습니다. 지금은 빠른 예비 판단을 내리는 단계로, 제공된 자료를 꼼꼼히 검토하거나 브로커나 소유주와 직접 대화하여 스스로 판단력을 발휘해야 합니다. 브로커 매물의 경우, 전화, 이메일, **기밀정보요약서 (CIM,**

Confidential Information Memorandum)[9]를 통해 비교적 자세한 정보를 얻을 수 있습니다. 반면, 직접 발굴한 회사의 경우에는 정보를 얻기가 훨씬 어렵습니다. 이 경우 매도자(소유주)에게 재무제표를 요청하고, 여러 차례 대화를 통해 필요한 정보를 직접 확보해야 합니다. 어떤 방식으로 정보를 얻든, 이 단계의 목표는 후보 기업에 대해 모든 것을 완벽히 파악하는 것이 아닙니다. 심층 필터링의 목표는 인수 대상으로 보기 어렵다는 판단이 설 정도로만 검토하는 것입니다.

첫 번째 심층 필터링 기준은 회사의 수익 구조가 지속 가능한지 여부를 평가하는 것입니다. 소규모 기업이 지속적으로 수익을 내는 가장 중요한 특징은 단골 고객을 보유하고 있다는 점입니다. 다만 이 단계에서는 과거 고객 명단을 확인하기 어려우므로, 현재 확보된 정보만으로 단골 고객이 존재하는지 추측해야 합니다. 고객들이 이 회사를 선택하는 이유, 경쟁사가 있음에도 이곳에서 구매하는 이유, 그리고 회사가 높은 마진을 유지할 수 있는 이유를 파악해야 합니다. 10장 「지속 가능한 수익을 창출하는 소규모 기업」에서는 단골 고객과 재구매 수요를 만들어내는 비즈니스 모델의 특징, 그리고 이러한 구조가 장기적인 수익성을 유지하는 데 기여하는 공통점을 살펴볼 예정입니다. 이어지는 11장에서는 재무 정보를 통해 지속 가능한 수익 구조를 정량적으로 확인할 수 있는 재무 지표와 기준을 제시합니다.

두 번째 심층 필터링 기준은 소유주의 매각 의지가 실제로 있는지 확인하는 것입니다. 앞서 살펴본 것처럼, 대부분의 소규모 기업 오너는 자신

---

9 역자 주: 브로커, 투자은행, M&A 자문사가 매각을 원하는 회사의 상세 정보를 잠재적 인수자에게 제공하는 공식 문서입니다. 쉽게 말해서, 이 회사를 인수할 의향이 있는 사람에게만 보여주는 상세 소개서입니다.

의 회사를 매각하는 일이 처음입니다. 매각을 준비하는 과정에서 그들은 많은 것을 새롭게 배우게 됩니다. 자신의 기업 가치가 어느 정도인지, 일반적인 거래 조건에 어떤 위험과 요구 사항이 포함되는지, 그리고 회사를 넘긴 후 자신의 삶이 어떻게 달라질지 등을 고민하게 됩니다. 이와 같은 이유로 매수자와 매도자가 상당한 노력을 기울였음에도 불구하고, 매도자가 갑자기 태도를 바꾸거나 결정을 주저하는 경우가 자주 발생합니다. 이는 매도자가 고의로 속이는 것이 아니라, 회사를 파는 경험이 처음이라 진행 과정에서 새롭게 알게 되는 점들이 많아 생각이 바뀌기 때문입니다. 그러나 여러분이 몇 달간 회사를 검토하고 매도자와 협상한 끝에 거래가 무산된다면, 그 시간과 비용은 사실상 매도자의 '학습 비용'을 대신 치른 셈이 됩니다. 따라서 초기에 소유주의 매각 의지가 확실한 후보만 계속 집중하는 것이 좋습니다. 12장 「소유주의 매각 의지 파악하기」에서는 이를 평가하는 방법을 구체적으로 설명합니다.

다음 단계
Next Steps

이처럼 1차 선별 과정(초기 필터링)과 2차 선별 과정(심층 필터링)을 통해 인수 대상으로 적합하지 않은 후보를 대부분 걸러낼 수 있습니다. 이러한 선별 과정을 효율적으로 활용하면 선별 과정을 통과한 기업을 더 깊이 이해하는 데 시간을 효율적으로 사용할 수 있습니다. 선별 과정에서 여러 회사를 검토하다 보면, 아직 답을 얻지 못한 질문들이 계속 생길 수 있으며, 이러한 질문은 반드시 정리해 두어야 합니다. 하루 정도 자료를 검토하고 1차 및 2차 선별 과정을 진행한 후에도 회사가 여전히 매력적인 후보로 느껴진다면, 기록해 둔 질문들이 다음 단계인 예비 실사의 출발점이 될 것입니다. 예비 실사 과정은 13장 「예비 실사」에서 자세히 다루겠지만, 그전에 인수 후보 발굴과 필터링 과정을 좀 더 상세히 살펴보겠습니다.

CHAPTER 8

브로커를 통한 매물 소싱
Sourcing Prospects Using Brokers

2009년 12월, 패트릭 디킨슨(Patrick Dickinson)과 마이클 와이너(Michael Weiner)는 미국 네브래스카주 킴볼(Kimball)에 본사를 둔 석유 시추 서비스 회사 캐스트로닉스(Castronics, Inc.)를 960만 달러에 인수했습니다. 흥미로운 점은 두 사람 모두 킴볼에 가본 적이 없었고, 석유 시추업과는 전혀 관련 없는 배경을 가지고 있었다는 사실입니다. 패트릭은 피츠버그에서, 마이클은 클리블랜드 교외에서 자랐으며, 두 사람 모두 집안 배경이 사업이나 창업과는 거리가 멀었습니다. 패트릭의 아버지는 의사, 어머니는 전업주부였고, 마이클의 아버지는 변호사 겸 회계사로 개인 사무실을 운영했으며, 어머니는 언어 치료사였습니다. 두 사람은 듀크대학교 학부 첫 수업에서 만나 친구가 되었지만, 졸업 후 서로 다른 길을 걸었습니다. 마이클은 대형 은행에서 경력을 쌓은 뒤 클리블랜드의 중소기업 투자 회사로 직장을 옮겼고, 패트릭은 미국 전역에서 폐기물 처리 회사를 인수 및 운영하는 투자 그룹에서 일했습니다.

2008년, 오랜 고민 끝에 두 사람은 직접 소규모 기업을 인수하기로 결정했습니다. 두 사람은 모두 회사를 그만두고 모아 둔 돈으로 생활비를 충당하며 전국적으로 인수 대상을 찾아 나섰고, 약 6개월 만에 캐스트로닉스를 인수하는 데 성공했습니다. 이렇게 짧은 시간 안에 거래가 성사된 이유에 대해 패트릭은 브로커의 도움 덕분이었다고 말했습니다. 브로커를 활용함으로써 실제로 회사를 매각하려는 소유주들에게 빠르게 접근할 수 있었고, 이것이 곧 인수 성사로 이어졌다는 것입니다.

브로커를 통한 회사 매물 발굴은 효과적인 전략입니다. 특히 회사를 매각한 경험이 없거나 아직 결심이 서지 않은 첫 매각자들과 거래할 때 그 효과가 더욱 두드러집니다. 브로커는 매물로 나온 기업 정보를 체계적으로 정리해 제공하므로, 인수 창업가는 회사를 신속히 선별할 수 있습니다.

좋은 브로커는 단순히 매물을 제공하는 데 그치지 않습니다. 매도자의 매각 의지, 회사의 배경, 숨겨진 리스크 등 핵심 정보를 함께 제공하며, 판매자를 설득하고 매각 과정을 조율하며 매수자와 매도자 간의 의견 차이를 좁히는 역할을 합니다. 특히 매각 경험이 없는 소유주에게는 일종의 매각 코치 역할을 하기도 합니다. 거래 절차를 단계별로 안내하며, 예상치 못한 상황에서도 흔들리지 않도록 도와줍니다. 매수자가 과거 재무 성과에 대한 상세 자료를 요구할 경우, 유능한 브로커는 이를 의심이나 불신이 아닌 정상적인 실사 과정으로 설명하여 매각자를 안심시킵니다. 이처럼 브로커는 매각자의 감정적 동요를 줄여 거래의 안정성을 높이는 데 기여하며, 유능한 브로커의 존재는 거래 성사 여부를 좌우할 만큼 중요합니다.

미국에는 현재 약 3,000~4,000명의 비즈니스 브로커가 활동하고 있습니다. 이들은 피자 가게나 주유소 같은 소규모 소매점부터 2,000만 달러 규모의 기업까지 다양한 사업체를 중개합니다. 일부 브로커는 특정 산업에만 집중하지만, 대부분은 거의 모든 업종의 기업을 다룹니다. 브로커들은 주로 매도자가 지급하는 수수료를 기반으로 일합니다. 일부는 월 단위의 기본 보수를 받기도 하지만, 대부분 수수료는 거래가 실제로 성사된 후에 지급됩니다. 브로커는 자신을 먼저 알아봐 주기를 바라는 입장이기 때문에 이들에게 연락하는 것은 어렵지 않습니다. 국제 비즈니스 브로커 협회(International Business Brokers Association, www.ibba.org), 기업 성장 협회(Association for Corporate Growth, www.acg.org), 인수합병 자문가 얼라이언스(Alliance of Merger & Acquisition Advisors, www.amaaonline.com), 전문 인수 합병 자문가 협회(Association of Professional Merger & Acquisition Advisors) 등 주요 협회의 회원 명단에서도 브로커 정보를 확인할 수 있습니다.

특정 산업에 특화된 브로커를 찾고 싶다면, 해당 산업의 협회 웹사이트나 간행물에서 광고나 회원 목록을 통해 쉽게 찾을 수 있습니다. 인터넷에서 'business broker(비즈니스 브로커)', 'merger and acquisition advisor(M&A 어드바이저)', 'buying and selling businesses(사업체 사고 팔기)' 같은 키워드로 검색해도 많은 브로커를 찾을 수 있습니다. 많은 매수자들은 Axial(www.axialmarket.com) 같은 온라인 시스템을 활용합니다. 이 플랫폼을 통해 브로커는 적합한 매수자를 선별하고, 매수자가 설정한 조

건에 맞는 매물 정보를 직접 발송할 수 있습니다.[10]

비즈니스 브로커에게 자신을 소개하기
Introducing Yourself to a Business Broker

패트릭과 마이클처럼 여러분도 탐색 과정에서 수백 명의 브로커에게 연락을 하게 될 것입니다. 따라서 브로커에게 자신을 소개할 때는 아래 사항을 분명히 전달해야 합니다.

- ☑ 회사를 인수할 자본이 준비되어 있다는 점

- ☑ 회사를 반드시 인수하겠다는 의지와 빠른 실행력이 있다는 점

- ☑ 전문적이고 신뢰할 만한 매수자라는 점

- ☑ 목표로 하는 규모, 산업, 업종이 명확하다는 점 (예: 제조, 유통, 서비스업 등)

브로커와 소통할 때는 본인을 신뢰할 수 있는 매수자임을 보여주는 것이 무엇보다 중요합니다. 브로커들은 실제로 인수를 고려하지 않는 사람들로부터도 매일 많은 연락을 받습니다. 따라서 짧지만 확실한 메시지를 준비해 진지하게 회사를 인수할 의지와 능력을 갖추고 있다는 점을 분명히 전달해야 합니다.

---

10 역자 주: 한국에서는 큰 규모의 브로커리지 생태계가 완전히 형성되지는 않았지만, 중소형 딜부터 초소형 온라인 사업체까지 취급하는 전문 브로커들이 점차 등장하고 있습니다. 대표적인 중소형 딜 브로커로는 모멘스투자자문(momens.kr), 브릿지코드(bridgecode.kr), MMP(mmp.co.kr) 등이 있으며, 초소형 온라인 커머스 매물을 중심으로 하는 비즈토스(biztoss.co.kr) 같은 신흥 플랫폼도 존재합니다. 국내 시장은 아직 초기 단계에 있어 각 업체의 트랙 레코드와 전문성은 지속적으로 검증되고 있는 상황입니다. 따라서 이를 활용하실 때에는 개별 브로커의 경험과 실제 중개 내역을 함께 확인하실 것을 권장합니다.

   인수 창업 가이드 북

소규모 및 중견 비상장 기업의 인수합병을 중개하는 M&A 자문사 브릭스 캐피탈(Briggs Capital)의 대표 파트너인 로드 로버트슨(Rod Robertson)은 브로커와의 커뮤니케이션에서 자신을 어떻게 보여주느냐가 얼마나 중요한지 강조합니다. 로버트슨은 매년 약 100명의 개인으로부터 회사를 인수하고 싶다는 연락을 받으며, 자신의 고객(매각자)을 대신해 잠재 매수자들을 평가하는 입장에 있습니다. 그는 이렇게 말합니다. "저는 제 고객에게 여러 명의 잠재 매수자를 소개해야 합니다. 이때 제 고객이 '브로커가 정말 괜찮은 사람만 데려오는구나'라고 느끼길 바랍니다. 자신을 명확히 표현할 줄 알고, 전문성이 있고, 실제로 회사를 인수해 운영할 능력이 있는 사람들 말이죠."

로버트슨은 잠재 매수자들에게 항상 이렇게 묻습니다. "자금 조달 계획이 어떻게 되나요?" 이 질문 하나만으로 약 1/3이 바로 탈락한다고 합니다. 거래 절차가 조금 더 진행되면, 로버트슨은 자금 상황을 더욱 구체적으로 확인합니다. "인수를 돕겠다는 투자자가 있다면, 그중 몇 명과 직접 통화해 봅니다. 정말로 투자 의지가 있는 사람들인지 확인해야 하니까요. 저는 거래 막바지에 매수자가 추가 자금을 구하느라 허둥대는 상황을 원하지 않습니다."

브로커가 제공하는 기업 평가하기
Evaluating Businesses Presented by Brokers

브로커와의 첫 접촉이 원활히 이루어지면, 브로커는 여러 기업 정보를 제공할 것입니다. 대부분 이 정보는 **티저 (Teaser)** 형식으로 제공되며, 회사의 개요와 주요 재무 성과를 1페이지로 간략하게 요약한 자료입니다.

티저

The teaser

티저에는 1차 선별이 가능한 정보가 포함되어 있습니다. 회사의 기본적인 개요, 대략적인 위치, 그리고 재무 성과가 정리되어 있어, 이 정보만으로도 받은 티저의 약 80%를 걸러낼 수 있습니다. 이 단계에서 중요한 것은 왜 이 회사를 인수하지 말아야 하는지 이유를 찾는 것입니다. 평균적으로 하나의 티저를 검토하는 데 10~15분이면 충분합니다. 실제로 패트릭과 마이클은 인수 과정에서 약 750개의 티저를 검토했다고 합니다.

브로커는 잠재 매수자를 일일이 기억하지 않으므로, 특정 브로커를 통해 티저를 받기 시작했다면 그때부터는 적극적으로 연락을 이어가는 것이 중요합니다. 정기적으로 전화를 걸어 새로운 매물이 있는지 확인하고, 관심 업종과 선호 조건을 반복적으로 전달하는 것이 필요합니다. 몇몇의 티저를 검토한 뒤 거절 이유를 간단히 설명해 주면 브로커가 여러분이 어떤 회사를 찾고 있는지 더 정확히 이해할 수 있으며, 진지하게 제안을 검토하는 매수자라는 인상을 줄 수 있습니다.

티저를 검토할 때는 그 안에 소개된 회사뿐만 아니라 자료의 완성도와 정리 방식도 함께 평가해야 합니다. 비즈니스 브로커는 누구나 될 수 있지만, 그들의 역량과 전문성은 천차만별입니다. 따라서 어떤 브로커가 보낸 자료든 모두 검토하되, 특히 자료가 잘 정리된 브로커의 티저는 더 신경 써서 살펴볼 필요가 있습니다. 시간이 지나면 어떤 브로커가 자신에게 잘 맞는지 자연스럽게 알게 됩니다. 관심 지역이나 업종의 기업 매물을 주로 다루는 브로커가 있는가 하면, 커뮤니케이션이 원활하고 후속 질문에 적극적으로 응답하는 브로커도 있습니다. 탐색을 계속하다 보면,

어떤 브로커가 더 적합한 매물을 제공하고 관심 분야에 집중하며 질문에도 성실히 답변하는지 점차 드러납니다. 이러한 브로커들과는 연락 빈도를 높이고 관계를 유지하는 것이 좋습니다. 다만, 네트워크는 넓게 유지하는 것이 중요합니다. 개별 브로커가 1년에 중개하는 기업 수는 많지 않기 때문에, 결정적인 인수 기회를 가져오는 사람이 누구일지는 예측할 수 없기 때문입니다.

다음 페이지의 〈비즈니스 브로커가 제공한 티저 예시〉에서는 랜디 셰일러가 2012년 인수를 검토하던 과정에서 확인한 수백 개의 티저 중 하나가 소개되어 있습니다. 이 티저는 1차 선별 과정을 통과할 만한 전형적인 예시입니다. 그 이유는 크게 두 가지로 나눠 볼 수 있습니다.

첫 번째 이유는 꾸준한 수익성입니다. 2009년과 2010년 사이에는 수익이 소폭 감소했지만, 2010년에서 2011년 사이에는 크게 증가했습니다. 티저에 포함된 2012년과 2013년의 전망치는 지속적인 성장을 예측하고 있었지만, 이러한 전망은 항상 보수적으로 해석해야 합니다. 1차 선별 과정을 통과한 두 번째 이유는 인수 후보 기업의 규모가 랜디가 찾던 조건과 정확히 맞아떨어졌기 때문입니다. 2011년 기준 EBITDA의 약 4배, 즉약 400만 달러 수준의 인수 가액은 랜디가 은행 대출, 매도자 채권, 그리고 투자자 출자금을 조합해 충분히 조달할 수 있는 금액이었습니다. 더불어 랜디는 미국 북동부 지역에서 거주하는 데 긍정적이었지만, 회사 운영을 위해서는 정확한 위치를 확인해야 한다고 판단했습니다. 그는 이 회사를 충분히 운영할 수 있다고 생각했고, 렌탈 사업 자체에도 큰 관심을 갖고 있었습니다. 교육과 관련된 사업이라는 점도 역시 매력적으로 느꼈고, 어떤 회사를 인수하더라도 오래 책임지고 일할 각오가 되어 있었습니다.

티저를 검토한 후 1차 선별 과정을 통과한 기업이 있다면, 브로커에게 다시 연락하여 추가 자료를 요청해야 합니다. 이 자료는 일반적으로 **기밀정보요약서(CIM)** 형태로 제공되며, 티저보다 훨씬 더 방대하고 구체적입니다. 기밀정보요약서에는 회사와 산업 구조, 시설, 제품, 고객, 재무 성과 등 세부 정보가 포함되어 있습니다. 기밀정보요약서에는 말 그대로 기밀 정보가 담겨 있으므로, 브로커는 일반적으로 이 문서를 발송하기 전에 **비밀유지계약서 (Non-Disclosure Agreement, NDA)**[11] 체결을 요구합니다. 실제로 랜디가 브로커에게 회사 운영 방식에 대해 질문했을 때, NDA에 서명한 후에야 기밀정보요약서를 받을 수 있었습니다.

비즈니스 브로커가 제공한 티저 예시
EXAMPLE OF A TEASER OFFERED BY A BUSINESS BROKER

미국 동부 지역의 선도적인 악기 대여 및 판매 및 음악 교육 서비스 기업

미국 동부에서 오랜 기간 운영되어 온 악기 대여 및 판매 회사를 인수할 기회가 있습니다. 이 회사는 지역 교육 시장을 기반으로 성장했으며, 창고, 사무실, 소매 매장, 수리 공간, 레슨실을 갖춘 단일 시설을 보유하고 있습니다. 입지가 좋아 향후 확장 가능성이 충분하며 수년간 안정적인 수익을 기록해 왔습니다. 2012년 기준으로 연 매출은 350만 달러 이상, 조정 EBITDA는 160만 달러 이상으로 예상됩니다.

이 회사는 동종 기업의 확장 전략에도 적합할 뿐만 아니라, 처음 회사를 인수

---

11   역자 주: 인수 검토 과정에서 제공받은 기밀 정보를 외부에 유출하거나 다른 목적으로 사용하지 않겠다는 법적 약속을 명시한 계약서

하는 사람도 부담 없이 바로 운영할 수 있는 시스템을 갖추고 있습니다. 투자 관점에서 볼 때, 이 비즈니스는 이미 안정적으로 자리 잡았으며, 추가 성장 여력이 남아 있어 장기적인 수익 창출 가능성이 충분합니다. 동종 업계의 인수자에게는 이번 인수를 통해 영업 지역 확장, 학교 프로그램 및 제휴 파트너 네트워크 강화, 신규 제품 및 서비스 라인 확대 등 다양한 시너지 효과를 기대할 수 있습니다.

제품 및 서비스

- 16,000점 이상의 악기 대여 재고 보유

- 12,000건 이상의 활성 대여 계약 보유

- 바이올린, 비올라, 첼로 등 현악기와 클라리넷, 트럼펫, 색소폰 등 목관악기를 포함하여 대여 및 판매용 재고가 충분히 확보되어 있습니다. 매장에서는 신품, 중고, 빈티지 악기까지 다양한 라인업을 제공합니다.

재무 상황 요약

	2009	2010	2011	2012p*	2013p*
총매출액(백만달러)	$3.4	$3.1	$3.3	$3.5	$3.7
조정 EBITDA(백만달러)**	$1.1	$1.0	$1.5	$1.6	$1.7

참고: 본 기밀정보요약서에 포함된 모든 자료는 외부 감사를 거치지 않은 재무제표, 내부 작성 재무자료 및 전망치, 그리고 회사 경영진의 추정치에 기반하며, 사용 승인을 받은 정보입니다.

*2012p, 2013p: 각각 2012년과 2013년의 실적 전망치입니다.
**EBITDA: 감가상각전 이익으로 일회성 또는 임의 지출을 제외한 조정값(pro forma)을 반영했습니다.

기밀정보요약서

The confidential information memorandum (CIM)

브로커가 제공하는 가장 중요한 자료는 **기밀정보요약서 (CIM)** 입니다. CIM은 보통 40쪽 내외로 작성되지만, 랜디가 제스위츠 뮤직을 검토할 때 받은 CIM은 50쪽 분량이었습니다. CIM은 티저보다 훨씬 더 상세하며, 회사의 영업 활동, 자산, 직원, 고객, 경쟁사, 과거 재무 실적, 향후 전망 등이 구체적으로 정리되어 있습니다. 한 가지 유의해야 할 점은 CIM이 브로커가 작성한 '마케팅 자료'이며, 브로커는 재무나 기타 회사 관련 정보를 직접 검증하지 않는다는 것입니다. 그러나 1~2차 선별 단계에서는 CIM에 포함된 긍정적인 수치나 설명을 모두 사실로 가정해도 무방하며, 추후 실사 과정에서 실제 자료와 비교 및 검증할 수 있습니다. 현재 단계에서 확인해야 할 핵심은 두 가지입니다. 첫째, 회사의 수익성이 지속 가능한지, 둘째, 매도자가 실제로 회사를 매각할 의지가 있는지입니다. 이 두 가지를 검증하는 세부적인 선별 방법은 다음 장에서 설명합니다. 중요한 점은 CIM이 회사와 소유주의 가장 좋은 면만 보여 준다는 것입니다. 따라서 CIM만으로도 기준에 미달한다면, 추가 검토 없이 바로 다음 후보로 넘어가는 것이 좋습니다.

브로커와의 후속 대화

Further conversations with the broker

CIM을 검토한 후에도 회사가 인수 후보로서 충분히 매력적이라고 판단된다면, 다음 단계는 브로커에게 다시 연락해 궁금한 점을 확인하는 것입니다. 특히 지나치게 낙관적인 수치나 설명이 부족하거나 의심스러운 부분을 집중적으로 점검해야 합니다. 이 단계에서도 거절할 근거를 찾는다는 원칙은 동일합니다. 마이클 와이너는 자신과 패트릭 디킨슨이 활용한 방식을 다음과 같이 설명했습니다. "CIM을 읽은 뒤 추가로 확인해야 할 5~10개의 질문을 추려 정리했습니다. 그리고 브로커에게 연락하거나, 매도자와 직접 통화하여 필요한 사항을 하나씩 확인했죠. 부적합한 매물을 빠르게 걸러내는 데 우선 집중했습니다." 대부분의 경우 브로커가 질문에 직접 답변하지만, 매도자에게 확인한 후 다시 전달하거나, 매도자와의 전화 미팅을 주선하기도 합니다.

제스위츠 뮤직(Zeswitz Music)에 대한 검토 과정도 마찬가지였습니다. 랜디는 매도자 측 재무 고문인 샤리프 타남리(Sharif Tanamli)와 통화하며 티저와 CIM에서 받은 긍정적인 첫인상이 대부분 사실임을 확인했습니다. 그는 제스위츠 뮤직의 본사가 필라델피아에서 약 60마일(97km) 떨어진 펜실베이니아주 레딩(Reading)에 위치해 있다는 사실도 알게 되었습니다. 대학교 행정직에 근무하는 그의 아내에게 필라델피아 인근 지역은 여러 학교가 인접해 있어 생활 여건상 매력적인 장소였습니다. 아울러 제스위츠 뮤직은 1923년에 설립된 유서 깊은 회사이며, 펜실베이니아에서 두 번째로 큰 악기 대여 업체라는 점도 확인할 수 있었습니다.

지금까지 수집한 정보를 종합한 결과, 랜디는 제스위츠 뮤직이 자신이 정한 1차 선별 기준을 충족한다는 확신을 얻었습니다. CIM에 담긴 내용과 브로커 및 매도자와의 대화를 통해 회사의 수익성이 지속 가능한지, 그리고 매도자가 실제로 매각 의지가 있는지를 확인하는 세부 선별 기준까지 체크할 수 있었습니다.

랜디는 브로커를 통해 제스위츠를 찾아냈습니다. 하지만 인수 후보를 찾는 또 다른 방법도 있습니다. 바로 회사 소유주에게 직접 연락하는 회사를 찾는 방식입니다. 다음 장에서는 **직접 소싱**(direct sourcing) 전략에 대해 자세히 살펴보겠습니다.

어떤 경로로 인수 대상을 찾았든, 마지막으로 적용해야 할 핵심 기준은 동일합니다. 첫째, 회사가 앞으로도 꾸준히 수익을 낼 수 있는지, 둘째, 매도자가 정말로 회사를 팔 의지가 있는지 여부입니다. 이 두 가지 선별 기준에 대해서 3부 후반에서 더 구체적으로 살펴볼 것입니다.

CHAPTER 9

직접 소싱
Sourcing Directly

2012년 5월, 아리 메도프(Ari Medoff)는 노스캐롤라이나주, 더럼(Durham)에 있는 방문 요양 서비스 기업 '노스캐롤라이나 간호 요양원(Nurse Care of North Carolina)'을 인수했습니다. 그는 약 8개월 동안 기업 소유주들에게 직접 연락하며 인수 대상을 물색하던 중 이 회사를 발견했습니다. 아리는 왜 직접 소싱 방식을 선택했는지 자신의 인수 기업 발굴 전략을 설명했습니다.

"브로커와도 어느 정도 연락을 주고받았습니다. 하지만 소유주에게 직접 접근하면 매물이 시장에 공개되기 전에 인수 기회를 발견할 수 있었고, 브로커가 주도하는 경쟁 입찰 과정에 휘말리지 않을 수 있었죠."

메도프가 직접 소싱 방식을 선택한 또 다른 이유는 지역적 요인이었습니다. 그는 어린 시절을 미국 남동부 지역에서 보냈으며, 앞으로 가족을 꾸리고 그곳에 정착하기를 원했습니다. 메도프는 덧붙여 이렇게 말했습니다. "저는 노스캐롤라이나주, 그린스보로(Greensboro)에서 여섯 자녀가 있는 가정에서 자랐습니다. 아버지는 듀크 대학 병원의 의사였고, 어머니는 전업주부였습니다." 이처럼 직접 소싱 방식은 지역적 선호를 탐색 과정에 반영할 수 있다는 장점이 있습니다.

메도프와 같이 직접 인수 기업을 발굴하는 데 집중하는 매수자들은 좋은 회사를 합리적인 가격에 찾을 수 있다고 말합니다. 단순히 가격뿐만 아니라, 직접 소싱의 또 다른 장점은 매도자와 신뢰 관계를 형성할 수 있다는 점입니다. 소규모 기업을 매각하는 소유주 중 상당수는 회사를 매각해 본 경험이 없기 때문에, 일반적인 계약 조건을 듣는 것만으로도 불안해하거나 방어적인 태도를 보이는 경우가 많습니다. 중간에서 거래를 도와줄 브로커가 없는 상황에서는 매도자와 신뢰 관계를 형성하는 것이 거래 성사율을 크게 높이는 데 중요한 역할을 합니다.

하지만 브로커를 통해 회사를 발굴하는 것과 달리, 직접 회사를 찾는 데는 두 가지 과정이 필수적입니다. 첫째, 매각 의사가 있는 소유주를 찾아내는 것이 우선입니다. 브로커가 개입된 경우, 소유주가 브로커를 고용했다는 사실만으로도 매각 의지를 나타내는 신호가 되지만, 직접 소싱의 경우, 이러한 단서가 없으므로 소유주가 실제로 매각을 원하는지부터 확인해야 합니다. 둘째, 인수 대상 기업에 대한 정보를 스스로 확보해야 합니다. 브로커가 있을 경우 티저나 CIM을 통해 기본적인 정보를 제공받을 수 있지만, 직접 소싱을 진행할 때는 이러한 자료가 없으므로 다양한 경로를 통해 회사 정보를 수집하고 이를 검증하는 작업까지 모두 직접 수행해야 합니다.

매각 의사가 있는 소유주 찾기
Finding Interested Sellers

직접 소싱을 하려면 수천 명의 기업 소유주에게 연락해야 합니다. 이는 사실상 확률 게임과 같습니다. 소규모 비상장 기업의 정보는 공개되어 있지 않기 때문에 소유주와 직접 대화해야만 사업 현황이나 매각 의사를

　　　　　　　　　　　　　　　　　　　　인수 창업 가이드 북

알 수 있으며, 연락을 해도 실제로 통화가 성사되는 비율은 약 5~10%에 불과합니다. 따라서 최대한 많은 기업 소유주에게 연락해 매각 의사가 있는 소유주를 찾아야 합니다. 매각을 고려 중인 소유주는 여러분의 연락을 오히려 반갑게 받아들일 것이며, 이렇게 연결된 회사들이 잠재 인수 후보가 됩니다. 소유주와 연결된 회사들마저도 세부적인 선별 과정에서 제외되겠지만 낙담할 필요는 없습니다. 인수는 결국 단 하나의 회사를 찾는 것이 목표라는 점을 기억해야 할 것입니다.

직접 소싱의 첫 단계에서는 연락 대상이 될 회사 리스트를 만드는 것입니다. 이를 위해 기업 정보 포털과 온라인 데이터베이스를 활용해 수천 개의 회사를 검토한 뒤, 일부를 선별합니다. 이후, 이메일, 우편, 전화 등을 통해 소유주에게 연락을 시도합니다. 전화가 더 직접적이고 진지한 접근처럼 보일 수 있으나, 실제로는 이메일이 효과적인 경우가 많습니다. 전화는 비서나 리셉션에 의해 차단될 가능성이 높은 반면, 이메일은 소유주가 직접 확인할 가능성이 더 높기 때문입니다.

직접 소싱은 시간과 에너지가 많이 소요되는 작업입니다. 그래서 많은 인수자들은 무급 인턴을 고용해 메일링 리스트 작성이나 회사 소유주에게 이메일 또는 편지를 발송하는 업무를 맡기곤 합니다. 인턴들은 주로 대학을 막 졸업했거나 이력서에 실무 경험을 추가하려는 사람들로, 보통 3개월에서 1년 정도 풀타임으로 탐색 작업에 참여합니다. 인턴을 고용해 본 인수 창업가들의 경험에 의하면, 인턴을 구하는 것은 비교적 쉬운 편이지만, 지속적인 관리와 코칭이 필요하기 때문에 파트타임보다는 풀타임으로 일할 수 있는 인턴이 훨씬 효율적입니다. 최소한 일정 시간 이상 일할 수 있는 인력이 필요하다는 점은 공통된 의견입니다.

소유주들에게 보내는 메시지

Your message to owners

직접 소싱으로 소유주들에게 연락하려면, 불특정 다수에게 보내는 대량 발송 이메일과, 더 높은 응답률을 기대할 수 있는 맞춤형 이메일을 적절히 조합해 보내야 합니다. 아리 메도프 역시 이 두 방식을 병행하여 매도자들에게 접근했습니다.

그는 인턴들과 함께 자신이 살고 싶은 지역에 위치한 약 20,000개의 소규모 기업을 선별해 이메일 리스트를 작성했습니다. 이 명단은 기업 정보 포털, 지역 상공회의소 명부, 온라인 기업 데이터베이스 등 다양한 출처를 활용해 수집한 것입니다. 이후 그는 리스트에 포함된 수천 명의 소유주에게 이메일을 보내 자신을 소개하고, 인수 의사가 있음을 간단히 설명했습니다. 다음은 아리가 사용했던 대량 발송 이메일의 예시입니다.

◇◇◇◇◇◇◇◇◇◇◇◇◇◇◇◇◇◇ **대량 발송 이메일** ◇◇◇◇◇◇◇◇◇◇◇◇◇◇◇◇◇◇

[매도자 이름]님께,

안녕하세요 xxx 대표님,

브로커, 투자은행, 경쟁사, 컨설턴트 등 여러 곳에서 매각 관련 제안을 많이 받고 계시리라 생각합니다. 하지만 제가 드리는 제안은 다른 제안들과는 조금 다릅니다.

저는 여러 투자자들과 사모펀드의 지원을 받는 기업가로서, 회사를 인수해 직접 경영할 기회를 찾고 있습니다. [매도자의 도시명]로 거주지를 옮겨 [매도자의 회사명]을 대표로서 현장에서 회사를 운영할 계획을 가지고 있습니다.

만약 사업 승계나 매각을 고민하고 계시다면, 신속하고 유연한 방식에 대해 편하게 논의할 수 있으면 좋겠습니다. 편하실 때 아래 연락처로 연락 주시면 감사하겠습니다.

감사합니다.
아리 메도프
전화: 919-555-0111
웹사이트: www.example.com

아리는 위와 같은 대량 발송 이메일을 수개월 동안 보냈지만, 응답률은 약 0.5% 수준에 그쳤습니다. 0.5%는 흔히 기업들이 진행하는 일반적인 대량 이메일 마케팅의 평균 응답률과 비슷한 수준입니다. 한편, 아리는 여기에 그치지 않고 훨씬 더 개인화된 맞춤형 이메일을 별도로 발송하는 전략을 병행했습니다. 맞춤형 이메일은 작성에 많은 시간이 필요했기 때문에 전체 발송 건수는 줄었지만, 응답률은 훨씬 더 높았습니다. 아래는 아리가 실제로 소유주에게 보낸 맞춤형 이메일의 예시입니다.

맞춤형 이메일

월터 대표님께,

안녕하세요. 칼드웰 프로덕츠 창립 25주년을 진심으로 축하드립니다. 41개 주에서 1,200명 이상의 고객에게 서비스를 제공하는 기업으로 성장하셨다니 정말 놀라운 성과입니다. 최근 일리노이주 계약 소식도 매우 인상 깊게 보았습니다.

현재 브로커나 투자 관련 기관들로부터 많은 제안을 받고 계실 것으로 생각됩니다. 하지만 저는 단기적인 이익을 추구하기보다, 한 회사를 직접 경영하며 장기적으로 더 성장시키는 것을 목표로 하고 있습니다. 거래가 성사된다면 가족과 함께 미니애폴리스로 이주하여 회사를 직접 운영할 계획입니다.

저는 스타트업과 IT 기업에서 사업 개발 업무를 경험했으며, 하버드 대학교 비즈니스 스쿨 에서 MBA 학위를, 케네디 스쿨에서 공공정책 석사 학위를 취득했습니다. 여러 사업가들과 투자자의 도움을 받고 있어, 대표님께서 만들어 오신 회사를 이어받아 더 큰 성장을 이룰 수 있다고 믿습니다.

혹시 사업 매각을 고려하고 계시다면 부담 없는 수준에서 먼저 이야기를 나눠 보고 싶습니다. 대표님 일정에 맞춰 편하게 연락 주시면 감사하겠습니다.

감사합니다.

아리 메도프

전화: 919-555-0111

이메일: xxx@example.com

웹사이트: www.example.com

아리처럼 직접 소싱을 진행하려면, 잠재적 인수 기업 목록을 작성한 후 대량 발송 이메일과 맞춤형 이메일을 적절히 조합해 보내야 합니다. 무작위로 이메일을 보내는 방법도 있지만, 입지 조건이나 산업 등에서 더 매력적인 기업을 우선적으로 선정해 맞춤형 메시지를 보내는 것이 훨씬 효율적입니다.

인수 후보 선별하기
Filtering Prospects

회사 소유주가 매각 의사를 보인다면, 이제 그 회사가 실제로 인수할 만한 가치가 있는지 판단하기 위한 정보를 수집해야 합니다. 브로커가 있는 경우와 동일한 기준으로 검토하지만, 직접 소싱에서는 티저나 CIM

　　　　　인수 창업 가이드 북

같은 공식 자료가 주어지지 않습니다. 그러므로 필요한 정보를 여러 경로에서 직접 확보하고 검증하는 과정이 필수입니다.

첫 번째 통화
The first call

인수 후보를 평가할 때 가장 기본적이면서도 효과적인 방법은 소유주와 직접 통화하는 것입니다. 많은 정보를 얻어야 하지만, 소유주가 첫 통화에서부터 세부 사항을 모두 공개하는 경우는 드문 일입니다. 특히 회사 재무와 관련된 세부 사항은 소유주가 가장 조심스러워하는 부분입니다. 따라서 첫 번째 통화에서는 아래 세 가지 목표에 집중하는 것이 좋습니다.

첫 번째 목표는 브로커가 개입된 거래와 마찬가지로, 소유주에게 신뢰를 얻는 것입니다. 첫 통화에서부터 소유주가 '이 사람이라면 내 회사를 맡길 수 있겠다'라는 느낌을 빨리 받도록 만드는 것이 중요합니다. 통화가 끝난 뒤에는 여러분이 경영 능력과 겸손함, 배우려는 태도, 실행력, 그리고 자금 조달 능력까지 갖춘 사람이라는 인상을 남겨야 합니다. 아리 메도프의 경우 지리적 요인이 큰 도움이 되었습니다. 그는 이렇게 회상했습니다. "제가 그 지역 출신이라는 사실을 알게 되자, 많은 소유주들이 저를 훨씬 더 진지하게 보기 시작했습니다."

두 번째 목표는 소유주의 매각 의사를 파악하는 것입니다. 브로커가 개입된 거래와는 달리, 직접 소싱으로 만난 소유주 중 상당수는 회사 매각을 준비하지 않았거나, 매각을 고려해 본 적조차 없는 경우가 많습니다. 그러므로 첫 통화에서 소유주에게 매각 의사가 있는지 신중히 확인해야 합니다. 매각 의사 여부는 브로커가 있는 거래에서도 중요한 기준이지만, 직접 소싱에서는 매각 의지가 없는 사람과 통화할 가능성이 훨씬 높습니다. 초기 단계에서 소유주가 왜 회사를 매각하려는지 확인하는 것은 큰 도움이 됩니다. 회사 매각은 소유주에게 매우 중대한 결정이므로, 실제로 매각 의지가 있는 사람이라면 매각을 고려하게 된 배경과 이유를 구체적으로 설명할 수 있습니다. 소유주의 매각 동기를 어떻게 파악하고 검증할지는 12장 「소유주의 매각 의지 파악하기」에서 자세히 다룰 것입니다. 초기 단계에서는 소유주가 자사의 가치를 얼마나 현실적으로 평가하고 있는지 확인하는 것이 중요합니다. 그러나 첫 통화에서 가격이나 밸류에이션을 논의하는 것은 시기상조입니다. 적정 가치를 논의하려면 먼저 회사의 재무제표를 받아 연간 현금흐름 등 핵심 지표를 파악해야 하기 때문입니다.

소유주와의 첫 통화에서 세 번째로 확인해야 할 목표는 1차 선별 과정에 필요한 기본 정보를 수집하는 것입니다. 우선 해당 회사의 규모가 자신이 감당할 수 있는 범위인지 판단해야 합니다. 연간 이익이 50만 달러 이하라면 사업 규모가 너무 작아 시간 대비 효율이 낮을 수 있습니다. 연간 이익이 300만 달러 이상이라면 인수 가격이 비현실적으로 높아지거나 복잡한 자금 조달 구조가 필요할 수 있으므로, 첫 인수자라면 이러한 복잡한 구조는 피하는 것이 좋습니다. 첫 통화에서 소유주가 낯선 사람에게 회사의 정확한 이익 규모를 바로 공개하지는 않겠지만, 회사의 설립 연도, 고객들이 회사를 선택하는 이유, 주요 경쟁사, 직원 수 같은 포괄적인 질문만으로도 대략적인 규모를 충분히 짐작할 수 있습니다. 이렇게 첫 통화에서 얻은 정보와 회사의 위치나 업종 등 사전에 파악한 정보를 결합하면, 상세히 검토할 회사인지 금방 판단할 수 있습니다. 첫 통화에서 인수 대상이 1차 선별 기준을 충족한다고 판단된다면, 대화의 흐름이 끊기지 않도록 자연스럽게 다음 단계로 넘어가는 것이 중요합니다. 이럴 때 소유주에게 다음과 같이 제안할 수 있습니다. "오늘 말씀 정말 감사드립니다. 회사 운영 방식과 잠재력이 인상적이네요. 생각을 조금 정리해 보고 다음 주쯤에 한 번 더 말씀 나눌 수 있을까요? 추가로 여쭤보고 싶은 부분이 생길 것 같습니다."

만약 해당 기업이 1차 선별 기준을 충족하지 않는다면, 통화를 끝내기 전에 다른 회사를 소개받는 것도 좋은 방법입니다. 실제로 많은 소규모 사업자들은 같은 업종이나 지역의 다른 사업체를 잘 알고 있는 경우가 많기 때문에 가치 있는 정보를 얻을 수도 있습니다.

여기서 한 가지 주의할 점이 있습니다. 일부 소유주는 매각에 매우 적극적이어서 첫 통화가 끝나자마자 현장 방문을 요청하기도 합니다. 첫인상이 아무리 매력적이라 하더라도, 가까운 지역이 아니라면 섣불리 방문해서는 안 됩니다. 초기 단계에서의 방문은 시간과 비용만 낭비될 수 있습니다. 소유주가 매각 의사를 보인다고 해서 그 회사가 반드시 매력적인 인수 대상이라는 뜻은 아니며, 이러한 회사들을 모두 방문하면 오히려 핵심 후보를 검토할 시간이 줄어들고 자원만 낭비될 수 있습니다. 따라서 비행기를 타거나 차로 먼 거리를 이동하기 전에 반드시 그 회사가 1차 및 심층 선별 기준을 모두 충족할 가능성이 있는지 확인해야 합니다.

잠재 인수 후보와 논의를 진행하다 보면, 다음 단계로 **비밀유지계약 (NDA)**을 체결하게 됩니다. 이 계약이 체결된 후에야 소유주에게 과거 재무제표 등 핵심 자료를 받아볼 수 있습니다. 다만, 소유주 입장에서는 민감한 자료를 외부에 제공하는 데 부담을 느낄 수 있어 이 단계까지 시간이 다소 걸릴 수 있습니다. 그러나 재무 자료를 확보한 이후에는 상황이 달라집니다. 재무 자료와 소유주와 나눈 대화 내용을 종합하면, 사실상 브로커에게 제공받는 **기밀정보요약서(CIM)**와 유사한 수준의 정보가 됩니다. 이러한 자료를 바탕으로 매출 구조, 비용 구조, 수익성, 안정성, 성장성, 그리고 실제 가치에 대해 구체적으로 파악할 수 있습니다. 정보를 검토하는 과정에서 연도별 실적 변동의 이유나 특정 비용의 증감 요인 등 추가적인 질문이 생길 수도 있습니다. 회사가 정말로 지속 가능한 수익 구조를 갖추고 있는지 검증하는 구체적인 방법은 10장과 11장에서 자세히 다루겠습니다.

지속 가능한 수익을 창출하는 소규모 기업
Enduringly Profitable Small Businesses

인수를 검토할 때 가장 먼저 확인해야 할 것은 해당 기업이 지속 가능한 수익 구조를 가지고 있는지 여부입니다. 즉, 이미 검증된 비즈니스 모델을 바탕으로 매년 안정적으로 수익을 창출하는 기업을 인수해야 한다는 뜻입니다. 이번 장에서는 이러한 지속 가능한 수익 구조를 판별하기 위해 필요한 실질적인 도구와 기준을 소개합니다.

따라서 첫 번째 세부 평가 단계(심층 필터링 단계)는 해당 기업의 고객들이 제품이나 서비스를 반복적으로 구매하는지 여부를 확인해야 합니다. 브로커를 통해 확보한 매물의 경우 CIM을 통해, 직접 소싱한 매물의 경우 소유주와의 대화를 통해 구체적인 정보를 얻을 수 있습니다. 여기에는 시장에서의 평판, 비즈니스 모델, 과거 운영 이력 등이 포함됩니다. 무엇보다 중요한 것은 시장 신뢰도입니다. 회사에 대한 평판이 좋다면 재구매율이 높은 것은 자연스러운 결과입니다.

이 외에도 회사 소개나 운영 방식을 살펴보면 고객 이탈률이 낮은 이유를 쉽게 이해할 수 있습니다. 어떤 기업은 고객사의 내부 시스템과 깊이 연동되어 있어 다른 공급업체로 전환하는 데 많은 비용과 시간이 소요되므로 재구매율이 높을 수 있습니다. 또 다른 회사는 고객사의 핵심 업무에 필수적인 역할을 하면서도 서비스 비용이 고객사의 전체 예산에서 차지하는 비중이 매우 작아 굳이 더 저렴한 다른 업체를 찾을 필요가 없습니다. 이러한 회사들의 구조적 특성은 가격 경쟁력을 강화하고, 경쟁사로의 고객 이탈 위험을 줄이는 데 기여합니다.

평판
Reputation

회사의 제품과 서비스 품질이 우수하고 시장에서 신뢰를 얻고 있다면, 고객들은 다른 대안을 찾을 필요를 느끼지 않을 것입니다. 대표적인 사례로 보스턴에 위치한 파티 용품 대여업체 '비아워게스트(Be Our Guest)'를 들 수 있습니다. 이 회사는 케이터링 업체를 대상으로 테이블, 의자, 식기, 유리잔, 식탁보, 커틀러리[12] 등을 대여하는 사업을 운영하고 있습니다. 겉보기에는 비아워게스트가 단순한 렌탈 서비스 업체처럼 보일 수 있습니다. 케이터링 업체 입장에서는 굳이 비아워게스트가 아니더라도 가장 저렴한 곳에서 파티 용품을 대여하는 것이 더 나아 보일 수도 있기 때문입니다.

비아워게스트에는 해마다 빠지지 않고 주문하는 충성 고객들이 많습니다. 그 이유는 간단합니다. 비아워게스트의 고객인 케이터링 업체들에게 '실패'는 곧 막대한 비용을 의미하기 때문입니다. 비아워게스트와 가

---

12   역자 주: 서양식 식사에 사용하는 포크, 테이블 나이프, 스푼 등의 양식기

장 저렴한 경쟁업체 간의 가격 차이는 크지 않지만, 행사에서 문제가 발생했을 때 감수해야 할 손해는 비교할 수 없을 정도로 큽니다. 가령 이런 상황을 가정해 보겠습니다. 오늘은 파킹턴 부인의 외동딸 결혼식 날이며, 여러분은 저녁 만찬을 맡은 케이터링 업체입니다. 지금까지는 항상 비아워게스트를 이용해 왔지만, 이번에는 하객이 300명이라 비용을 아끼고자 한 번도 거래해 본 적 없는 저가 업체로 바꿔볼까 고민하고 있습니다. 하지만 곧 불안한 생각이 스칩니다. '장비가 제시간에 도착하지 않으면 어떻게 될까?', '테이블 세팅에 문제가 생기면?', 결혼식이 계획대로 진행되지 않으면 보수는 커녕 배상 문제까지 생길 수 있습니다. 게다가 파킹턴 부인이 주변 지인들에게 "그 케이터링 업체 때문에 우리 딸 결혼식이 엉망이 됐어요"라고 소문을 낸다면, 여러분의 평판과 향후 비즈니스는 과연 어떻게 되겠습니까?

이러한 생각이 드는 순간, 선택은 명확해집니다. 가장 안전한 길은 검증된 비아워게스트와 계약하는 것입니다. 비아워게스트의 고객들이 매년 서비스를 이용하는 이유는 가격이 아니라, 행사가 아무런 문제없이 완벽하게 마무리될 것이라는 '확신'이 있기 때문입니다.

비아워게스트가 소규모 운영을 고수하는 데는 분명한 이유가 있습니다. 이 업종은 규모보다 신뢰가 우선되는 시장이기 때문입니다. 파티용품 대여업은 지역 기반 사업으로, 현장에서 발생하는 크고 작은 문제를 신속하게 대응해야 합니다. 서비스 품질이 핵심인 이 분야에서, 무리한 지역 확장은 오히려 독이 될 수 있습니다. 만약 비아워게스트가 먼 지역의 행사까지 담당하기 시작한다면, 돌발 상황에 빠르게 대처하기 어려워질 뿐만 아니라 운송비 증가로 인해 수익성이 악화될 것입니다. 즉, 이 비즈니스는 구조적으로 '적당한 규모'에서 운영될 때 가장 효율적입니다. 비록 시장 규모 자체는 작을지 모르지만, 그 안에서 비아워게스트는 압도적인 평판을 쌓아왔습니다. 고객들의 확고한 신뢰를 바탕으로 이 회사는 작은 규모에도 불구하고 꾸준히 수익을 내며 지속 가능한 기업으로 자리 잡았습니다.

경쟁이 없는 구조
No Competitors

비아워게스트가 신뢰를 무기로 차별화에 성공했다면, 카스트로닉스 (Castronics)는 지리적 위치의 이점을 활용해 사실상 경쟁자가 없는 사업을 운영하고 있습니다. 8장 「브로커를 통한 매물 소싱」에서 소개한 바와 같이, 패트릭 디킨슨과 마이클 와이너는 브로커를 통해 이 회사를 인수했습니다. 카스트로닉스는 석유 및 천연가스 산업용 파이프의 나사 가공 (threading), 천공 (perforating), 재가공 (refurbishment) 서비스를 전문으로 제공하는 기업입니다. 네브래스카주 킴볼에 위치한 이 회사는 미국 로키산맥과 중서부 북부 지역의 에너지 기업들을 주요 고객으로 삼고 있습니다.

카스트로닉스가 취급하는 파이프는 길이가 무려 40피트 (12m)에 달합니다. 나사 가공 전 파이프의 제조 원가는 약 1,000달러, 운송비는 약 300달러가 들지만, 정작 나사 가공비는 단 45달러에 불과합니다. 시추 회사 입장에서 가장 큰 비용 변수는 가공비가 아니라 운송비입니다. 가공업체와의 거리가 멀어질수록 운송비가 기하급수적으로 늘어나기 때문입니다. 카스트로닉스의 경쟁력은 바로 이 문제를 해결할 수 있는 입지에 있습니다. 이 회사는 시추 작업이 활발한 지역의 중심부에 위치해 있어, 반

인수 창업 가이드 북

경 500마일 (804km) 내에서는 동일한 서비스를 제공하는 업체가 사실상 카스트로닉스뿐입니다. 이러한 압도적인 입지적 우위 덕분에 카스트로닉스는 멀리 떨어진 경쟁업체들을 따돌리고 시장을 장악했습니다. 고객들은 매년 카스트로닉스에 파이프 가공을 의뢰하며, 이 회사는 경쟁사와 가격 경쟁에 시달릴 이유가 거의 없습니다. 덕분에 카스트로닉스는 앞으로도 안정적이고 유망한 사업 모델을 유지할 것으로 보입니다.

만약 카스트로닉스가 활동하는 지역에 새로운 나사 가공 업체가 진입한다면 과연 어떤 일이 벌어질까요? 불가능한 일은 아니지만, 새로운 경쟁자가 시장에 안착하기 위해서는 여러 높은 진입 장벽을 넘어야 합니다. 먼저, 새로운 업체는 카스트로닉스가 이미 보유한 다양한 나사 규격을 처리할 수 있도록 관련 인허가와 인증을 모두 갖춰야 합니다. 또한, 시추 현장에서 장비가 제때 공급될 수 있도록 물류 접근성이 좋은 입지를 확보해야 합니다. 숙련된 인력 확보도 중요한 요소인데, 카스트로닉스는 인구 밀도가 낮은 농촌 지역에서 기술 인력을 확보하기 위해 오랜 기간 노력해 왔습니다. 하지만 무엇보다 가장 넘기 힘든 장벽은 신뢰입니다. 시추 현장에서는 작은 일정 지연이나 품질 문제도 큰 비용 손실과 안전사고로 이어질 수 있기 때문에, 고객들은 섣불리 새로운 업체로 거래처를 바꾸지 않습니다. 고객의 신뢰를 얻으려면 수년간의 무결점 서비스 기록이 축적되어야 하기 때문입니다. 물론 이 모든 조건을 충족하는 업체가 나타날 가능성을 완전히 배제할 수는 없으며, 카스트로닉스가 독단적으로 가격을 올릴 수 있는 것은 아닙니다. 지나친 가격 인상은 오히려 새로운 경쟁 업체에게 시장에 진입할 유인을 제공할 수 있기 때문에, 카스트로닉스는 시장의 균형을 해치지 않는 범위 내에서 신중하게 가격을 책정해야 합니다. 이처럼 높은 진입 장벽과 지역적 이점을 바탕으로 카

스트로닉스는 안정적인 이익률과 충성도 높은 고객층을 지속적으로 유
지하고 있습니다.

고객은 언제나 저렴한 가격을 원하지만, 실제 가격 협상에서는 지출 비중이 큰 항목에 집중하여 가격 인하를 요구합니다. 기업의 경우도 마찬가지입니다. 예를 들어, 자동차 제조 회사는 철강 공급업체와의 계약 조건을 조금이라도 더 유리하게 만들기 위해 많은 노력을 기울이지만, 사무용품 납품 계약은 전체 비용에서 차지하는 비중이 미미하기 때문에 크게 신경 쓰지 않습니다. 이 사례가 시사하는 바는 명확합니다. 고객 입장에서 지출 규모가 작은 서비스의 경우, 굳이 더 저렴한 업체를 찾아 바꿀 이유가 없습니다. 이러한 사업은 가격 경쟁으로 인해 고객을 잃을 위험이 거의 없습니다.

아칸소주 리틀록(Little Rock)에 본사를 둔 '벡터 디지즈 컨트롤 인터내셔널(VDCI)'은 고객의 낮은 비용 부담이 어떻게 핵심 경쟁력이 될 수 있는지를 잘 보여주는 대표적인 사례입니다. VDCI는 미국 남동부 지역의 지방자치단체를 대상으로 해충 방제 프로그램을 제공하는 회사입니다. 지방정부는 예산 절감이 중요한 만큼 대부분의 제품과 서비스 구매를 공개 입찰 방식으로 진행합니다. 이런 상황에서도 VDCI의 연간 고객 유지율은 매우 높으며, 매출 대부분이 기존 고객의 재계약에서 발생합니다. VDCI가 이토록 높은 고객 유지율을 보이는 주된 이유는 고객이 체감하는 비용 부담이 낮기 때문입니다. 지방정부 입장에서 연간 25만 달러라는 비용이 전체 예산의 극히 일부에 불과합니다. 이로 인해 많은 지방정

부는 번거롭게 매년 입찰 절차를 밟기보다는 여러 해에 걸친 장기 계약을 선호하게 됩니다. 또한, 각 지역별로 해충 방제 프로그램이 다르게 설계되어 있어 경쟁업체와의 견적을 단순 비교하기 어렵습니다. 설령 계약 업체를 변경하더라도 눈에 띄는 예산 절감 효과가 나타나지 않는 경우가 많습니다. 예산 규모가 작은 농촌 지역에서는 이 비용이 부담될 수도 있지만, VDCI의 서비스 품질과 신뢰성은 중요한 역할을 합니다. VDCI는 주민들의 생활 공간에 직접 화학 약품을 살포하는 업무를 수행하므로, 전문성과 안전성은 타협할 수 없는 가치입니다. 지방정부의 계약 담당자 입장에서는 검증되지 않은 업체로 바꿨다가 문제가 발생할 경우 책임 소지가 불거질 수 있으므로, 이미 검증된 VDCI와 계약을 유지하는 것이 가장 안전한 선택입니다.

고객에게 제공하는 제품이나 서비스가 전체 비용에서 차지하는 비중이 작을수록, 고객이 가격 협상을 강하게 요구하거나 더 저렴한 업체로 옮길 가능성은 현저히 낮아집니다. 특히 품질과 신뢰성을 이미 인정받고 있는 경우라면 이러한 경향은 더욱 두드러집니다. 가령, 서비스 비용 자체는 미미하지만 고객에게 큰 리스크가 발생할 수 있는 업종에서는 고객이 단지 가격이 조금 더 저렴하다는 이유로 공급업체를 쉽게 바꾸려 하지 않습니다. 새로운 업체를 선택했다가 문제가 생기면, 가격 때문에 바꾼 선택이 오히려 큰 손실로 이어질 수 있기 때문입니다. 즉, 고객 입장에서 지출 규모는 작지만 중요도가 높은 서비스를 제공하는 회사는 고객 이탈 가능성이 매우 낮으며, 이는 곧 안정적인 매출과 높은 재구매율로 이어지는 구조를 만듭니다. 따라서 앞으로 인수할 회사를 검토할 때는 고객의 지출 비중과 문제가 발생했을 때 고객이 감당해야 할 리스크, 이 두 가지 요소를 반드시 함께 고려해야 합니다. 그래야만 고객 유지 가능성과 장기적인 수익성을 정확하게 판단할 수 있습니다.

고객과의 통합
Integrating with Customers

여러분은 은행이 왜 무료 혹은 매우 저렴한 전자 요금 납부 서비스를 제공하는지 생각해 본 적이 있으신가요? 그 이유 중 하나는 고객이 다른 은행으로 쉽게 옮기지 못하도록 전환 장벽을 만들기 위해서입니다. 만약 새로운 은행으로 계좌를 이전하려 한다면, 한 번의 클릭으로 처리되는 각종 자동 납부 정보를 새로 등록해야 한다는 번거로움이 가장 먼저 떠오를 것입니다. 전자 납부 서비스는 종이 수표보다 분명 편리하지만, 여러분을 해당 은행에 묶어 두는 장치가 되기도 합니다.

이처럼 고객이 다른 공급업체로 쉽게 옮기지 못하도록 하는 구조를 가진 사업을 인수하는 것이 좋습니다. 대표적인 사례는 사우스캐롤라이나에 위치한 ADEX Machining Technologies (ADEX)가 있습니다. 이 회사는 1987년 'M.C. Tool Company'라는 이름으로 설립되어 여러 제조업체에 부품을 납품해 왔습니다. 이 시장은 경쟁이 매우 치열했습니다. 고객들은 여러 가공업체를 비교하며 가격을 계속 낮추려 했고, 품질 기준은 점점 더 높아졌습니다. 그 결과, 이 사업은 수익성이 불안정하고 변동성이 큰 환경에 처하게 되었습니다.

비록 ADEX가 인수 당시부터 꾸준한 수익을 내는 우량 기업은 아니었지만, 숀 위티 (Sean Witty)와 제이슨 프리모 (Jason Premo)는 2007년 인수 직후 항공기 시스템용 부품 공급으로 사업 방향을 완전히 전환하는 과감한 전략을 실행했습니다. 이 전환이 중요했던 이유는 보잉 (Boeing)과 같

　　　　　　　　　　　　　　　　　　인수 창업 가이드 북

은 항공기 제조사들의 엄격한 품질 관리 기준 때문입니다. 이들은 단순히 완성된 기계 시스템만 검사하는 것이 아니라, 해당 시스템에 사용되는 모든 개별 부품까지 직접 테스트하고 승인합니다. 이 인증 절차는 매우 까다로워 부품 하나가 승인을 받는 데만 수년이 소요되기도 합니다. 그러나 일단 해당 부품이 보잉으로부터 승인을 받으면 상황이 완전히 달라집니다. 제조사 입장에서 이미 검증된 공급망을 바꾸는 것은 막대한 비용과 리스크를 동반하기 때문에, 한 번 승인된 업체와의 거래는 장기적이고 반복적인 구조로 이어지게 됩니다. ADEX는 바로 이 점을 공략했습니다. 사업 전환 후 ADEX의 고객들은 매년 부품을 재주문하게 되었고, 회사는 안정적인 매출과 견고한 수익 구조를 갖춘 비즈니스로 성공적으로 변모했습니다.

즉, 숀과 제이슨은 처음부터 지속 가능한 수익 구조를 어떻게 구축할 것인지에 대한 명확한 청사진을 가지고 회사를 인수했습니다. 이 사례가 보여주듯, 인수 당시 비즈니스 모델이 완벽하지 않더라도 인수 후 실행할 확실한 전략만 있다면, 얼마든지 지속 가능한 수익을 창출하는 기업으로 체질을 개선할 수 있습니다. 이러한 전략적 접근 방식에 대해서는 이 장 후반부에서 더 자세히 다루겠습니다.

어떤 사업은 업의 본질적인 특성상 고객이 거래처를 쉽게 바꾸기 어려운 구조, 즉 전환 비용이 자연스럽게 높은 형태를 띠기도 합니다. 노스캐롤라이나주 그린즈버러에 위치한 노스캐롤라이나 간호 요양원(NNC)이 그 대표적인 사례입니다. 고령자와 장애인을 위한 방문 요양 서비스를 제공하는 이 회사는 아리 메도프가 지역 기반의 직접 소싱을 통해 발굴하고 인수한 기업입니다. NNC는 의료진이나 의료 기관의 추천을 통해 연결된 약 120~150명 가량의 환자에게 서비스를 제공합니다. 환자들 대부분은 수개월에서 수년에 걸쳐 매주 같은 요양보호사로부터 서비스를 받습니다. 시간이 흐르면서 요양보호사와 환자 사이에는 자연스럽게 친밀감과 신뢰가 형성됩니다. 요양보호사는 환자의 생활 패턴과 세세한 필요를 속속들이 이해하게 되고, 이러한 맞춤형 케어는 환자의 일상에 없어서는 안 될 부분이 됩니다. 이 상황에서 서비스 업체를 변경한다는 것은 낯선 보호사와 처음부터 관계를 다시 쌓아야 함을 의미하며, 이는 환자 본인에게는 큰 심리적 부담이, 가족들에게는 불안 요소가 될 수밖에 없습니다. 결국, 보호사와 환자 간의 '관계' 그 자체가 강력한 전환 비용으로 작용하는 것입니다. NNC는 이러한 관계가 지속될 수 있도록 서비스 품질을 세심하게 관리합니다. 의사와 병원 등 추천 네트워크와의 접점을 꾸준히 유지하여 신규 환자 유입 또한 안정적으로 관리합니다. 덕분에 한 번 NNC를 선택한 고객은 오랜 기간 서비스를 유지하며, 이는 회사에 장기적인 반복 매출과 매우 안정적인 수익 구조를 가져다줍니다.

NNC의 반복 매출 구조는 회사의 수익성이 지속 가능하다는 사실을 다각도로 입증합니다. 첫째, NNC는 향후 몇 개월간의 매출 흐름을 비교적 정확히 예측할 수 있어 필요한 인력과 운영비를 미리 조정할 수 있으며, 이는 곧 안정적인 수익성으로 이어집니다. 둘째, 경쟁사가 고객을 빼앗기 어렵습니다. 서비스를 한 번 이용한 환자는 새로운 요양 기관으로 옮기는 과정이 번거롭고 심리적으로 불편하기 때문에 기존 서비스를 유지하는 것이 더 편리한 선택입니다. 셋째, 신규 환자 유입이 지속적입니다. 지역 병원의 환자 담당자들이 매달 새로운 노인 환자를 NNC에 소개합니다. 이는 수년간 NNC 서비스에 대한 환자들의 만족스러운 피드백이 꾸준히 이어져 왔기 때문입니다. 병원 입장에서도 이미 검증된 기관

                                    인수 창업 가이드 북

을 두고 다른 제공 업체를 시험해 볼 이유가 없습니다. 설령 경쟁사가 더 저렴한 가격을 제안하더라도, 병원 관계자는 가격보다 문제없는 서비스를 제공 능력을 훨씬 중요하게 여깁니다. 병원이 직접 비용을 부담하는 구조가 아니기 때문에, 가격이 다소 비싸더라도 리스크가 없는 안정적인 업체를 선택하는 것이 훨씬 안전합니다.

반대로 지속 가능한 수익을 기대하기 어려운 기업들도 몇 가지 공통점을 보입니다.

- **기술 중심 기업 (Technology-driven companies)** 기술 변화에 민감하여 고객이 쉽게 이탈할 가능성이 높은 업종은 주의가 필요합니다. 기술 트렌드가 바뀌면 기존 제품은 금세 구식이 되어 버리고, 이에 따라 고객은 더 나은 기술을 제공하는 경쟁사로 옮겨갈 가능성이 커집니다. 이러한 기업은 생존을 위해 끊임없이 신제품을 개발하고 새로운 고객을 계속해서 확보해야 하는 부담을 안고 있습니다. 따라서 안정적인 반복 매출 구조를 최우선으로 고려한다면, 이러한 유형의 회사는 인수 대상에서 과감히 제외하는 것이 현명합니다.

- **경기 민감형 기업 (Cyclical businesses)** 경기 흐름에 따라 매출이 크게 변동하는 업종도 피하는 것이 좋습니다. 경기 침체기가 닥치면 고객들은 지출을 줄이거나 구매를 아예 중단할 수 있어, 이러한 사업은 매출 변동성이 매우 클 수밖에 없습니다. 문제는 인수 자금에 대한 상환 의무는 경기 상황과 무관하게 꾸준히 이루어져야 한다

는 점입니다. 회사가 어려울 때도 대출 원리금은 꼬박꼬박 갚아야 하므로, 매출이 불안정한 기업일수록 리스크가 커질 수 있습니다.

- **거대 경쟁자가 있는 기업 (Huge competitors)** 전국 단위로 운영되는 대형 체인이 진입할 수 있는 시장에서는 소규모 사업자가 경쟁하기 어렵습니다. 자본력, 브랜드 인지도, 광고, 가격 경쟁력 등 모든 면에서 열세에 놓일 가능성이 높기 때문입니다. 설령 현재의 수익성이 양호하더라도 안심할 수 없습니다. 막대한 자원을 가진 대기업이 시장에 진입하는 순간, 상황은 급격히 악화될 수 있으며 생존 자체가 위협받게 됩니다.

- **전용 자산에 의존하는 기업 (Specialized assets)** 특정 고객만을 위해 특화된 장비나 설비가 필수적인 사업은 피하는 것이 현명합니다. 이러한 사업을 인수한다는 것은 고가의 장비뿐만 아니라, 그 장비를 구매하며 발생한 막대한 부채까지 떠안게 됨을 의미합니다. 문제는 여기서 끝나지 않습니다. 고객은 해당 장비가 사실상 오직 자신들을 위해 존재한다는 약점을 간파하고 있습니다. 고객은 이를 무기 삼아 가격 인하를 지속적으로 요구할 가능성이 매우 높습니다. 결국 인수자는 줄어드는 마진 속에서 투자금 회수와 부채 상환의 압박에 시달리며, 이러지도 저러지도 못하는 상황에 처하게 될 위험이 큽니다.

우리는 지속 가능한 수익 구조를 가진 회사를 인수하는 것을 목표로 삼을 것을 강력히 권장합니다. 물론 예외는 있습니다. 일부 대담한 인수자들은 의도적으로 지속 가능한 수익 구조가 없는 회사를 인수한 뒤, 이를 완전히 다른 사업으로 탈바꿈시켜 큰 성공을 거두기도 했습니다. 앞

　　　　　　　　　　　　　　　　　　　　　　　　인수 창업 가이드 북

서 소개한 숀 위티와 제이슨 프레모는 ADEX를 인수했을 당시 반복 매출이 전무한 상태였지만, 인수 후 사업 구조를 개편하고 고객 기반을 재정비하여 안정적인 수익을 내는 기업으로 변모시켰습니다. 또 다른 성공 사례로는 하버드 비즈니스 스쿨 졸업 후 애완동물 사료 유통업체를 인수한 그렉 마주르(Greg Mazur)가 있습니다. 인수 당시 이 회사는 독점 유통권이 없어, 제조업체와 고객이 모두 언제든 다른 유통업체로 이탈할 수 있는 상황이었고, 이로 인해 회사는 양쪽에서 마진 압박을 받는 구조였습니다. 하지만 그렉은 과감하게 제품 라인을 재편하고 전문화된 제품을 중심으로 포트폴리오를 재구축하여 매년 동일한 소매업체에 제품을 독점적으로 공급하는 안정적인 유통 기업으로 회사를 변화시켰습니다. 하지만 명심해야 합니다. 지속 가능한 수익 구조가 없는 기업을 인수한다는 것은 인수자 입장에서 더 큰 위험을 감수해야 함을 의미하며, 운영 난이도 또한 극도로 높습니다. 성공을 위해서는 사업 방향 전체를 바꾸는 고난도의 전환 전략이 필수적입니다. 물론 불가능한 도전은 아닙니다. 하지만 굳이 험난한 길을 가기보다는, 안정적이고 단순한 길을 선택하는 것이 훨씬 더 바람직하고 현명한 전략입니다.

지속 가능한 수익을 창출할 수 있는 기업 선별하기
Filtering for Enduringly Profitable Prospects

10장에서는 지속 가능한 수익을 창출하는 기업들의 공통점을 살펴보았습니다. 이제 검토 중인 매물에 대해 다음과 같은 핵심 질문을 스스로에게 던져봐야 합니다.

- 이 회사는 시장에서 충분히 높은 평판과 신뢰도를 구축했는가?

- 경쟁자가 없거나 경쟁업체가 진입하기 매우 어려운 구조인가?

- 고객의 전체 비용에서 차지하는 비중은 작더라도 고객의 성공과 운영에 꼭 필요한 서비스나 제품인가?

- 고객의 운영 체계, 시스템, 혹은 일상적 절차와 깊이 통합되어 있어 쉽게 대체하기 어려운가?

이번 장에서 다룬 대부분의 사례는 여러 가지 특성을 동시에 갖춘 기업들임을 유추할 수 있습니다. 바로 이러한 특성의 결합이 고객으로 하여금 매년 다시 찾아오게 만드는 강력한 원동력이 됩니다. 캐스트로닉스는 운송비 절감이라는 이점 외에도 다양한 나사 규격을 가공할 수 있는 면허와 인증을 보유하고 있으며, 벡터 디지즈 컨트롤은 고객의 전체 비용 구조에서 큰 비중을 차지하지 않으면서도 안전하고 신뢰할 수 있는 서비스라는 평판을 얻고 있습니다. ADEX와 NNC는 고객과 긴밀히 연결되어 있을 뿐만 아니라 시장에서 높은 신뢰를 받고 있습니다. 이러한 특징들은 지속적으로 수익을 창출하는 기업에서 공통적으로 나타나는 패턴이며, 매물을 검토할 때 반드시 확인해야 할 핵심 요소들입니다. 특히 이러한 요소들이 여러 개 동시에 갖춰져 있을수록 해당 기업은 장기간 안정적인 수익성과 높은 마진을 유지할 가능성이 더욱 높아집니다.

이제 다시 랜디 셰일러의 사례로 돌아가 보겠습니다. 랜디는 제스위츠 뮤직을 검토하며, 이번 장에서 제시된 기준에 따라 이 회사가 지속 가능한 수익을 창출할 가능성이 있는지 평가했습니다. CIM을 분석한 결과, 제스위츠 뮤직은 인수 후보로서 갖춰야 할 핵심 조건을 대부분 충족하는 기업으로 평가되었습니다. 첫째, 제스위츠 뮤직은 학교들 사이에서 매우 높은 신뢰도와 브랜드 인지도를 확보하고 있었습니다. 실제로 회사가 거래하는 48개 학교 중 38개 학교가 20년 이상 제스위츠와 협력 관계를 유지하고 있었으며, 이들 학교가 전체 악기 렌탈 매출의 약 95%를 차지했습니다. 둘째, 회사는 학교의 음악 프로그램과 자연스럽게 통합되어 있었습니다. 악기 수리나 교체가 필요할 때 즉각적인 대응이 가능했기에, 학교 입장에서는 제스위츠와 협력하는 것이 훨씬 편리했습니다. 셋째, 악기 렌탈 비용은 학부모의 교육비 지출에서 극히 작은 비중을 차지했습니다. 따라서 서비스에 불만이 없는 이상, 학부모와 학생들이 굳이 번거롭게 다른 회사로 옮길 이유가 없었습니다. 비록 CIM 상에 재구매율과 같은 구체적인 수치는 명시되지 않았지만, 랜디가 확인한 정보만으로도 제스위츠 뮤직이 지속 가능한 수익 구조를 가진 기업임을 판단하기에 충분했습니다.

다음 단계
Next Steps

앞서 살펴본 1차 선별 기준과 기업의 지속 가능한 수익 구조를 판단하기 위한 질적 검토만으로도 부적합한 매물을 신속히 걸러 낼 수 있습니다. 이 과정을 통과한 기업은 다음 단계로 넘어가 정량적 지표를 분석하여 실제로 지속 가능한 수익을 창출할 역량이 있는지 검증해야 합니다. 이에 대한 구체적인 방법은 다음 장에서 다루겠습니다.

CHAPTER 11

재무 정보를 활용해 지속 가능한 수익 구조 평가하기
Using Financial Information to Gauge Enduring Profitability

이번 장에서는 기업의 재무 지표를 활용하여 지속 가능한 수익 구조를 정량적으로 평가하는 방법을 살펴보겠습니다. 대부분의 기업은 규모와 관계없이 회계장부와 재무 기록을 보유하고 있으며, 이를 바탕으로 인수에 필요한 핵심 지표를 도출할 수 있습니다. 이러한 자료는 일반적으로 NDA 체결 후 브로커나 소유주로부터 제공받습니다. 다만, 재무 자료의 관리 방식은 회사마다 천차만별입니다. 경리 직원이 전담하는 곳도 있지만, 소유주가 직접 기록하거나 외부 회계사에게 일임하는 경우도 흔합니다.

지금 단계에서는 제공된 숫자가 정확하다는 전제하에 분석을 진행해야 합니다. 실제로 이 숫자들이 얼마나 신뢰할 만한지, 오류나 왜곡이 있는지 검증하는 과정은 14장 「소규모 기업 인수에 얼마를 지불해야 하는가?」에서 다루겠습니다.

여기서 명심해야 할 가장 중요한 원칙은 재무 평가 단계에서 지나치게 많은 시간을 쏟지 않는 것입니다. 1차 및 심층 선별 과정을 모두 통과한 기업이라 할지라도, 초기 재무 평가에 하루 이상 투자하지 않는 것이 좋습니다. 이번 장의 목표는 현재 확보 가능한 자료만으로 신속하게 판단을 내리는 데 있습니다. 그래야만 전체 탐색 과정의 속도를 유지하고, 조건에 부합하는 기업만을 다음 단계로 넘길 수 있기 때문입니다.

재무 평가의 출발점은 기업의 수익성을 나타내는 핵심 지표인 **감가상각전 영업이익 (EBITDA)** 입니다.[13] 기업 평가에서 가장 기초가 되는 재무 정보는 매출과 EBITDA, 그리고 이 두 값을 기반으로 계산되는 EBITDA 마진입니다. 브로커를 통해 매물을 검토할 경우, 티저와 CIM을 통해 매출액과 EBITDA 수치를 바로 확인할 수 있습니다. 반면, 직접 소싱한 매물의 경우에는 일반적으로 비밀유지계약(NDA)을 체결한 후에야 소유주로부터 이러한 재무 정보를 공유받게 됩니다. 자료를 확보했다면 가장 먼저 확인해야 할 핵심 지표는 EBITDA 마진입니다. EBITDA 마진은 EBITDA를 매출액으로 나눈 비율로, 매출 1달러당 실제로 얼마가 이익으로 남는지를 보여주는 척도입니다. 이 지표는 기업의 수익성을 가장 빠르고 직관적으로 판단할 수 있는 첫 번째 기준이 됩니다.

EBITDA 마진이 중요한 이유는 두 가지입니다. 첫째, EBITDA 마진은 기업이 실제로 돈을 벌고 있는지를 나타냅니다. 지속적으로 충분한 이익을 내지 못하는 기업이라면, 인수 이후에도 안정적인 운영을 기대하

---

13 Earnings Before Interest, Taxes, Depreciation, and Amortization

기 어렵습니다. 둘째, 10장에서 언급했듯이 지속 가능한 수익 구조를 가진 회사는 경쟁업체의 진입이 어렵거나 고객 이탈이 적은 틈새시장을 점유하고 있는 경우가 많습니다. 경쟁이 치열해지거나 고객 충성도가 낮아지면 EBITDA 마진은 압박을 받게 됩니다. EBITDA 마진이 꾸준히 높다면 해당 기업이 외부 변화에 흔들리지 않는 탄탄한 수익 구조를 갖추고 있음을 의미합니다. 일반적으로 제조업이나 서비스업은 EBITDA 마진이 20% 이상일 경우 매력적인 수준으로 평가되며, 도매업이나 유통업은 15% 이상이면 충분히 매력적이라고 볼 수 있습니다. 이 책에 소개된 소형 기업 인수 사례들 역시 대부분 20~50%의 높은 EBITDA 마진을 기록하고 있습니다. 이는 해당 기업들이 작지만 강한, 즉 지속 가능한 수익 모델을 갖춘 알짜 기업임을 보여주는 전형적인 특징입니다.

EBITDA 마진을 구하는 방법은 아주 간단합니다. 단순히 EBITDA를 매출액으로 나누기만 하면 됩니다.

$$EBITDA \text{ 마진} = \frac{EBITDA}{\text{매출}} \geq \begin{cases} \text{제조업과 서비스업의 경우 20\% 이상} \\ \text{도매업이나 유통업의 경우 15\% 이상} \end{cases}$$

매출
Revenue

이전 단계에서는 연간 매출 규모를 분석하여 회사의 규모가 인수 기준에 부합하는지 확인했을 것입니다. 이제는 매출 데이터를 상세히 검토하여 이 회사의 수익성이 앞으로도 안정적으로 지속될 수 있을지를 냉정하게 평가해야 할 차례입니다. 이를 위해 다음의 핵심 질문들을 중심으로 검토하면 좋습니다.

이 기업은 반복 매출 (Recurring Revenue) 구조를 갖추고 있는가? 기존 고객이 매년, 매월, 혹은 매일 꾸준히 거래를 이어 가는지 면밀히 검토해야 합니다. 10장에서 반복 매출 여부를 짐작할 수 있는 여러 단서를 검토했지만, 이제 NDA를 통해 재무 데이터에 접근할 수 있게 된 만큼, 실제 매출 데이터를 기반으로 이를 직접 검증해야 합니다. 가장 대표적인 지표는 **이탈률 (Churn Rate)** 입니다. 이탈률은 한 해 동안 구매한 고객 중 다음 해에 다시 구매하지 않은 비율을 뜻합니다. 가령 이탈률이 5%라면 전체 고객의 95%가 다음 해에도 재구매한다는 뜻으로 매우 우수한 고객 유지율을 나타냅니다. 일반적으로 이탈률이 25% 이하라면 인수 대상으로서 매우 매력적인 구조로 평가받습니다. 만약 브로커나 매도자가 이 수치를 계산해 놓지 않았다면, 고객 명단을 확보하여 연도별 재구매 여부를 직접 대조하여 이탈률을 계산할 수도 있습니다.

회사의 상위 5개 고객이 전체 매출에서 차지하는 비중이 얼마나 되는가? 이러한 매출 편중 현상을 **고객 집중도 (Customer Concentration)** 라고 합니다. 예를 들어, 한 거래처가 전체 매출의 40%를 차지하거나, 세 곳의 거래처가 전체 매출의 70%를 차지한다면, 회사는 소수의 고객에게 지나치게 의존하는 구조라고 볼 수 있습니다. 이처럼 고객 집중도가 높으면 기업의 지속 가능한 수익 구조가 쉽게 흔들릴 수 있습니다. 주요 고객 한 곳만 변동이 생겨도 매출과 이익이 크게 감소할 수 있기 때문입니다.

회사의 매출이 성장하고 있다면, 그 성장은 '올바른 요인'에서 비롯된 것인가? 고객 충성도가 높고 이탈이 적은 기업이라면, 매출 증가는 시장 확대, 가격 인상, 신제품 출시 등과 같은 본질적인 성장 동력에 의해 이루어져야 합니다. 반면, 단순히 경쟁사의 고객을 빼앗거나 특정 소수 고객에 지나치게 의존하여 달성한 성장이라면, 그 추세가 오래 지속되지 못할 가능성이 큽니다. 이러한 경우에는 회사의 반복 매출 구조와 고객 집중도를 원점에서 정밀하게 검토해야 합니다.

매출이 경기 변동에 얼마나 민감한가? 기존 소유주 입장에서는 일시적인 매출 하락이 단순한 실적 부진으로 그쳤을 수 있습니다. 그러나 막대한 부채를 안고 회사를 인수하는 여러분의 입장에서는, 이러한 상황이 상환 부담과 맞물려 회사의 생존을 위협하는 치명적인 리스크로 작용할 수 있습니다. 실제로 많은 소유주가 무차입 경영을 하거나 부채 비율이 매우 낮은 상태로 회사를 운영하지만, 인수자는 상당한 차입금을 상환해야 하는 구조에 놓이게 됩니다. 따라서 과거 경기 침체기에 매출과 EBITDA가 어떻게 변했는지 반드시 확인해야 합니다. 가장 적합한 기준은 글로벌 금융위기였던 2008~2009년 기간의 실적 변동을 살펴보는 것입니다. 만약 이 시기에 EBITDA가 30% 이상 감소했다면, 해당 기업은 경기 불황에 취약한 구조일 가능성이 높습니다. 이러한 경우에는 인수를 포기하는 것이 바람직한 선택일 수 있습니다.

정량적 필터
Quantitative Filters

이번 장에서는 후보 기업이 지속적으로 수익을 낼 수 있는지 평가하기 위해 다음과 같은 재무 평가 기준(정량적 필터)을 추가했습니다.

☑ 높은 EBITDA 마진을 유지하고 있는가?

인수 창업 가이드 북

☑ 반복 구매 고객을 확보하고 있는가?

☑ 고객과 공급업체가 특정 고객에 집중되지 않고 다변화되어 있는가?

☑ 매출 성장이 올바른 요인 (시장 성장, 가격 인상, 신제품 등) 에서 발생하고 있는가?

☑ 경기와 무관하게 매출이 안정적으로 유지되는가?

이제 다시 랜디 셰일러의 제스위츠 뮤직 분석으로 돌아가 보겠습니다. 랜디는 2011년 제스위츠 뮤직의 EBITDA 마진이 무려 45%에 달한다는 사실을 확인했습니다. 이는 업계 평균을 상회하는 매우 인상적인 수치였습니다. 매출의 대부분은 악기 대여 사업에서 발생했으며, CIM 분석 결과, 학교들과의 거래가 해마다 꾸준히 이어지고 있다는 사실을 알 수 있었습니다. 또한 CIM에는 고객과 공급처 집중도에 대한 정보도 포함되어 있었는데, 특정 대상에 편중된 위험 요소는 발견되지 않았습니다. 대여 매출의 증가 폭은 완만했습니다. 기존 렌탈 업체에 만족하지 못한 새로운 학군들이 제스위츠로 옮겨 오면서 매출이 소폭 증가하는 추세였습니다. 한편, 기존 학교들과의 매출은 꾸준히 유지되었는데, 해당 지역의 학생 수와 음악 프로그램 참여율이 매년 일정 수준을 유지되었기 때문입니다. 무엇보다 CIM에 포함된 장기 재무 데이터는 이 회사가 경기 변동의 영향을 거의 받지 않으며, 경기 침체기에도 대여 매출이 크게 감소하지 않았다는 점을 확인시켜 주었습니다. 이 모든 자료를 종합적으로 검토한 결과, 랜디는 제스위츠 뮤직이 장기적이고 지속 가능한 수익 구조를 가진 기업이라는 확신을 갖게 되었습니다.

이제 제스위츠는 1차 선별 과정과 '지속 가능한 구조'를 검증하는 심층 선별 과정까지 모두 통과했습니다. 이제 예비 실사 단계로 넘어가기 전에 단 하나의 선별 기준만 남겨 두고 있습니다. 여기서 명심해야 할 점은 선별 과정이 한 번으로 끝나는 절차가 아니라 반복된다는 사실입니다. 예비 실사를 통해 새로운 정보를 얻게 되면, 앞서 내렸던 결론, 특히 수익 구조에 대한 판단은 언제든 재고될 수 있기 때문입니다. 이제 마지막 심층 선별 과정인 소유주의 매각 의사를 검증하는 단계로 넘어갑니다. 이 내용은 다음 장에서 자세히 설명하겠습니다.

CHAPTER 12

소유주의 매각 의지 파악하기
Filtering for the Owner's Commitment to Sell

이제 마지막으로 점검해야 할 심층 선별 기준은 소유주의 매각 의지입니다. 이쯤에서 이런 의문이 들 수 있습니다. '소유주가 브로커를 고용했거나, 직접 소싱한 경우라면 이미 우리에게 여러 차례 기밀 정보를 제공했을 텐데, 그 정도면 매각 의사가 충분히 확인된 것 아닌가?' 하지만 실제로는 그렇지 않습니다.

우리가 다루는 소규모 기업의 소유주들은 대부분 생애 처음으로 회사를 매각합니다. 매각 초기 단계에서는 매각 결정이 어떤 결과를 가져올지 제대로 실감하지 못하는 경우가 많습니다. 하지만 매각 과정이 진행될수록 예상보다 절차가 길고 복잡하다는 점, 매각 후에도 일정 기간 사업에 관여해야 한다는 부담, 그리고 기대했던 만큼 큰 금액을 받지 못할수도 있다는 사실을 깨닫고 크게 실망하는 경우가 종종 있습니다. 여기에 직원들에 대한 책임감과 수십 년 동안 자신의 삶을 바쳐온 일이 사라진다는 상실감까지 더해지면, 처음에는 적극적으로 매각 의사를 보였던 소유주가 중간에 마음을 바꾸는 일도 드물지 않습니다.

문제는 소유주가 매각 포기를 결심하기까지 수개월이 걸릴 수 있다는 점입니다. 그 기간 동안 여러분은 인수를 성사시키기 위해 이미 수많은 업무를 진행했을 것입니다. 4부 「인수 제안하기」에서 다루겠지만, 이 과정에서 변호사 및 회계사 비용 같은 금전적 지출은 물론, 막대한 시간과 에너지를 이미 쏟아부었을 것입니다. 그런데 모든 노력을 기울인 끝에 소유주가 막판에 회사를 팔지 않겠다고 결정을 번복한다면, 이는 실로 뼈아픈 타격이 될 것입니다. 특히 새로운 매물을 탐색하지 않은 상태이거나 자금이 고갈된 시점이라면 그 충격은 더욱 클 수 있습니다. 앞서 제안한 대로 거래 파기 비용을 예산에 포함시켰다 하더라도, 그로 인한 손실을 완전히 만회하기는 어렵습니다.

따라서 회사를 본격적으로 검토하기에 앞서, 소유주의 매각 의지를 판단하기 위한 선별 기준을 반드시 적용해야 합니다. 앞선 단계의 조건을 모두 충족한 매물이라도 예외는 아닙니다. 또한, 지속 가능한 수익 구조를 검증할 때와 마찬가지로, 소유주의 매각 의지도 단 한 번의 확인으로 끝나는 절차가 아닙니다. 회사를 더 깊이 이해하고 대화를 거듭할수록 소유주의 진짜 매각 동기가 선명하게 드러날 것이며, 그에 따라 여러분의 확신도 점차 커질 것입니다.

외부 요인

External Factors

우리의 경험에 의하면, 우량 기업의 소유주들은 단지 '팔고 싶어서'가 아니라 '팔 수밖에 없는 불가피한 사정' 때문에 회사를 시장에 내놓는 경우가 대부분입니다. 따라서 매각 의지를 판단할 때 가장 확실한 근거는 소유주가 외부 환경이나 개인적인 사정으로 인해 회사를 더 이상 보유하기 어려운 상황인지 확인하는 것입니다. 이 단계에서 접할 수 있는 정보는 주로 CIM이나 몇 차례의 통화에서 얻은 단편적이고 불완전한 내용에 불과할 수 있습니다. 하지만 만약 다음과 같은 상황이 감지된다면, 소유주가 실제로 회사를 매각할 진정성이 있다고 어느 정도 확신할 수 있습니다.

- 은퇴
- 건강 악화
- 이혼이나 가족 문제
- 사업 파트너와의 갈등
- 소유주 사망 이후 상속에 따른 매각

여러분이 이러한 상황에 놓인 소유주에게 관심을 갖는다고 해서, 그것이 곧 그들의 불행을 이용한다는 뜻은 결코 아닙니다. 여러분의 목표는 진심으로 회사를 매각하려는 사람을 찾는 것일 뿐입니다. 오히려 여러분처럼 준비된 인수자가 없다면, 그들은 헐값에 회사를 넘기거나 최악의 경우 폐업이라는 더 큰 위기에 직면할 수도 있습니다.

실제로 이 책에 소개된 수많은 성공 사례들은 대부분 불가피한 사정으로 매각을 결심한 소유주들과의 거래였습니다. 댈러스에서 고층 빌딩 유리창 청소 회사를 인수한 군인 출신 그렉 암브로시아는 은퇴 준비와 더불어 노부모를 돌봐야 했던 두 자매로부터 회사를 인수했습니다. 토니 바티스타가 인수한 소방 호스 테스트 회사 역시 소유주 가족의 건강 문제가 매각의 결정적인 계기였습니다. 가장 최근 사례로는 우리 학생 중 한 명인 에릭 칼데론의 경우를 들 수 있습니다. 그는 석유 분석용 특수 원심분리기를 제작하는 회사를 인수했습니다. 당시 소유주는 89세의 고령으로 건강이 급격히 악화된 상태였으며, 안타깝게도 그는 거래가 마무리된 지 불과 몇 달 뒤에 세상을 떠났습니다.

랜디 셰일러는 제스위츠 뮤직을 검토하면서 소유주가 당장 회사를 팔아야 할 사정은 발견하지 못했습니다. 하지만 여러 정황으로 볼 때 소유주가 매각에 진지하게 임하고 있다는 신호는 분명했습니다. 소유주는 뉴욕과 뉴잉글랜드 지역에서 제스위츠와 비슷한 업종의 더 큰 회사를 함께 운영하고 있었으며, 당초 두 회사의 합병을 계획했으나 무산된 상태였습니다. 제스위츠는 자체 운영 체계와 전담 매니저를 둔 독립 회사로 남아있었습니다.

CIM에는 소유주가 회사를 매각하려는 이유가 명시되어 있지 않았습니다. 이에 랜디는 브로커에게 직접 이유를 물었고, 브로커는 다음과 같이 설명했습니다. 소유주는 원래 제스위츠를 자신이 운영하던 더 큰 악기 대여 사업과 통합할 계획이었으나, 그 계획은 이미 철회되었으며, 이제는 본업인 큰 회사와 기타 음악 관련 프로젝트에 집중하기 위해 제스위츠를 정리하려 한다는 것이었습니다. 랜디는 이 설명이 충분히 납득할 만하다고 판단하여 예비 실사 단계로 넘어갔습니다. 그러나 한편으로는 소유주가 반드시 회사를 매각해야 할 이유가 없는 만큼, 언제든 매각을 철회할 가능성이 있다는 위험 또한 인식하고 있었습니다. 실제로 협상이 난항을 겪을 때 소유주는 매각을 몇 년 뒤로 미룰 수도 있다며 으름장을 놓기도 했습니다. 다행히 우려했던 일은 발생하지 않고 거래가 성사되었지만, 회사를 반드시 팔아야 할 이유가 없는 매도자는 언제든 태도를 바꿀 수 있다는 점을 명심해야 합니다.

                                    인수 창업 가이드 북

물론 모든 우량 중소기업 소유주가 외부 요인 때문에 회사를 매각하는 것은 아닙니다. 인수 후보를 검토하다 보면 다양한 이유로 회사를 매각하려는 소유주들을 만나게 될 것입니다. 어떤 소유주는 여전히 건강하고 에너지가 넘치지만, 끊임없는 경영 부담에서 잠시 벗어나고자 회사를 매각하기도 합니다. 또 어떤 소유주는 회사 가치가 자신이 설정한 목표 금액에 도달했기 때문에 그 성과를 현금화하려는 경우도 있습니다. 이 외에도 다른 사업에 집중하거나 가족과 시간을 보내거나, 자선 활동이나 취미에 더 많은 시간을 할애하기 위해 회사를 매각하는 경우도 있습니다. 이러한 이유들도 충분히 타당한 매각 사유가 됩니다. 하지만 반드시 기억해야 할 점은 매각이 불가피한 사정이 없는 매도자는 매각 과정 중 언제든 마음을 바꿀 수 있다는 사실입니다. 따라서 외부 요인에 영향을 받지 않는 매도자 중 누가 거래 종결까지 매각 의지를 확고히 유지할지를 파악하는 것이 가장 중요한 과제입니다.

한 가지 더 경계해야 할 대상은 지나치게 적극적으로 매각을 서두르는 소유주입니다. 겉으로는 확신에 차 보일지라도, 내부에 숨기고 싶은 치명적인 문제가 있을 가능성이 크기 때문입니다. 특히 "제 능력은 여기까지이며, 이제 유능한 새로운 주인이 회사를 한 단계 더 도약시킬 때입니다"라는 식으로 말하는 매도자라면 더욱 신중하게 받아들여야 합니다. 10년 이상 회사를 직접 운영한 베테랑이 스스로의 한계를 순순히 인정하는 경우는 매우 드뭅니다. 겉으로는 겸손하게 포장하지만 실제로는 감추고 싶은 문제가 있을 수 있습니다. 어떤 경우는 매도자가 막연한 미래의 불안감 때문에 회사를 팔려고 할 수도 있지만, 그 걱정이 과장된 것일 수도 있습니다. 결국, 매도자의 말 중 무엇을 신뢰하고 어떤 리스크를 감수할지는 전적으로 인수자인 여러분의 냉철한 판단에 달려 있습니다.

불가피한 외부 사정 없이 회사를 매각하려는 소유주의 의지를 판단하는 일은 단순히 숫자로 측정할 수 있는 문제가 아닙니다. 결국 여러분이 파악해야 할 핵심은 거래가 진행되는 동안 소유주가 어떤 이유로든 마음을 바꿔 매각을 포기할 리스크가 있는지 여부입니다. 이러한 변심은 대개 매각 후 자신에게 돌아올 현금 수익이 기대에 미치지 못한다는 실망감에서 비롯되며, 그 이면에는 여러 복합적인 상황이 자리 잡고 있습니다.

- 매각 전과 후의 현금 흐름이 생각보다 큰 차이를 보일 때

- 매각가에 대한 기대가 지나치게 높았을 때

- 거래 구조에 대해 제대로 이해하지 못했을 때

- 매각 이후에도 경영에 참여해야 한다는 조건이 마음에 들지 않을 때

이제 이러한 위험 신호들이 어떤 형태로 나타나는지, 그리고 실무에서 어떻게 대응할 수 있는지 하나씩 알아보겠습니다.

소유주에게 돌아가는 현금흐름의 결과
Cash flow consequences for sellers

2장에서는 인수 창업이 재무적으로 얼마나 매력적인지에 대해 살펴보았습니다. 하지만 매수자에게 매력적인 거래가 소유주에게도 반드시 이

득이 되는 것은 아닙니다. 여러 차례 강조했듯이, 소규모 기업은 유사 업종의 대기업이나 상장 기업에 비해 훨씬 낮은 가격 수준에서 거래되는 경우가 많습니다. 이 책에서 다루는 소규모 기업은 일반적으로 연간 이익의 3~5배(PER 3~5배) 수준에서 매각됩니다. 가령, 매년 세전 이익 100만 달러를 창출하는 회사가 있다고 가정해 봅시다. 세율 40%를 적용하면 소유주의 세후 이익은 60만 달러가 됩니다. 이 회사를 시장 가치인 이익의 4배, 즉 400만 달러에 매각한다고 합시다. 매도 시 자본이득세 20%를 납부하면 소유주가 실제로 얻는 금액은 320만 달러가 됩니다. 만약 이 320만 달러를 연 수익률 10%의 뮤추얼 펀드에 재투자한다면 어떨까요? 연간 세전 수익은 32만 달러가 되고, 여기에 다시 40%의 세율을 적용하면 세후 수익은 19만 2,000달러에 불과합니다. 이는 회사를 계속 운영하며 벌어들이던 세후 이익 60만 달러의 1/3 수준에 불과합니다. 게다가 소유주들이 사업 운영을 통해 누리던 다양한 세제 혜택과 비용 처리 이점까지 고려하면, 매각 후의 체감 소득 격차는 더욱 벌어집니다. 결론적으로, 단순히 연간 현금흐름만 놓고 본다면 소규모 사업을 매각하는 것은 재무적으로 그리 매력적인 선택이 아닐 수 있습니다.

안타깝게도 많은 소유주가 이 단순한 계산을 매각 절차의 후반부에 이르러서야 깨닫곤 합니다. 대부분 거래 종결을 불과 몇 주 앞두고 나서야 세무 자문을 구하며, 그제야 거래 구조와 세금 부담을 심각하게 고민하기 시작합니다. 일부 소유주는 매각을 그대로 진행하지만, 상당수는 회사를 몇 년 더 운영하며 은퇴 자금을 추가로 확보하는 쪽으로 선회합니다. 매각 시점이 다소 늦어지더라도 그 기간 동안 발생하는 추가 현금흐름이 훨씬 더 여유로운 은퇴를 보장해 주기 때문입니다. 심지어 어떤 소유주는 매각 대신 연봉 15만 달러 수준의 CEO를 고용해 회사 운영을 대신 맡기기도 합니다. 이 방식이 제대로 작동한다면(물론 실제로 그렇지 않은 경우가 많지만), 연간 100만 달러의 이익은 CEO 급여를 차감하고도 85만 달러가 남습니다. 이 85만 달러는 회사를 매각해 받은 돈을 뮤추얼펀드에 투자해 얻을 수 있는 수익보다 월등히 높은 금액입니다. 동일한 세율 40%를 적용하면 85만 달러의 세후 순이익은 약 51만 달러(85만 달러의 60%)입니다. 이는 뮤추얼펀드 투자로 발생하는 세후 수익 19만 2,000달러보다 무려 2.5배 이상 높은 금액입니다.

결국 매도자의 진정한 매각 의지를 파악하려면, 소유주 부재 시에도 회사를 독자적으로 운영할 수 있는 총괄 관리자급 인재가 내부에 있는지 확인하는 것이 필수적입니다. 만약 그런 유능한 인물이 회사에 있다면, 소유주는 매각 대신 위탁 경영을 선택할 수 있으므로 실제 매각 의지를 의심해 볼 필요가 있습니다. 반면, 소유주가 일상의 경영 부담에 지쳐 있음에도 회사를 대신 맡길 적임자가 없는 상황이라면, 매각을 끝까지 추진할 가능성이 높습니다.

비현실적인 가격 기대치
Unrealistic price expectations

브로커를 고용했거나 인수 제안에 긍정적인 반응을 보인 소유주라 하더라도, 실제로는 소규모 기업의 통상적인 시장 가치에 회사를 팔 의사가 전혀 없을 수도 있습니다. 흔히 '적절한 가격'이면 매각하겠다고 공언하지만, 그들이 생각하는 '적절한 가격'은 대개 시장가보다 훨씬 상회하는 금액을 의미합니다. 아무리 그 회사가 매력적이라 해도 터무니없이 높은 가격을 지불해서는 안 됩니다. 또한, 실제 매각 의사보다는 단지 자신의 회사 가치가 시장에서 얼마로 평가되는지 궁금해서 협상 테이블에

앉는 경우도 있습니다. 소규모 기업은 대부분 소유주의 가장 큰 자산이기 때문에 이러한 호기심은 자연스러운 일입니다. 문제는 많은 소유주가 시장의 현실을 제대로 이해하지 못한 채, 자신의 회사 가치를 과도하게 부풀려 평가하고 있다는 점입니다.

대다수의 소규모 기업 소유주들은 평생 단 한 번도 회사를 매각해 본 적이 없습니다. 그러다 보니 시장에서 통용되는 실질적인 가격을 가늠하기가 어렵습니다. 소형 M&A 거래 정보는 공식적인 통계로 잡히지도, 공개적으로 공유되지도 않기 때문에 유사 업종의 비교 사례를 찾기란 사실상 불가능에 가깝습니다. 이는 마치 체중계 없이 몸무게를 관리하려는 것과 다를 바 없습니다. 결국 시간이 흐를수록 소유주가 생각하는 회사의 가치와 실제 시장 가치 사이의 괴리는 점점 더 벌어지게 됩니다. 게다가 시장에 떠도는 제한된 정보마저도 지인들의 과장된 발언이나 브로커들의 홍보성 주장으로 왜곡되는 경우가 많습니다. 어떤 매도자는 자신의 매각 성과를 과시하기 위해 매각 대금을 부풀리거나 EBITDA를 왜곡해 말하기도 하며, 브로커들 또한 자신의 유능함을 증명하기 위해 이러한 과장과 거품을 보태곤 합니다.

많은 소유주들이 매각을 앞두고 자신의 회사 재무 상태를 잘못 계산하는 실수를 저지릅니다. 예를 들어, 자신이 받는 급여를 회사 이익에 포함시키는 경우가 있는데, 매각 후에도 회사는 CEO에게 급여를 지급해야 합니다. 급여를 받는 사람이 바뀔 뿐, 해당 급여는 회사가 계속 부담해야 하는 비용입니다. 소유주의 급여는 이익이 아니라 비용이므로 이를 이익으로 포함시키면 기업가치를 과대평가하게 됩니다.

일부 소유주들은 기업가치를 산정할 때 비슷한 업종의 대형 상장사를 기준으로 삼아 기업 가치를 산정하는 오류를 범하기도 합니다. 중소기업의 가치평가 배수(밸류에이션 멀티플)는 대기업에 비해 현저히 낮다는 시장의 냉혹한 현실을 간과하는 것입니다. 심지어 객관적 가치가 아닌 본인의 은퇴 필요 자금을 기준으로 매각가를 정하기도 하며, M&A 전문성이 부족한 개인 변호사나 세무사의 조언에 의존하는 경우도 많습니다. 이처럼 대다수의 소유주는 매각 절차가 한참 진행된 후에야 비로소 자신의 회사 가치가 실제로 얼마인지 깨닫게 되며, 첫 매각인 경우 십중팔구 기대에 미치지 못하는 가격에 큰 실망감을 느끼게 됩니다.

따라서 소유주가 매각에 관심을 보였다고 해서 그가 시장 가격을 제대로 이해하고 있다고 단정해서는 안 됩니다. 이러한 불확실성을 줄이기 위해, 브로커가 있는 경우에는 반드시 가격 기대치를 먼저 확인해야 합니다. CIM을 검토 후 후속 질문을 통해 소유주의 희망 매각가를 직접 확인하는 것이 좋습니다. 매도자가 요구하는 가격은 협상 범위의 상단에 위치하겠지만, 그 수준이 EBITDA의 5배라면 10배를 요구하는 경우보다 매각 의지가 훨씬 현실적이고 진지하다고 판단할 수 있습니다.

직접 소싱한 매물은 초기 정보가 제한적이므로 접근이 더 까다롭습니다. 이럴 때는 대략적인 가격 범위를 먼저 제시하여 상대방의 반응을 확인하는 전략이 유효합니다. 예를 들어, "저는 보통 세전 EBITDA의 3~5배 수준에서 회사를 인수합니다"라고 운을 떼는 것입니다. 이를 통해 매도자의 눈높이가 시장 현실과 부합하는지, 그리고 해당 가격대에서 거래를 진행할 의사가 있는지 타진할 수 있습니다. 중요한 것은 비현실적인 기대를 가진 매도자를 초기에 걸러내는 일입니다. 성사 가능성이 없는 거래에 시간을 허비할 필요는 없습니다.

매각 절차에 대한 오해
Misunderstanding the sales process

인수 과정의 후반부에 이르면, 많은 소유주가 혼란을 겪거나 거래를 포기하게 만드는 두 가지 결정적인 조건이 있습니다. 첫째, 거래는 **현금과 부채를 제외한 조건 (debt-free, cash-free basis)** 으로 이루어진다는 점입니다. 둘째, 거래 대금에는 정상적인 수준의 운전자본이 포함된다는 사실입니다. 이 두 조건은 보통 거래 막바지에 변호사들이 협상하며 작성하는 **자산매매계약서 (asset purchase agreement)** 에 상세히 명시됩니다. 문제는 이와 관련된 의견 충돌이 대부분 거래 종결 직전에 불거진다는 점입니다. 관련된 금액 규모가 상당할 수 있어 이견을 좁히지 못하고 거래가 막판에 완전히 무산되는 경우도 흔합니다. 상세한 내용은 5부「인수 완료하기」에서 다루겠지만, 여기서는 소유주의 매각 의지를 평가하는 데 도움이 될 핵심만 짚고 넘어가겠습니다.

현금과 부채를 제외한 인수 (Cash-Free, Debt-Free, CFDF) 는 매수자가 회사의 자산만 인수하고 기존의 현금과 부채는 소유주가 정리하는 조건을 의미합니다. 가령, 매각 시점에 회사 계좌에 50만 달러가 있다면 그 돈은 당연히 소유주의 몫입니다. 소유주 입장에서는 자신이 회사를 경영하며 벌어들인 돈이라 여기며 가져가는 것을 당연하게 생각합니다. 문제는 부채입니다. 만약 회사에 건물이나 기계 구입으로 인한 100만 달러의 대출이 있다면, 그 부채 역시 소유주가 전액 상환해야 합니다. 매수자는 자산을 인수할 뿐, 기존 부채까지 떠안지는 않기 때문입니다. 하지만 일부 소유주는 이 조건을 오해하여, 협상이 막바지에 이른 뒤에야 당혹감을 드러냅니다. "나는 당신이 부채까지 떠안는 줄 알았다. 자산을 가져간다면 부채도 가져가는 게 상식 아닌가?"라고 반발하며 결국 매각을 철회하는 경우가 종종 발생합니다.

운전자본 (working capital) 은 일상적인 운영에 필수적인 유동 자금을 의미합니다. 통상적으로 **매출채권 + 재고 − 매입채무** 로 계산됩니다. 매각 협상 시에는 인수 후 회사에 남겨둘 적정 운전자본의 수준을 명확히 합의하는 것이 중요합니다.[14] 소규모 기업이라 할지라도 이 금액은 수십만 달러에서 많게는 수백만 달러에 달할 수 있습니다. 매수자의 입장에서 운전자본은 사업 운영에 필수적인 자산이므로 당연히 인수 가격에 포함된 것으로 간주합니다. 그러나 일부 소유주는 "그 매출은 내가 회사를 운영할 때 발생한 것이다. 그러니 매출채권(외상 매출금)은 당연히 내가 가져가야 한다"라고 주장하며 맞서기도 합니다.[15] 이러한 이견이 좁혀지지 않으면, 매수자는 회사 운영에 인수 직후 운영에 필요한 필수 자금을 확보하지 못하게 되며, 결국 거래가 막판에 무산되는 사례가 발생합니다.

이러한 오해를 불식시키려면 매각 절차 전반에 걸쳐 소유주와 해당 조건들을 여러 차례 확인하고 조율해야 합니다. 늦어도 첫 인수 제안을 제출하는 시점부터 논의가 반드시 시작되어야 합니다. 더 이른 단계라면 비공식적인 대화를 통해 소유주가 생각하는 자산의 인계 범위를 파악해 볼 수 있습니다. 이를 통해 소유주가 운전자본 포함 조건을 제대로 이해하고 있는지, 그리고 이를 매각가에 반영했는지를 미리 검증할 수 있습

---

14 4부 「인수 제안하기」 참고

15 역자 주: 매출채권은 이미 물건이나 서비스를 판매했지만 아직 대금을 받지 못한 외상 매출금입니다. 매출은 이미 발생했으며, 대금은 몇 주 또는 몇 달 후에 고객으로부터 들어옵니다. 소규모 기업에서는 외상 매출금이 운전자본의 중요한 부분을 차지합니다. 만약 소유주가 외상 매출금을 모두 가져가 버린다면, 회사 계좌에 자금이 부족해지고 새로운 소유주는 운영 자금 없이 사업을 이어가야 할 위험이 있습니다. 따라서 인수 가격에는 정상적인 수준의 운전자본이 반드시 포함되어야 합니다.

니다.

매각 이후에도 소유주가 계속 관여하는 경우
Continuing involvement after the sale

많은 소유주는 회사를 매각하면 매각 대금을 현금으로 받고 사업에서 완전히 손을 떼며, 곧바로 그동안 꿈꿔 온 제2의 인생을 시작할 수 있을 것이라고 생각합니다. 그러나 현실은 대부분 그렇지 않습니다. 거의 모든 거래에서 소유주는 매각 후 3~6개월 동안 회사에 남아 경영 인수인계를 지원해야 합니다. 핵심 고객에 대한 세부 정보나 운영 노하우 등 사업과 관련된 많은 정보가 문서가 아닌 소유주의 머릿속에 있기 때문입니다. 매수자가 회사를 원활히 운영하기 위해서는 소유주가 직접 매수자를 훈련시키는 과정이 필수적입니다.

또 한 가지 간과해서는 안 될 중요한 점이 있습니다. 뒤에서 더 자세히 설명하겠지만, 소유주는 보통 매수자에게 매각 대금의 일부를 빌려주는 매도자 채권 방식(셀러 파이낸싱)으로 거래에 참여하게 됩니다. 매각 대금의 일부는 에스크로 계정에 묶이거나, 향후 이익 달성 여부에 따라 일정 부분을 지급받는 언아웃(earn-out) 조건이 붙기도 합니다. 이러한 구조적 이유로 매각이 완료된 후에도 소유주는 일정 기간 회사에 관여할 수밖에 없습니다. 따라서 매수자 입장에서는 소유주가 거래 이후에도 인수인계에 성실히 협력할 의지가 있는지, 그리고 매각 대금 일부를 금융적으로 지원할 의사가 있는지도 반드시 확인해야 합니다. 소유주의 진정한 협력 의사는 숫자가 아니라 태도에서 드러납니다. 직접 만나 대화를 나누며 확인하는 것이 가장 확실합니다. 초기 대화 단계에서부터 비협조적이거나 진지하지 않은 태도를 보인다면, 거래 성사 후 원활한 인수인계를 기대하기는 어렵습니다. 마찬가지로 소유주가 "매각 도장만 찍으면 당장 세계 일주를 떠날 겁니다"와 같은 말을 한다면, 인수인계에 대한 책임감이나 거래 자금을 지원할 의지가 있는지 심각하게 의심해 볼 필요가 있습니다.

소유주의 매각 의지를 검증할 때, 소유주가 단 한 명일 것이라고 예단해서는 안 됩니다. 다수의 파트너가 공동으로 회사를 소유한 경우, 이들의 이해관계가 항상 일치하는 것은 아니기 때문입니다. 어떤 파트너는 매각을 강력히 원하지만, 다른 파트너들은 사업을 계속 이어가고 싶어 할 수도 있습니다. 어떤 회사는 세 명의 파트너가 함께 공동 소유했는데, 그중 한 명은 건강 악화로 인해 매각을 원했지만, 나머지 두 명은 건강상 문제가 없었고 현재의 사업 운영에 만족하고 있었습니다. 이들은 오직 '충분히 높은 가격'일 때만 매각을 고려하겠다는 유보적인 입장이었습니다. 협상은 매각이 시급한 파트너를 중심으로 시장 조건에 맞춰 순조롭게 진행되는 듯했습니다. 하지만 클로징 직전에 나머지 두 파트너가 거부권을 행사하면서 거래는 결국 무산되고 말았습니다. 또 다른 사례로는 경영 승계 과정에서 핵심 직원들에게 소수 지분을 분배한 경우입니다. 인수자는 이들 소수 지분 보유자들을 설득할 수 있을 것이라 낙관했지만, 끝내 동의를 얻지 못해 거래는 성사되지 않았습니다.

따라서 탐색 초기 단계에서는 반드시 지분 구조를 확인해야 합니다. 이해관계자가 많고 지분 구조가 복잡할수록 모든 소유주가 만장일치로 매각에 동의할 가능성은 낮아집니다.

탐색을 효율적으로 진행하려면, 앞서 다룬 1차 및 심층 선별 기준을 엄격히 적용해 기준에 부합하지 않는 회사를 신속히 걸러내야 합니다. 오직 이 기준을 통과한 대상만 예비 실사 단계로 넘어가면 됩니다. 또한, 이 선별 과정은 일회성이 아닌 지속적인 검증의 연속이라는 점을 명심해야 합니다. 이는 크게 두 가지 측면에서 이루어집니다.

첫째, 매각 논의가 심화되면서 새로운 정보가 나올 때마다 선별 기준을 원점에서 다시 적용해야 합니다. 특히, 지속 가능한 수익 구조와 소유주의 진정한 매각 의지는 시간이 지날수록 그 실체가 뚜렷해지므로, 끊임없이 재확인하는 과정이 필수적입니다.

둘째, 필터링 단계에서 확보한 단서들은 향후 실사 과정의 중요한 나침반이 됩니다. 당장 매각이 불가피한 상황이 아닌데도 젊고 건강한 소유주가 매각을 서두른다면 의심해 볼 필요가 있습니다. 아무리 많은 자료와 숫자를 검토하더라도 소유주는 언제나 매수자보다 회사의 내부 사정을 더 잘 알기 마련입니다. 잠재된 악재가 터지기 전에 회사를 넘기려는 의도가 아닌지 의심하고 검증해야 합니다. 철저한 실사 앞에서는 결국 숨겨진 문제도 그 실체를 드러내게 되어 있습니다.

Making an Offer

4부

인수 제안하기

Making an Offer

드디어 모든 선별 기준을 통과한 인수할 만한 소규모 기업을 찾았습니다. 하지만 아직 바로 인수 제안을 할 단계는 아닙니다. 이 기업이 정말 좋은 인수 대상인지 판단하려면 추가로 확인해야 할 정보들이 있습니다. 이 과정이 바로 13장 「예비 실사」에서 다룰 내용입니다. 예비 실사를 마친 뒤에도 인수를 계속 추진하기로 결정했다면, 이제 얼마를 제안할지와 어떤 조건으로 인수할지를 정해야 합니다. 인수가격을 결정하는 방법은 14장 「소규모 기업에 얼마를 지불해야 하는가?」에서, 거래 조건 설정은 15장 「거래 조건」에서 설명합니다. 이 내용을 바탕으로 정식 제안서를 작성하게 되는데, 이를 **인수의향서**(Letter of Intent, LOI) 라고 부릅니다. 이에 대한 자세한 내용은 16장 「인수 제안」에서 다룹니다.

예비 실사
Preliminary Due Diligence

인수 후보가 모든 선별 과정을 통과했다면, 이제 다음 단계는 회사를 더 깊이 파악하여 실제 인수 제안을 할지 결정하는 것입니다. 이 결정은 구체적인 가격과 조건을 명시한 **인수의향서 (Letter of Intent, LOI)** 제출로 이어집니다. 지금까지 선별 기준을 적용하고 정보를 수집하는 데는 하루 정도가 소요되었을 것입니다. 브로커를 통해 발굴한 매물이라면 티저나 기밀정보요약서 (CIM)를 검토하고 브로커와 통화했을 것이며, 직접 발굴한 매물이라면 소유주와 연락을 주고받으며 기본 재무제표를 검토했을 것입니다. 이제 시작되는 '예비 실사' 단계에서는 훨씬 더 많은 시간을 투입하여 회사를 집중적으로 분석해야 합니다. 예비 실사의 목적은 단순히 회사 운영 방식을 배우는 것이 아니라, 회사 인수 여부를 결정하고 인수 가격 및 조건을 구체화하는 데 있습니다.

지금까지 잠재 인수 대상에 여러 기준을 적용해 왔다면, 예비 실사 단계에서도 인수를 포기하게 만들 수 있는 위험 요소부터 집중적으로 검토해야 합니다. 다만 필터링 단계와 달리, 예비 실사에서 확인해야 할 정보는 겉으로 드러나 있거나 숫자로 명확하게 확인할 수 있는 것들이 아닙니다. 매도자나 브로커에게 지속적으로 추가 정보를 요청해야 하는 심층적인 정보들을 중심으로 검토해야 합니다. 이 과정은 단순히 정보를 수집하는 것을 넘어, 수집한 데이터를 바탕으로 직접 추정치를 산출하고 다양한 관점에서 분석을 수행해야 함을 의미합니다. 즉, 지금까지가 잠재 인수 대상을 걸러내는 확인 절차에 불과했다면, 예비 실사 단계부터는 해당 사업의 고유한 특성을 파고들어 해답을 찾는 적극적인 분석 단계입니다.

예비 실사 단계의 비용을 최소화하기 위해서는 대부분의 검토를 직접 수행해야 합니다. 회계사나 변호사 같은 외부 전문가들은 예비 실사를 통해 해당 인수 건이 실제로 추진할 가치가 있다는 확신이 선 이후로 미루는 것이 바람직합니다.

질의
The Questions

앞서 논의한 내용을 정리하면, 예비 실사는 핵심 쟁점을 찾아내고 실제 데이터를 통해 그 진위를 철저히 검증하는 과정입니다. 실사를 효율적으로 진행하려면 비즈니스 모델에서 명확하지 않은 핵심 요소들을 파악하고, 이를 바탕으로 깊이 있는 질문을 체계적으로 준비하는 것이 중요합니다. 특히, 인수에 대한 판단을 뒤집을 수 있는 2~3가지 요인이 무엇인지 스스로에게 물어보는 과정도 필요합니다. 실사는 단 한 번으로 끝나

 인수 창업 가이드 북

는 과정이 아니라 반복적인 검증 절차입니다. 이전 필터링 단계에서 사용했던 질문들도 다시 사용할 수 있지만, 이번 단계에서는 단순한 문답을 넘어 데이터에 기반한 확실한 근거를 확보하는 것이 목표입니다. 따라서 지금 집중적으로 검토해야 할 사항을 선정할 때는 '이 회사에 대해 가장 우려하는 부분은 무엇인가?', '그 우려를 해소하려면 무엇을 확인해야 하는가?', '필요한 데이터를 어떤 형태로 요청할 수 있는가?', '소유주에게 어떤 질문을 던져야 하는가?'와 같은 구체적인 질문을 함께 고려하면 도움이 될 것입니다.

모든 비즈니스는 저마다 고유한 구조와 특성을 지닙니다. 따라서 비즈니스 모델의 형태와 핵심 리스크에 따라 검토해야 할 질문의 내용도 달라질 수 있습니다. 아래 예시를 통해 이를 구체적으로 살펴보겠습니다.

- [가설] 이 사업의 구조가 높은 고객 충성도와 견고한 재구매 수요에 기반하고 있다. [질문] 그렇다면 **고객 이탈률 (Churn Rate)**은 그동안 어떻게 변화해 왔는가?

- [가설] 현재 소유주가 소극적인 영업 방식으로 인해, 이 사업에는 아직 충분한 성장 잠재력이 남아 있다. [질문] 그렇다면 그 성장 가능성은 객관적 지표로 검증되는가? 시장 규모는 얼마나 되는가? 신규 고객은 어떻게 확보하는가? 신규 고객 확보를 위해 이 사업은 어떤 경쟁력을 가지고 있는가?

- [가설] 이 사업이 꾸준한 현금 흐름을 유지하며 경기와 무관하게 지속적인 수익을 창출한다. [질문] 그렇다면 과거 경기 침체기에는 이익과 현금 흐름의 변동 폭은 어떠했는가? 거시 경제 변화에 대한 민감도는 어느 수준인가?

- [가설] 이 사업은 특정 고객, 공급업체, 또는 직원에게 과도하게 의존하지 않는 구조이다. [질문] 그렇다면 실제 고객 집중도와 공급망 집중도는 수치상으로 몇 %인가? 대체 불가능한 핵심 인력은 누구이며, 그들이 이탈할 경우 발생할 리스크와 대책은 무엇인가?

- [가설] 나 또한 이 사업을 기존 소유주만큼 잘 운영할 수 있다. [질문] 그렇다면 기존 소유주가 고객이나 공급업체와 맺고 있는 특수 관계가 혹시 있는가? 기존 소유주가 가진 특별한 자격증, 면허 혹은 전문성이 필요한가? 계약 유지가 소유주의 개인적 특성에 의존하고 있지는 않은가?

어떤 질문을 하든 가장 먼저 다뤄야 할 것은 거래의 성패를 좌우할 핵심적인 질문들입니다. 예비 실사는 한 번으로 끝나는 절차가 아닙니다. 답을 얻을 때마다 새로운 의문이 생기며, 이를 다시 검증하는 반복적인 과정이 이어집니다. 따라서 추가 질문을 할 때도 거래를 계속 진행할 것인지, 아니면 중단할지를 판단하는 데 집중해야 합니다.

이렇게 예비 실사를 진행하다 보면, 초기 선별 단계보다 훨씬 더 광범위한 정보를 다루게 될 것입니다. 또한, 이미 검토했던 자료라 할지라도 단순히 사실 확인을 넘어 한층 더 깊이 있는 분석을 수행하게 될 것입니다.

업계 리서치
Reading Industry Research

예비 실사 과정에서는 개별 인수 후보에 대한 구체적인 질문도 중요하

 인수 창업 가이드 북

지만, 해당 기업이 속한 산업의 흐름과 구조, 그리고 업계에서 통용되는 용어와 기준을 이해하는 것이 필수적입니다. 이를 위해 산업 리서치 자료를 읽는 것부터 시작하는 것이 좋습니다. 인터넷에서 관련 뉴스를 찾아보거나, 업계 전문 매체와 해당 분야의 상장 기업의 분석 리포트를 참고하는 것도 효과적이며, 업계 협회 웹사이트에 게시된 전문 보고서나 자료를 활용하는 것이 좋습니다. 이러한 리서치는 해당 사업의 배경을 이해하는 데 가장 효율적인 방법입니다. 조사 과정에서는 반드시 이 산업이 성장 단계에 있는지, 아니면 이미 성숙기에 접어들었는지를 파악하고, 새로운 경쟁자나 대체 기술의 등장 여부를 판단해야 합니다.

여러분이 검토 중인 회사와 정확히 일치하는 정보를 찾는 것은 쉽지 않습니다. 안정적인 소규모 기업들은 대개 데이터가 부족하고 차별화된 틈새시장에서 활동하기 때문입니다. 그렇지만 산업 전반에 대한 이해는 회사를 평가하는 데 여전히 중요한 맥락을 제공하며, 향후 매도자와의 대화에서 심도 있는 질문과 논의를 이끌어내는 강력한 무기가 됩니다. 또한, 산업 구조와 경쟁 환경을 파악하는 일은 해당 회사의 비즈니스 모델에 대한 가정이 타당한지 검증하는 데 중요한 역할을 합니다.

매도자 인터뷰하기
Interviewing the Seller

질문 리스트 작성과 업계 리서치를 마쳤다면, 이제 궁금증을 해소할 가장 직접적인 방법은 매도자와의 전화 인터뷰입니다. 전화 인터뷰는 일반적으로 1~2시간 정도 소요되며, 추가 자료를 요청하고 세부 사항을 검증하며 회사의 재무 건전성과 핵심 지표를 파악하는 데 매우 유용합니다. 가령, 경기 변동성에 대한 우려가 있다면 과거 경기 침체기 동안의 재무제표나 손익 추이를 요청할 수 있습니다. 또한 고객 이탈률이나 매출 집중도 같은 구체적인 수치를 통해 사업의 안정성을 평가할 수도 있습니다. 전화 인터뷰는 재무 데이터를 요청하는 것 외에도 고객이 왜 이 회사를 선택하는지, 주요 경쟁사가 누구인지 등 질적 평가에도 큰 도움이 됩니다. 물론 매도자는 자신의 회사를 긍정적으로 표현하려는 경향이 있습니다. 하지만 이 통화는 논쟁을 위한 자리가 아닙니다. 중요한 것은 소유주의 답변을 경청하고 이를 객관적으로 평가하는 것입니다.

이 단계에서 매도자를 직접 만나 깊은 대화를 나누고 싶은 유혹을 느낄수도 있습니다. 그러나 장기적인 관점에서 전화 인터뷰가 실제 방문보다훨씬 효율적이며 비용도 적게 듭니다. 대부분의 매도자는 현장 미팅에서구체적인 수치나 재무 데이터를 바로 제시하지 못합니다. 어차피 필요한자료는 추후 이메일 등으로 받아야 하므로, 직접 찾아간다고 해서 더 많은 정보를 얻는 것은 아닙니다. 무엇보다 이 단계에서는 지나치게 열의를 보이거나 조급한 인상을 주지 않는 것이 매우 중요합니다.

현장 방문
Conducting an Onsite Visit

이제 여러분은 전화 인터뷰를 마치고 예비 실사의 후반부 단계에 진입했습니다. 질문을 정리하고 업계 리서치를 완료했으며, 소유주(매도자)와의 전화 인터뷰까지 마쳤다면, 다음 단계로 현장 방문을 계획하는 것이가장 전략적인 선택입니다. 핵심 질문들에 대해 이미 긍정적인 답변을얻었다면, 인수 가능성이 높아진 만큼 더 많은 시간과 비용을 투자할 타당성이 충분히 생깁니다. 또한 대부분의 소유주는 공식 제안서나 인수의향서를 받기 전에 매수자를 직접 만나고 싶어 합니다. 따라서 정식 인수

                                          인수 창업 가이드 북

제안을 구체화하기 전에 현장 방문을 추진하는 것이 바람직합니다.

현장 방문은 사업의 전반적인 현황, 당면 과제, 그리고 잠재적인 기회 요인에 대해 깊이 있는 대화를 나눌 기회입니다. 이때 가장 효과적인 접근 방식은 형식적인 질의응답보다는 자연스럽고 열린 대화를 지향하는 것입니다. 이러한 대화를 통해 문서나 통화로 파악했던 수준을 넘어 사업이 실제로 어떻게 돌아가는지에 대해 훨씬 더 명확히 이해할 수 있습니다. 제품이 어떤 방식으로 생산되는지, 주요 공급업체가 누구인지, 고객이 경쟁사가 아닌 이 회사를 선택하는 이유, 핵심 인재로 평가받는 직원과 그 이유 등을 직접 확인할 수 있습니다.

무엇보다 현장 방문의 백미는 사업의 생생한 운영 현장을 직접 관찰할 수 있다는 점입니다. 시설을 둘러보며 공장의 관리 상태나 향후 확장 가능성까지 살펴볼 수 있습니다. 예를 들어, 시설이 깔끔하고 전문적인 인상을 주는지, 직원들이 바쁘게 움직이는지, 추가 생산이나 확장이 가능한 여지가 있는지를 점검해야 합니다. 생산 공정이 체계적인 시스템하에 운영되는지, 아니면 비효율적이고 어수선하게 관리되는지 또한 회사의 역량을 판단하는 중요한 기준이 됩니다.

현장 방문은 단순히 회사의 시설을 확인하는 절차가 아니라, 소유주를 파악하는 자리입니다. 이 만남을 통해 소유주의 업무 역량, 성실함, 사업에 대한 태도와 진심을 직접 느낄 수 있으며, 그가 실제로 회사를 매각할 의지가 있는지, 매각 이후 인수인계가 원활히 이루어질 가능성도 가늠할 수 있습니다. 특히 소유주가 현장 운영에 얼마나 깊이 관여하고 있는지는 매각 의지를 파악하는 데 결정적인 단서가 됩니다. 무엇보다 중요한 점은 이 만남이 여러분과 소유주가 서로 신뢰할 수 있는 관계를 형성할 수 있을지 직접 확인하는 상호 검증의 시간이라는 것입니다.

다만, 첫 현장 방문에서 핵심 경영진을 직접 대면하기는 어려운 경우가 많습니다. 대부분 소유주는 거래가 확정 단계에 이르기 전까지 보안 유지를 위해 직원들에게 매각 사실을 알리지 않기 때문입니다. 따라서 소유주가 경영진의 눈을 피해 주말이나 퇴근 후 시간대에 미팅을 잡거나, 경영진을 소개하더라도 매우 제한적인 범위에서만 이루어지기도 합니다. 이러한 행동은 소유주가 무례해서가 아니라, 매각 소식을 신중하게 관리하려는 필수적인 조치임을 이해해야 합니다.

재무 예측 모델 만들기
Building a Financial Projection

재무 예측은 회사의 미래를 숫자로 구체화한 청사진입니다. 즉, 향후 회사의 성과가 어떻게 전개될지, 그리고 여러분이 도입할 전략적 개선 사항들이 재무적으로 어떤 영향을 미칠지를 수치화한 모델입니다. 일반적으로 매출, 비용, 그리고 EBITDA를 중심으로 약 5년간의 추정치를 작성합니다. 이 재무 예측은 예비 실사 과정에서 초안이 작성되지만, 한 번으로 끝나는 것이 아닙니다. 실사를 진행하며 새로운 사실이 밝혀질 때마다 그 내용을 반영하여, 내가 이해한 회사의 미래가 재무적으로 어떻게 달라지는지를 수시로 수정 및 보완해야 하는 살아 있는 자료입니다.

재무 예측 모델을 어떻게 구축해 나가는지 더 명확히 이해하기 위해 실제 사례를 살펴보겠습니다. 지금부터는 랜디 셰일러가 제스위츠 뮤직을 인수할 때 재무 예측 모델을 어떻게 활용했는지 그 과정을 따라가 보겠

　　　　　　　　　　　　　　　　　　인수 창업 가이드 북

습니다.[16] 제스위츠 뮤직은 학생들을 대상으로 악기 대여 사업을 운영하는 회사입니다. 이 회사의 티저는 8장 「브로커를 통한 매물 소싱」에서 소개되었고, 랜디가 이 회사가 선별 기준에 맞는지 체크하는 과정은 3부 전반에서 자세히 다루었습니다.

일반적으로 재무 예측 모델을 만들 때는 브로커가 제공한 기밀정보요약서(CIM)나, 직접 소싱한 매물의 경우 소유주가 제공한 재무제표 자료를 검토하는 것부터 시작합니다. 그다음, 표 13.1과 같이 사업의 운영 실적을 연도별로 요약한 표를 직접 작성해야 합니다. 여기에는 매출, 매출원가, 이익률, 영업비용, 그리고 기타 핵심 재무 지표들이 포함됩니다. 표 13.1의 숫자들은 제스위츠 뮤직의 CIM에서 발췌된 자료로, 과거 4년간의 실적과 향후 1년의 예상치가 포함되어 있습니다. CIM에는 매출원가의 구성에 대한 구체적인 내용은 없었지만, 랜디는 매출원가의 대부분이 고객에게 전달된 악기의 실제 구매 비용일 것이라고 판단했습니다.

다음 페이지의 표 13.1 참조

16　랜디와 소유주의 세부 내용은 일부 수정됨.

표 13.1

제스위츠 뮤직, 과거 운영 실적 요약표

	12월 31일 기준 마감 연간 실적				
	2008	**2009**	**2010**	**2011**	**2012 (예측)**
악기 렌탈	2,391	2,480	2,492	2,756	2,808
악기 판매 매출	1,024	932	590	565	575
레슨 매출				19	76
총매출액	3,415	3,412	3,082	3,340	3,459
매출원가 (COGS)	791	688	496	526	472
매출총이익	2,624	2,724	2,586	2,814	2,987
매출총이익률(%)	77%	80%	84%	84%	86%
영업 비용					
광고	13	4	4	9	9
차량 유지비	57	62	65	48	59
수수료	45	64	71	59	67
신용카드 수수료	41	47	50	54	53
보험	115	119	98	66	92
회계 서비스	36	24	22	21	21
사무실 비용	30	16	30	15	14
급여 및 인건비	1,135	1,095	1,137	869	852
임차료	186	149	109	82	87
출장 및 박람회	9	7	6	4	6
기타 비용	48	79	71	72	75
계약 및 자문 수수료	28	0	-2	15	6
인쇄 및 우편	41	42	46	52	51
기타 세금	6	0	3	9	3
공과금 및 통신비	72	69	65	69	74
총영업비용	1,862	1,777	1,775	1,444	1,469

EBITDA*	762	947	811	1,370	1,518
단일 기준 조정 EBITDA 항목					
특별 비용 및 법률 관련 비용	50	50	50	50	0
기존 시설 관련 기타 비용	0	0	12	0	0
기존 시설 관련 법률 비용	0	1	6	4	0
일회성 자문 비용	0	0	0	0	17
단일 기준 조정 항목 합계	50	51	68	54	17
조정 EBITDA	712	896	743	1,316	1,501
시너지 효과를 반영한 조정 항목					
매입 (총매입액의 10%)	50	45	80	43	25
박람회 비용	5	5	5	5	5
우편 비용	5	6	36	49	36
시너지 효과를 반영한 조정 항목 합계	60	56	121	97	66
비용 절감 시너지를 반영한 프로포마 기준 조정 EBITDA	872	1,054	1,000	1,521	1,601
차감: 자본적 지출(CapEx)	851	401	689	321	200
잉여현금흐름	21	653	311	1200	1,401
기타 재무 정보					
감가상각비	589	546	564	698	720
이자 비용	130	143	82	84	72

참고: EBITDA는 백분율(%)로 표시됩니다. 모든 수치는 천 달러 단위입니다.
*EBITDA는 감가상각 전 이익입니다.

이렇게 만들어진 재무 모델에는 단순한 매출과 비용 외에도 EBITDA 를 조정하기 위한 두 가지 유형의 **가산 항목 (add-backs)**이 포함되어 있습니다.[17] 첫 번째 가산 항목은 매도자가 '이건 일회성 비용이니 실제 수익과는 무관하다'고 주장하며 추가한 항목들입니다. CIM에서도 이러한 지출을 사업 운영과는 관련 없는 일회성 비용으로 설명했습니다. 랜디는 이를 일단 모델에 반영했지만, 거래가 더 진전되면 반드시 세부 내역을 확인해야 한다고 메모해 두었습니다. 두 번째 가산 항목은 동종 업계 사업자에게 회사가 인수될 경우 발생할 수 있는 '시너지'를 가정해 추가한 조정치였습니다. 그러나 랜디는 제스위츠를 다른 회사에 통합하지 않고 독립적으로 운영할 계획이었기 때문에, 이러한 시너지 가정은 자신의 인수 시나리오와는 관련이 없다고 판단했습니다.

가산 항목까지 포함된 재무 모델을 검토한 후, 두 번째 단계로 회사의 과거 실적을 비율 중심으로 분석해야 합니다. 매출, 매출원가, 이익률, 영업비용 등 핵심 항목들을 매출 대비 비중으로 정리한 표(표 13.2와 같은 형식)를 직접 작성해야 합니다. 이 표를 살펴보면 가장 먼저 눈에 띄는 점은 회사가 매물로 나오기 전인 2011년이 가장 실적이 좋았던 해라는 사실입니다. 모든 비용 항목이 매출 대비 최저 수준이었으며, **자본적 지출 (CapEx)**[18]도 매우 낮은 수준을 기록했습니다. 랜디는 만약 이 실적이 앞으로도 꾸준히 유지될 수 있다면 제스위츠는 정말 매력적인 인수 대상이라고 생각했습니다. 그러나 회사의 최고 실적이 나온 단 한 해를 기준으로 미래를 예측하는 것은 지나치게 낙관적일 수 있다는 점을 경계했습니

---

17 역자 주: 사업 운영과 무관하거나 일시적인 지출을 제외하여, 회사의 본질적인 수익성을 파악하고 정상적인 이익 수준을 정확히 계산하기 위한 조치입니다.

18 역자 주: 회사 운영에 필요한 기계, 설비, 장비, 건물 등 고정자산을 새로 구입하거나 개선하기 위해 지출하는 장기 투자 비용을 의미합니다.

다. 이에 그는 표 13.2의 마지막 열에 있는 평균값을 함께 검토하며 보다
현실적인 관점에서 회사를 평가했습니다.

표 13.2

제스위츠 뮤직: 매출 대비 과거 운영 실적 분석

	12월 31일 기준 연도					
	2008	**2009**	**2010**	**2011**	**2012** **(예측치)**	**평균**
총매출액	100%	100%	100%	100%	100%	100%
매출원가	23%	20%	16%	16%	14%	18%
매출총이익률	77%	80%	84%	84%	86%	82%
총영업비용	55%	52%	58%	43%	42%	50%
EBITDA* 이익률	**22%**	**28%**	**26%**	**41%**	**44%**	**32%**
이익률	**24%**	**29%**	**29%**	**43%**	**44%**	**34%**
자본적 지출	25%	12%	22%	10%	6%	15%
잉여현금흐름	**-1%**	**17%**	**7%**	**33%**	**38%**	**19%**

*EBITDA: 감가상각전 이익

　앞서의 분석을 바탕으로 회사의 미래 실적을 예측하기 위해 1차 재무
시뮬레이션(표 13.3)을 작성했습니다. 랜디는 아직 제스위츠의 신규 학
교 매출에 대한 구체적인 데이터를 확보하지 못했으므로, 총매출이 매
년 5%씩 안정적으로 성장한다고 가정했습니다. 물론 이 수치는 추후 더
많은 정보를 확보하면 수정할 계획이었습니다. 비용 구조를 추정할 때는
항목별로 2011년도 수치를 그대로 반영할지, 과거 평균치를 적용할지,
아니면 중간값을 선택할지를 신중히 판단해야 했습니다.

- 매출원가 비중은 최근 2년 동안 16% 수준으로 안정적이었으므로
  2011년 비율을 그대로 적용했습니다.

- 총영업비용은 매출 대비 48%로 설정했습니다. 과거 평균은 50%였지만 2011년에는 43%, 2012년에는 42%로 낮아지고 있었기 때문에 보수적이면서도 현실적인 중간값을 선택한 것입니다.

- 자본적 지출은 매출의 15% 수준으로 가정했습니다. 과거의 자본적 지출 비율이 사업 운영상의 필요보다는 당시의 자본 여력에 따라 변동이 심했다고 판단했기 때문입니다.

랜디는 이러한 비용 항목들을 향후 실사 단계에서 반드시 다시 확인해야 할 부분으로 메모해 두었습니다.

표 13.3

제스위츠 뮤직, 향후 5년간 재무 추정치

주요 가정	
매출 성장률	5%
매출 대비 매출원가 비율	16%
매출 대비 총영업비용 비율	48%
매출 대비 자본적 지출 비율	15%

	12월 31일 기준 연도					
	2012	2013	2014	2015	2016	2017
총매출액	3,459	3,632	3,814	4,005	4,205	4,415
매출원가	472	581	610	641	673	706
매출총이익	2,987	3,051	3,204	3,364	3,532	3,709
조정 항목을 제외한 총영업비용	1,452	1,743	1,831	1,922	2,018	2,119
EBITDA*	**1,535**	**1,308**	**1,373**	**1,442**	**1,514**	**1,590**
차감: 자본적 지출	200	545	572	601	631	662
잉여현금흐름	**1,335**	**763**	**801**	**841**	**883**	**928**

참고: 백분율로 표시된 항목을 제외하고, 모든 수치는 천 달러 단위입니다.
*EBITDA: 감가상각전 이익

표 13.3의 재무 예측 모델을 분석한 결과, 랜디는 2017년을 제외한 모

든 예측 연도의 EBITDA가 2012년보다 낮고, 잉여현금흐름[19] 또한 2012
년에 비해 크게 감소했다는 사실을 확인했습니다. 이는 2012년의 자본적
지출이 비정상적으로 낮았던 점에서 비롯된 영향이 컸습니다. 그런데도
EBITDA 이익률(EBITDA 대비 매출 비율)은 약 35%로 여전히 견조한 수준을
유지하고 있었습니다. 이 첫 번째 재무 예측 모델을 통해 랜디는 추가로
검토해야 할 여러 과제를 명확히 파악할 수 있었지만, 전반적으로 제스
위츠 사업에 대한 긍정적인 인상은 변함이 없었습니다. 그는 남은 의문
점들을 단계적으로 확인하며 예비 실사를 계속 진행하기로 결정했습니
다.

물론 미래 실적을 완벽히 예측하는 것은 불가능합니다. 재무 모델의 중
요한 목표는 정확한 예측이 아니라, 주요 가정을 변경했을 때 사업의 재
무 구조가 어떻게 달라지는지를 확인하는 데 있습니다. 가장 좋은 방법
은 매출이 예상보다 증가하거나 감소하면 현금 흐름이 어떻게 변할지 분
석하는 것입니다. 이렇게 주요 가정들을 조정하며 예측을 반복하다 보
면, 사업이 앞으로 어느 정도 수준의 실적을 낼 가능성을 가늠할 수 있
습니다. 2011년 제스위츠 뮤직의 이익 및 비용 구조가 앞으로도 유지된
다고 가정하면, 재무 전망은 크게 개선될 수 있습니다. 2016년의 경우,
EBITDA는 170만 달러 이상, 잉여현금흐름은 130만 달러 수준까지 가능
할 것으로 보입니다. 이와 같이 재무 예측 모델은 단순히 숫자를 맞추기
위한 작업이 아니라, 이 사업이 구조적으로 안정적인 수익을 낼 수 있는
지, 그리고 실사 과정에서 반드시 검증해야 할 중요한 전제 조건들이 무
엇인지를 찾아내는 과정입니다.

---

19 역자 주: 잉여현금흐름(Free Cash Flow, FCF)이란 기업이 영업활동을 통해 벌어들인 현금에서,
    현재의 사업을 유지하거나 성장시키기 위해 필수적으로 지출해야 하는 설비투자비용(자본적 지
    출)을 뺀 후 최종적으로 남은 여유 현금을 의미합니다.

　예비 실사 과정에서 재무 예측 모델을 포함한 각 분석을 통해 회사가 인수할 만한 가치가 있다고 확신하게 되었다면, 다음 단계에서는 인수 금액과 조건을 구체화해야 합니다. 이 내용은 14장 「소규모 기업 인수에 얼마를 지불해야 하는가?」와 15장 「거래 조건」에서 자세히 설명합니다.

소규모 기업 인수에 얼마를 지불해야 하는가?
How Much Should You Pay for a Small Business?

소규모 기업을 인수할 때 가격은 일반적으로 최근 1년간의 EBITDA에 특정 배수(멀티플)를 곱하여 산정됩니다. 이 책에서 정의하는 '지속 가능한 수익 구조를 가진 소규모 기업'은 대체로 연간 EBITDA가 75만 달러에서 200만 달러 수준인 회사를 지칭합니다. 이 범주에 속한 기업들의 거래 가격은 EBITDA의 3~5배 수준에서 형성됩니다. 최근 1년간 EBITDA가 100만 달러인 회사라면 적정 인수 가격은 약 300~500만 달러 선이 됩니다.

물론 예외는 존재합니다. 경영난에 처한 기업은 이보다 훨씬 낮은 가격에 매각되기도 하며, 반대로 성장성이 매우 높게 평가되는 기업은 더 높은 멀티플을 적용받을 수 있습니다. 그러나 우리의 경험과 연구에 따르면, 전통적인 산업군에서 안정적인 비즈니스 모델과 완만한 성장세를 유지하는 소규모 기업들은 EBITDA의 3~5배 수준이 가장 보편적인 가격대입니다. 한편, 기업 규모가 커질수록 인수 가격 멀티플 또한 높아지는 경향이 있어, 중견급 이상의 기업들은 대체로 EBITDA의 6~12배 수준에서 거래됩니다.

인수 창업가 도렌 스피너(Doren Spinner)는 약 10년 간격으로 진행한 두 번의 인수를 모두 시장 평균 밸류에이션 수준에서 성사시켰습니다. 그는 2003년 버지니아주 블루필드에 위치한 대형 조명 간판 제작 업체인 아켄 사인 컴퍼니(Acken Sign Company)를 인수했습니다. 당시 회사는 매출 600만 달러, EBITDA 65만 달러 규모였으며, 인수 가격은 EBITDA의 4배인 250만 달러였습니다. 2011년 회사를 매각한 후 새로운 기회를 모색하던 그는, 2012년 9월에는 시애틀의 항공 부품 제조업체 노필(Norfil)을 인수했습니다. 이 거래 역시 EBITDA의 약 4배 수준에서 이루어졌습니다.

시애틀에서 대륙 반대편으로 눈을 돌려보면, 매사추세츠에 본사를 둔 사모펀드(PE), 제미니 인베스터스(Gemini Investors)가 있습니다. 제미니 인베스터스의 창립자이자 대표인 짐 굿맨(Jim Goodman)은 20년 넘게 소규모 기업에만 전문적으로 투자해 온 베테랑 투자자입니다. 이 회사는 미국 전역의 다양한 산업에서 수익성이 입증된 소규모 기업들에 투자해 왔습니다. 타이어 유통업체, 패밀리 레스토랑 프랜차이즈, 의료 서비스 업체 등 여러 업종의 기업에 직접 투자하고 운영하며, 소규모 기업의 실제 거래 현장을 누구보다 가까이에서 관찰해 왔습니다. 제미니 인베스터스는 지금까지 약 100개 기업에 투자했으며, 10,000건에 달하는 인수 기회를 검토했습니다. 짐 굿맨은 오랜 투자 경험을 바탕으로 투자자들에게 이렇게 설명했습니다. "소규모 기업을 인수할 때 지불되는 가격 배수(밸류에이션 멀티플)는 6배를 넘는 경우가 거의 없습니다. 대부분은 4~5배 수준이며, 드물게는 4배 미만으로 거래되기도 합니다."[20]

물론 3~5배라는 범위는 생각보다 넓습니다. 따라서 예비 실사를 마무리할 때, 여러분의 제안 가격이 이 범위 내에서 어디에 위치해야 할지 명

---

20 Gemini Investors V, LP, Confidential Offering Memorandum

확한 기준을 세우는 것이 중요합니다. 이번 장에서는 이러한 판단을 돕기 위해 인수 가격을 결정하는 다양한 실무적 접근법을 살펴보겠습니다.

인수 가격 멀티플 조정하기
Adjusting the Multiple

인수 가격은 단순히 'EBITDA의 3~5배'라는 일반적인 기준만으로 결정되지 않습니다. 해당 회사가 이 범위 내에서 더 높은 평가를 받을지, 아니면 더 낮은 멀티플을 적용받을지는 다양한 요인들을 함께 고려해야 합니다. 대표적인 판단 기준은 다음과 같습니다.

- **성장 (Growth)** EBITDA가 꾸준히 증가하는 회사는 그렇지 않은 회사보다 더 높은 가치를 인정받습니다. 성장 속도가 빠를수록, 인수 가격 멀티플도 자연스럽게 높아집니다.

- **예측 가능성 (Predictability)** 수익이 안정적이고 변동성이 적은 회사는 그렇지 않은 회사보다 더 높은 가치를 인정받습니다. 그리고 이러한 안정성이 오래 유지될수록 그 가치는 더욱 높아집니다. 예측 가능한 수익 구조는 경영자가 지출 계획을 더 효율적으로 세울 수 있도록 돕고, 이는 곧 더 높은 수익성으로 이어질 가능성이 큽니다. 또한 수익 흐름이 일정하면 경영자는 차입을 적극적으로 활용할 수 있으며, 이렇게 확보된 추가 자금은 자기자본수익률(ROE)을 높이는 데 기여합니다.

- **현금흐름 전환율 (Cash Flow Conversion)** 장비 교체, 재고 확보, 외상매출채권 관리 등에 지속적으로 큰 금액을 투입해야 하는 기업은 그렇지 않은 기업보다 가치가 낮습니다. 재투자 부담이 적을수록 그만큼 부채 상환이나 배당 등 다양한 용도로 활용할 수 있는 현금

이 많아지기 때문입니다.

- **규모(Size)** 일반적으로 EBITDA가 클수록 인수 가격 멀티플도 높아지는 경향이 있습니다. 다시 말해, EBITDA가 50만 달러인 회사보다 250만 달러를 벌어들이는 회사가 더 높은 가치를 인정받습니다. 이는 규모가 큰 기업일수록 경영 인프라가 더 잘 구축되어 있고, 고객과 공급망이 다변화되어 있으며, 자금 조달 방식도 더 다양하기 때문입니다. 규모가 어느 정도 큰 기업은 사모펀드(PE)를 포함한 더 많은 인수자의 관심을 끌게 되며, 이러한 경쟁이 결국 인수 가격 멀티플을 높이는 요인으로 작용합니다.

- **법인 구조(Corporate Structure) 통과 과세 (pass-through)** 형태의 법인은 다른 형태의 법인보다 세금 측면에서 유리하며, 인수 시 통과 과세 구조가 아닌 기업보다 높은 가격에 거래되는 경향이 있습니다.[21]

이와 같은 여러 사항을 고려한 후, 인수 가격의 적정 멀티플 범위를 최종적으로 좁히는 효과적인 방법 중 하나는 가격 정보가 공개된 유사 기업들의 실제 거래 사례를 비교하는 것입니다. 다만, 대다수 소규모 기업 매각은 세부 내역이 공개되지 않아 직접적인 비교 대상을 찾기란 결코 쉽지 않습니다. 그렇지만 참고할 만한 거래 사례를 발견한다면 여전히 큰 도움이 될 것입니다. 많은 매도자가 이미 이러한 과거 거래 사례를 어느 정도 알고 있으며, 이를 자신의 희망 매각가로 삼는 경우가 많습니다. 따라서 유사한 거래 사례를 미리 파악해 두는 것은 협상 과정에서 논리

---

21 역자 주: 통과 과세 법인은 기업 이익에 대해 법인세를 내지 않고, 그 이익이 소유주의 개인소득으로 '통과(pass-through)' 되어 개인소득세만 납부하는 구조입니다. 예를 들어 LLC나 S-Corp와 같은 미국 회사는 법인세가 부과되지 않고, 각 주주의 소득으로 간주되어 개인소득세만 발생하는 통과 과세 구조입니다.

적 우위를 점할 수 있는 유용한 도구가 될 것입니다.

EBITDA 조정하기
Adjusting EBITDA

지금까지 살펴본 바와 같이, EBITDA 배수를 어떻게 적용할지 결정하는 것도 중요하지만, 먼저 제공된 EBITDA가 실제 영업이익을 정확히 반영한 수치인지 반드시 확인해야 합니다. 매도자의 개인적 지출이나 일회성 매출 및 비용 같은 항목이 포함되어 EBITDA가 과도하게 부풀려져 있지 않은지 점검해야 합니다. 재무제표를 검토하는 과정에서 이러한 항목을 발견했다면, EBITDA 금액을 실제 영업이익을 반영하는 수준으로 조정하고, 인수 제안 가격도 이에 맞게 수정해야 합니다. 궁극적인 평가 기준은 인수 후에도 지속 가능한 실질적인 이익 창출 능력이어야 하기 때문입니다.

매도자는 개인적 지출을 일회성 비용으로 간주하여 실제 회사 이익 계산에서 제외해 달라며 조정을 요구할 수 있습니다. 이 경우 타당성이 입증된 비용은 EBITDA 계산에서 제외해야 합니다. 그러나 주의할 점이 있습니다. 매도자들은 회사의 재무 상태를 더 좋게 보이게 하기 위해 이러한 가산 항목을 실제보다 부풀려 주장하는 경향이 있습니다. 대표적인 사례가 소유주 급여입니다. 매도자는 자신이 통상적인 수준보다 높은 급여를 받았다는 이유로 급여 전액을 가산 조정해 달라고 주장할 수 있습니다. 하지만 올바른 조정 방식은 시장 적정 임금을 초과하는 차액분만 가산하는 것입니다. 회사를 인수한 후에도 경영을 책임질 사람에게는 업계에서 통용되는 합당한 수준의 급여가 반드시 지급되어야 합니다.

특정 연도에만 발생한 일회성 (비정기적) 지출이 있는지도 반드시 확인해야 합니다. 예컨대, 어떤 회사가 새로운 본사로 이전하면서 10년 임대 계약을 체결하고 이사 비용으로 10만 달러를 지출했다고 가정해 봅시다. 매도자는 이러한 비용이 다시 발생하지 않을 것이라고 판단해 이를 정상적인 영업비용으로 보지 않고 가산 조정 (add-back)을 요구할 수 있습니다. 그러나 이 비용이 정말로 일회성인지, 앞으로 반복되지 않을지에 대한 해석은 매도자와 매수자 간에 의견이 엇갈릴 수 있으며, 이에 따라 조정 EBITDA가 크게 달라질 수 있습니다.

과거 EBITDA 멀티플을 적용해 기업 가치를 계산한다는 것은 과거의 이익이 앞으로도 비슷하게 유지될 것이라는 가정을 전제로 합니다. 그러나 현실에서는 이 가정이 항상 성립하지 않습니다. 거래처와의 주요 계약이 1년밖에 남지 않아 갱신 여부가 불확실할 수 있으며, 소유주가 유난히 실적이 좋았던 해 직후에 회사를 시장에 내놓는 경우도 있습니다. 실제로 13장에서 제스위츠의 재무제표를 분석할 때 이러한 사례를 확인할 수 있었습니다. 심지어 일부 소유주는 비용을 뒤로 미루거나 매출을 앞당겨 일시적으로 이익이 더 좋아 보이도록 조정하기도 합니다. 따라서 실사 과정에서 과거 실적이 앞으로도 유지될 것이라는 전제가 흔들린다면, EBITDA를 다시 계산해야 하며, 이에 따라 인수 가격 또한 반드시 조정되어야 합니다.

매도자 채권을 통한 인수 가격 조정
Adjusting purchase price for seller debt

인수 가격을 조율할 때는 자금 조달 구조에 따른 가격 조정이 필수적입니다. 실제 거래에서 인수 대금 전액을 일시불로 지급하는 사례는 극히 드뭅니다. 대신, 거래 조건의 핵심으로 **매도자 채권 (Seller Debt)**이 포함되는 경우가 많습니다. 매도자 채권은 매도자에게 인수 대금의 일부를 몇 년에 걸쳐 상환하는 구조를 의미합니다. 이 방식을 통해 매수자는 초기 현금 부담을 줄일 수 있고, 매도자는 향후 몇 년 동안 안정적으로 대금을 회수할 수 있습니다. 매도자 채권의 구체적인 구조와 조건은 15장 「거래 조건」에서 자세히 다룰 예정입니다.

중요한 점은 지급 구조의 변화가 적용되는 EBITDA 멀티플에도 직접적인 영향을 미친다는 사실입니다. 동일한 회사를 인수하더라도 전액 현금 지급 방식은 매도자 채권이 포함된 거래보다 낮은 멀티플이 적용됩니다. 그 이유는 간단합니다. 전액 현금 거래는 매도자가 즉시 확정된 대금을 받기 때문에 리스크가 거의 없지만, 매도자 채권이 포함된 거래에서는 일부 대금이 향후 몇 년에 걸쳐 지급되므로 매도자 입장에서 회수 불확실성이 존재합니다. 이러한 불확실성에 대한 보상으로 매도자는 더 높은 가격, 즉 더 높은 EBITDA 멀티플을 요구하게 됩니다.

EBITDA 멀티플은 인수 가격 협상의 출발점이자 매수자와 매도자가 기업 가치에 대한 견해가 유사한지 확인하는 유용한 기준점이 됩니다. 대부분 인수자는 EBITDA의 3~5배를 기본 범위로 설정하고, 세부 조정을 거쳐 합리적인 제안가를 도출합니다. 만약 매도자 역시 이 범위를 수용한다면, 보다 정확한 제안가를 산출하기 위해 세부 재무 모델을 구축하는 단계로 진입해야 합니다.

재무 예측 모델을 활용한 기업 가치 평가
Using Your Financial Projection to Value Your Business

적정 인수 가격을 산정하는 가장 효과적인 방법은 예비 실사 단계에서 구축한 재무 예측 모델을 적극 활용하는 것입니다. 인수 후 운영 계획, 인수 제안 가격, 자금 조달 구조 등을 모델에 반영하여 지속적으로 업데이트해야 합니다. 이렇게 정교하게 다듬어진 모델을 활용하면, 여러분이 세운 다양한 가정에 따른 **기대 수익률 (Rate of Return)** 을 계산할 수 있습니다. 여러 가정을 변경하며 모델을 테스트하면, 어떤 인수 가격대에서 본인과 투자자 모두에게 합리적인 수익률이 나오는지 확인할 수 있습니다. 만약 제시하려는 가격 범위에서 목표 수익률이 나오지 않을 경우, 어느 부분에서 문제가 발생하는지도 파악할 수 있습니다. 통상적으로 소규모 기업에 투자하는 투자자들이 기대하는 연간 수익률은 약 25% 수준입니다. 물론 그 이상의 수익률을 달성할 수 있다면 더할 나위 없이 좋습니다. 특히 인수 창업가는 투자자들이 목표 수익률을 우선 충족시킨 후에야 보상을 받을 수 있으므로, 전체 현금흐름의 기대 수익률은 25%를 크게 웃도는 수준이어야 합니다. 기대 수익률과 투자자 및 인수 창업가 간 수익 분배 구조에 대해서는 19장 「인수에 필요한 자기자본 조달」에서 더 자세히 다루겠습니다.

예비 재무 모델을 완성하기 위해서는 자금 조달 방식뿐만 아니라, 회수 시나리오에 대한 가정도 필수적입니다. 이때 매각 시점의 인수 가격 멀티플은 인수 시점과 같거나, 보수적으로 더 낮게 설정하는 것이 안전합니다. 즉, EBITDA의 4배로 회사를 인수한 뒤 6배로 매각할 수 있다는 낙관적인 기대를 기반으로 모델을 설계해서는 안 된다는 뜻입니다.

앞서 우리는 랜디가 제스위츠의 과거 실적을 분석하고, 인수 이후 5년 간의 재무 전망을 산출한 과정을 살펴봤습니다. 이제 표 14.1에서는 이러 한 분석을 바탕으로 예비 재무 모델을 작성하게 됩니다. 이 모델은 특정 가정을 전제로 하여 이번 인수를 통해 랜디와 그의 투자자들이 기대 수 익률을 어떻게 계산하는지 보여줍니다. 이번 예비 모델에서 사용된 주요 가정은 다음과 같습니다.

- 인수 가격: 2012년 기준 EBITDA의 4배 적용

- 자금 조달 구조: 은행 대출 30%, 매도자 채권 30%, 투자자 출자금 40%로 구성

- 거래 비용: 회계, 법무 등 인수 과정에 필요한 비용 15만 달러 책정

- 회수: 5년 후 매각 시 적용 멀티플은 인수 당시와 동일하게 4배로 보수적 가정.

랜디는 이러한 가정들이 일반적인 소규모 기업 인수 시장에서 통용되 는 표준적이고 현실적인 수치라고 판단했습니다.

<table>
<tr><th colspan="5" align="center">제스위츠 뮤직 인수 재무 모델, 버전 1</th></tr>
<tr><td colspan="2" align="center">주요 가정</td><td colspan="3" align="center">인수 자금 조달표(가정)</td></tr>
<tr><td>2012년 EBITDA ($1,535)*의 배수로 산정한 인수 가격</td><td>4</td><td align="center">자금 사용처</td><td></td><td align="center">자금 출처</td></tr>
<tr><td></td><td></td><td>인수 가격</td><td>6,140</td><td>은행 대출 1,887</td></tr>
<tr><td></td><td></td><td>인수 비용</td><td>150</td><td>셀러 파이낸싱 1,887</td></tr>
<tr><td>은행 대출 비율</td><td>30%</td><td></td><td></td><td></td></tr>
<tr><td>은행 대출 금리</td><td>6%</td><td></td><td></td><td>투자자 지분 2,516</td></tr>
<tr><td>셀러 파이낸싱 비율</td><td>30%</td><td></td><td></td><td></td></tr>
<tr><td>셀러 파이낸싱 금리</td><td>8%</td><td></td><td>6,290</td><td>6,290</td></tr>
</table>

	2013	2014	2015	2016	2017
표 13.3의 잉여현금흐름	763	801	841	883	928
매각 금액 (표 13.3의 2017 EBITDA($1,590)의 4배)					6,360
은행 대출					
기초 부채 잔액	1,887	1,388	821	180	0
이자 비용	113	83	49	11	0
부채 원금 상환	499	567	641	180	0
기말 부채 잔액	1,388	821	180	0	0
셀러 파이낸싱					
기초 부채 잔액	1,887	1,887	1,887	1,887	1,346
이자 비용	151	151	151	151	108
부채 원금 상환	0	0	0	541	1,346
기말 부채 잔액	1,887	1,887	1,887	1,346	0
부채 상환 이후 가용 지분 현금흐름	0	0	0	0	5,834
소유주 및 지분 투자자의 IRR**	18%				

참고: 백분율(%)이나 인수 가격 배수(multiple)로 표시된 항목을 제외하고, 모든 수치는 천 달러 단위입니다.

*EBITDA: 감가상각 전 이익

**IRR: 내부수익률

표 14.1의 예비 재무 모델은 표 13.3의 잉여현금흐름 추정치를 기반으로 시작됩니다. 이후 매년의 은행 대출 잔액 및 이자, 매도자 채권 잔액 및 이자를 순차적으로 계산합니다. 예비 재무 모델에서는 은행이 사업 운영에 필수적인 자금을 제외한 모든 잉여현금을 대출 원금 상환에 우선적으로 투입하도록 요구한다고 가정했습니다. 이에 따라 2013년에 은행에 상환되는 499,000달러는 총 잉여현금흐름 763,000달러에서 은행 이자 113,000달러와 매도자 채권 이자 151,000달러를 차감한 금액입니다. 해당 모델에서 은행 대출은 5년 동안 분할 상환되며, 최초 4년 동안은 매도자가 이자만 수취하고 이 기간에는 랜디와 투자자에게 귀속되는 현금흐름이 발생하지 않습니다. 5년 차에는 인수 시점과 동일한 멀티플(EBITDA의 4배)을 적용해 가상의 매각을 가정합니다. 이 매각 대금에서 남아 있는 모든 부채를 청산하고 남은 금액은 5,834,000달러이며, 이 금액이 바로 랜디와 투자자에게 귀속되는 최종 잔여 현금이 됩니다.

표 14.1의 마지막 행은 투입된 자기자본 대비 현금흐름을 기준으로 계산한 **내부수익률 (IRR)**[22]을 보여줍니다. 계산 결과, IRR은 18%로 일반적으로 요구되는 기준 수익률인 25%에 크게 미치지 못합니다. 소규모 기업 투자는 본질적으로 높은 위험과 비유동성[23]을 수반하는데, 18%의 IRR은 투자자에게 리스크 대비 충분한 보상을 제공하지 못합니다. 이 가정대로라면 투자자들로부터 자본을 조달하기 어려웠을 것이며, 랜디 본인에게도 자신의 시간과 노력을 투입할 만큼 충분한 보상을 기대하기 어려운 구조입니다.

---

22 역자 주: 투자가 실제로 몇 %의 연간 수익률을 창출하는지 보여주는 지표
23 역자 주: 회사를 원할 때 쉽게 팔 수 없다는 뜻입니다.

제스위츠 뮤직 인수 재무 모델, 버전 2
악기 구매 축소 및 낮아진 매각가 멀티플

주요 가정		인수 자금 조달표(가정)			
		자금 사용처		**자금 출처**	
2012년 EBITDA ($1,535)*의 배수로 산정한 인수 가격	3	인수 가격	4,605	은행 대출	1,427
		인수 비용	150	셀러 파이낸싱	1,427
은행 대출 비율	30%				
은행 대출 금리	6%			투자자 지분	1,901
셀러 파이낸싱 비율	30%				
셀러 파이낸싱 금리	8%		4,755		4,755

	12월 31일 기준 연도				
	2013	**2014**	**2015**	**2016**	**2017**
표 13.3의 잉여현금흐름	763	801	841	883	928
매각 금액 (표 13.3의 2017 EBITDA($1,590)의 3배)					4,770
은행 대출					
기초 부채 잔액	1,427	864	229	0	0
이자 비용	86	52	14	0	0
부채 원금 상환	563	635	229	0	0
기말 부채 잔액	864	229	0	0	0
셀러 파이낸싱					
기초 부채 잔액	1,427	1,427	1,427	943	135
이자 비용	114	114	114	75	11
부채 원금 상환	0	0	484	808	135
기말 부채 잔액	1,427	1,427	943	135	0
부채 상환 이후 가용 지분 현금흐름	0	0	0	0	5,552
소유주 및 지분 투자자의 IRR**	24%				

참고: 백분율(%)이나 인수 가격 배수(multiple)로 표시된 항목을 제외하고, 모든 수치는 천 달러 단위입니다.

*EBITDA: 감가상각 전 이익

**IRR: 내부수익률

그렇다고 해서 이 후보를 곧바로 포기할 필요는 없습니다. 과거 운영 실적을 다시 살펴보면(표 13.1 참고), IRR이 낮게 나온 이유는 높은 자본적 지출로 인해 현금흐름이 EBITDA에 비해 충분하지 않았기 때문임을 알 수 있습니다. 또한, 앞서 이 장에서 설명했듯이 현금흐름이 낮은 기업의 경우 인수 가격을 EBITDA의 4배 이하로 조정해야 할 근거가 됩니다. 실제로 인수 가격을 EBITDA의 3배로 낮춰 다시 계산해 보면, IRR이 24% 수준으로 개선되는 것을 표 14.2에서 확인할 수 있습니다.

그러나 현실적인 장벽이 있었습니다. 앞서 확인했듯 매도자에게는 매각을 서둘러야 할 절박함이 없었기에, 그렇게 낮은 인수 가격(멀티플) 제안을 받아들일 가능성은 극히 낮았습니다. 이에 그는 자본적 지출 중 상당 부분을 차지하던 악기 구입 비용 항목을 다시 검토하기로 했습니다. 만약 악기 구매를 크게 줄여 현금흐름을 개선할 수 있다면, 거래의 타당성을 확보할 수 있다고 판단한 것입니다. 이를 확인하기 위해 랜디는 인수 가격 멀티플을 4배로 유지하면서 자본적 지출을 절반으로 줄여 모델을 수정했습니다. 표 14.3에서 볼 수 있듯이, 이 조정만으로도 IRR은 25%까지 상승했습니다.

위 사례에서 볼 수 있듯이, 이러한 **시나리오 분석 (what-if analysis)** 은 예비 실사 단계에서 재무 모델이 수행하는 가장 중요한 기능 중 하나입니다. 이를 통해 어떤 가정이 기업 가치에 결정적인 영향을 미치는지, 그리고 최종 제안서를 준비하기 전에 검증해야 할 우선순위를 명확히 할 수 있습니다. 이제 랜디의 과제는 분명해졌습니다. 과거 자본적 지출의 대부분을 차지했던 악기 구매 비용을 정밀 분석하고, 과거 지출의 절반 수준만으로도 사업 운영에 차질이 없는지를 검증하는 것입니다.

<table>
<tr><td colspan="5" align="center">제스위츠 뮤직 인수 재무 모델, 버전 3
줄어든 자본적 지출</td></tr>
</table>

주요 가정		인수 자금 조달표(가정)		
		자금 사용처		**자금 출처**
2012년 EBITDA ($1,535)*의 배수로 산정한 인수 가격	4	인수 가격　6,140		은행 대출　1,887
은행 대출 비율	30%	인수 비용　150		셀러 파이낸싱　1,887
은행 대출 금리	6%			투자자 지분　2,516
셀러 파이낸싱 비율	30%			
셀러 파이낸싱 금리	8%	6,290		6,290

	12월 31일 기준 연도				
	2013	**2014**	**2015**	**2016**	**2017**
표 13.3의 잉여현금흐름	763	801	841	883	928
자본적 지출 50% 절감	272	286	300	315	331
매각 금액 (표 13.3의 2017 EBITDA($1,590)의 4배)					6,360
은행 대출					
기초 부채 잔액	1,887	1,116	247	0	0
이자 비용	113	67	15	0	0
부채 원금 상환	771	869	247	0	0
기말 부채 잔액	1,116	247	0	0	0
셀러 파이낸싱					
기초 부채 잔액	1,887	1,887	1,887	1,159	54
이자 비용	151	151	151	93	4
부채 원금 상환	0	0	728	1,105	54
기말 부채 잔액	1,887	1,887	1,159	54	0
부채 상환 이후 가용 지분 현금흐름	0	0	0	0	7,561

지분 투자자의 IRR**	25%

참고: 백분율(%)이나 인수 가격 배수(multiple)로 표시된 항목을 제외하고, 모든 수치는 천 달러 단위입니다.

*EBITDA: 감가상각 전 이익

**IRR: 내부수익률

인수 가격의 대략적인 범위를 정했다면, 이제 어떤 수준의 제안가(bid)를 제출할지 결정해야 합니다. 즉, 최고 가격과 최상의 조건을 처음부터 제시할 것인지, 아니면 더 낮은 가격을 제시할 것인지 선택해야 합니다. 처음부터 낮은 가격을 제시할 경우, 매도자가 이를 수용할 가능성도 있으며, 거절하더라도 협상 과정에서 그 금액이 기준점이 되어 최종 가격이 여러분이 감당 가능한 범위 내에서 결정될 가능성을 높입니다. 반면, 처음부터 여러분이 지불할 수 있는 최고 가격과 조건을 제시하여는 매도자의 마음을 잡는 방식이 있습니다. 이 경우에도 인수가 확정된 것은 아니며, **확인 실사 (confirmatory due diligence)** 과정에서 중대한 결함이 발견되면 가격을 조정하여 재협상할 수 있습니다. 마지막으로, 더 공격적인 접근 방식도 고려할 수 있습니다. 실제 지불 의사가 있는 금액보다 더 훨씬 높은 가격을 제시하여 경쟁자를 물리치고 매도자에게 **인수의향서 (Letter of Intent, LOI)** 서명을 받아내는 식입니다. 그 후 확인 실사 과정에서 가격을 낮추는 방향으로 재협상을 시도하는 방법입니다.

이처럼 인수 가격 협상에는 여러 접근 방식이 있지만, 거래 과정 전반에 걸쳐 가격과 조건을 조정할 여지를 남겨두는 방식을 권장합니다. 즉, 처음부터 제시 가능한 최고가를 제안하기보다는 합리적이고 공정한 수준의 가격과 조건으로 협상을 시작하는 것이 바람직하고 안전한 전략입니다.

이 장에서 설명한 예비 실사와 예비 재무 모델 작업을 완료했다면, 이제 매도자에게 **관심표명서 (Indication of Interest, IOI)**를 보내는 것을 검토할 시점입니다. 관심표명서는 비교적 간단한 형식의 짧은 문서로, 제안 가격 (또는 가격 범위)과 몇 가지 기본적인 거래 조건을 포함합니다. 이 문서는 매수자와 매도자 어느 쪽에도 법적 구속력이 없으며, 경우에 따라 서면이 아니더라도 브로커와의 대화를 통해 구두로 전달된 IOI도 인정됩니다. IOI의 목적은 복잡한 조건이나 세부 조항을 논의하기에 앞서, 가격에 대한 초기 합의를 먼저 확보하는 데 있습니다.

랜디가 제스위츠를 검토할 당시 구축한 재무 모델은 이 회사를 EBITDA의 4배 수준에서 인수할 수 있는 타당성을 보여주었습니다. 따라서 본격적인 실사에 더 많은 시간을 투자하기 전에, 최대 614만 달러의 인수 제안 가격을 담은 IOI를 브로커에게 먼저 전달하는 것이 전략적으로 올바른 순서였습니다. 랜디가 보낸 IOI 전문은 부록 A에 수록되어 있으며, IOI에 언급된 세부 조건들은 15장에서 다룹니다.

매도자가 여러분의 제안 가격을 바로 수용하지 않더라도, IOI를 보내는 것은 협상의 촉매제가 됩니다. 매수자는 IOI를 명분 삼아 가장 최근의 재무 실적이나 가산 항목에 대한 구체적인 설명을 요청할 수 있기 때문입니다. 만약 매도자가 이러한 정보를 자세히 제공한다면, 이는 여러분의 제안을 진지하게 검토하고 있다는 긍정적인 신호입니다. 이 과정에서 새로 전달받은 정보를 바탕으로 제안 가격을 조정할 수도 있으며, 결과적으로 매도자와 여러분 모두가 납득할 수 있는 가격대에서 협상이 이루어질 가능성이 높아집니다.

다음 단계
Next Steps

가격은 인수 제안에서 가장 중요한 요소이지만, 거래의 성패가 오직 가격만으로 결정되는 것은 아닙니다. 다음 장에서는 예비인수제안서 (preliminary offer)에 반드시 포함되어야 할 다른 핵심 거래 조건들에 대해 구체적으로 살펴보겠습니다.

CHAPTER 15

거래 조건
Deal Terms

매도자가 관심을 갖는 것은 단순히 여러분이 제시하는 인수 가격만이 아닙니다. 매도자는 자금 조달 방법, 대금 지급 시점, 넘길 자산(또는 지분)의 종류, 거래 절차 소요 시간, 그리고 매각 이후 본인의 역할까지 알고 싶어 합니다. 이러한 세부 정보는 매도자가 여러분의 제안을 평가하는 결정적인 기준이 됩니다. 즉, 매도자는 이를 통해 거래가 실제로 마무리될 가능성, 인수 제안의 현실성, 그리고 매각 후 회사 운영 계획을 종합적으로 판단합니다. 따라서 정식 인수 제안서를 제출하기 전에 이러한 핵심 항목 각각에 대한 여러분의 입장을 명확히 정리해 두어야 합니다.

대부분 인수자와 마찬가지로, 여러분 또한 부채와 자기자본을 조합하여 인수 자금을 마련하게 될 것입니다. 구체적인 자금 조달 전략은 다음 장에서 실제 인수 단계와 함께 더 자세히 다루겠지만, 현재 시점에서는 전체적인 자금 구성을 큰 틀에서 파악해 두는 것으로 충분합니다. 금융 기관이 인수 가격의 몇 %를 대출해 줄 의향이 있는지, 투자자들이 어느 정도 규모의 자금을 출자할 수 있는지, 그리고 매도자가 어느 수준의 **매도자 채권(seller note)**[24]을 수용할 수 있는지를 확인하는 것입니다.

부채
Debt

부채는 회사에 대해 회사의 자산과 현금흐름에 대해 고정된 상환 의무를 가지며, 회사는 정해진 일정에 따라 이자와 원금을 상환해야 합니다. 이를 이행하지 못할 경우 심각한 불이익이 발생할 수 있습니다. 이러한 부채는 주로 은행 대출, 비은행 금융 기관, 그리고 매도자 채권(셀러 파이낸싱)등의 형태로 조달됩니다.

대부분 인수자는 전체 인수 금액의 30~50%를 **선순위 대출(Senior Loan)**[25]로 조달합니다. 선순위 대출은 말 그대로 상환 순서가 가장 앞서는 대출

---

24   역자 주: 매도자 채권(셀러 파이낸싱)과 같은 개념입니다.

25   역자 주: 상환 순위에서 가장 우선하며, 기업이 파산하거나 자산을 매각할 때 다른 모든 부채보다 먼저 상환됩니다. 일반적으로 은행이나 비은행 금융 기관이 담보를 기반으로 제공하며, 리스크가 낮은 만큼 이자율은 다른 형태의 부채보다 낮게 책정됩니다. SBA 대출은 은행이 실행하고 SBA가 보증하는 구조로, 본질적으로 은행이 제공하는 선순위 대출입니다.

로, 회사의 현금흐름과 자산에 대해 최우선 상환 청구권을 갖습니다. 자금 조달 전략을 세울 때는 지역 은행들과 접촉하여 인수 대상 기업이 은행 대출, 특히 미국 내에서는 SBA (미국 중소기업청) 보증 대출 자격을 충족하는지 확인해야 합니다. 이 과정에서 대출 가능 금액과 예상 금리도 함께 검토해야 합니다. 만약 대출 승인이 가능하다면, 이것이 자금 조달 계획의 핵심 축이 될 것입니다. 은행 대출이 어렵다면 비은행 금융 기관이나 매도자 채권 등 다른 자금원에 의존해야 할 것입니다.

미국에는 약 7,500개의 은행이 있으며, 이 중 약 1,500개가 SBA 프로그램에 참여해 인수 자금을 지원합니다. SBA 대출은 자격 요건을 충족할 경우 일반 은행 대출에 비해 다음과 같은 네 가지 장점이 있습니다. 첫째, 다른 형태의 대출보다 더 많은 금액을 빌릴 수 있습니다. SBA는 일정 요건을 충족하는 소규모 기업 인수에 대해 인수 가격의 최대 80%까지, 최대 약 500만 달러 한도로 자금을 지원합니다. 일반 은행 대출은 보통 인수 가격의 40~50% 수준에 그칩니다. 둘째, 대출금의 약 75%를 SBA가 보증하기 때문에 은행이 부담해야 할 위험이 줄어들어 금리가 상대적으로 낮게 책정됩니다. 셋째, SBA 대출의 상환 기간은 일반적으로 10년으로, 일반 은행 대출보다 장기 상환이 가능합니다. 넷째, 정해진 상환 의무만 성실히 이행하면 대출 기간 동안 추가적인 재무 조건이나 까다로운 약정이 거의 없습니다.

만약 검토 중인 인수가 은행 대출 요건을 충족하지 못하더라도, 인수 자금 마련이 불가능한 것은 아닙니다. 은행 대신 여신전문금융회사나, 전문 투자금융사, 프라이빗 크레딧 같은 비은행권 전문 대출 기관을 통해 자금을 조달할 수 있습니다. 이러한 기관들은 은행이 대출을 꺼리는

　　　　　　　　　　　　　　　　　인수 창업 가이드 북

상황에서도 자금을 제공하며, 은행이 제공하기 어려운 방식으로 조건을 맞춰주는 데도 비교적 유연합니다. 그러나 그만큼 감수해야 할 부분도 있습니다. 비은행 대출 기관은 보통 은행보다 훨씬 더 엄격한 약정을 요구하며, 대출 금리도 대체로 은행 대출보다 높게 책정됩니다.[26]

이 모든 대출은 선순위 대출(우선 변제 대출)로 분류되며, 소득세 납부를 위한 배당을 제외하고는 다른 어떤 채권자나 주주보다 상환 순위가 가장 앞섭니다. 회사가 약정된 상환 일정을 지키지 못할 경우, 선순위 대출을 제공한 대출 기관은 회사 자산에 대해 최우선 청구권을 가지며, 필요 시 자산을 매각해 대출금을 회수할 수 있습니다. 또한, 선순위 대출은 일반적으로 담보와 개인 보증을 요구하며, 대출 기간 내내 회사가 일정 수준의 운영 지표와 재무 비율을 유지하도록 강제하는 여러 조건을 부과합니다.

매도자 채권
Seller debt

대부분의 인수자는 전체 인수 자금의 약 30%를 매도자로부터 직접 조달합니다. 매도자 채권은 단순한 자금 조달 수단을 넘어, 매각 이후에도 매도자와 회사의 경제적 이해관계를 일치시키는 핵심 장치입니다. 매도자 채권은 회사가 매도자에게 상환하는 부채로, 일반적으로 은행 대출보다 약간 높은 금리가 적용됩니다. 이 채권은 선순위 대출보다 후순위에 위치하기 때문에, 회사가 채무불이행에 빠질 경우 선순위 대출이 전액

---

26 역자 주: 본문에서 말하는 비은행 금융 기관은 미국의 제도권 금융 기관을 의미하며, 한국 기준으로 보면 은행보다 금리는 다소 높지만 여전히 제도권에 속하는 '여신전문금융회사'에 가깝습니다. 대부업체, 사채업자, 고금리 단기대출을 제공하는 사금융업체와는 성격이 전혀 다릅니다.

상환된 후에야 매도자 채권이 상환됩니다. 매도자 채권은 개인 보증이나 재무 약정을 요구하지 않지만, 추가 대출 발행 제한이나 매도자 채권이 완전히 상환될 때까지 배당을 제한하는 조건이 붙을 수 있습니다.

언아웃 (Earn-out) 은 일부 대금을 나중에 지급한다는 점에서 매도자 채권과 유사합니다. 그러나 언아웃의 본질적인 차이점은 지급액이 회사의 향후 실적에 따라 변동된다는 점입니다. 언아웃 구조에서는 회사가 일정한 성과 목표를 달성할 경우 매도자가 더 높은 인수 가격을 받을 수 있습니다. 반면, 매수자는 회사가 실제로 좋은 실적을 냈을 때만 추가 금액을 지불하므로 위험을 줄일 수 있습니다.

언아웃은 기업 가치에 대한 매수자와 매도자의 시각 차이를 좁히는 데 효과적인 도구로 자주 활용됩니다. 그렉 마주르의 '그레이트 이스턴 프리미엄 펫 푸드(GEPP)' 인수 사례가 이를 잘 보여줍니다. 지난 2년간 GEPP의 매출은 약 15% 증가했습니다. 매도자는 이러한 성장세가 앞으로도 지속될 것이라고 예상하며 약 250만 달러의 매각가를 요구했습니다. 그러나 그렉은 회사를 긍정적으로 평가하면서도 반려동물 사료 시장이 이미 성숙기에 접어들었다는 점을 인지하고 있었고, 이러한 시장 환경이 GEPP의 성장 속도를 제한할 수 있다고 판단했습니다. 그렉은 EBITDA의 4배에 해당하는 124만 달러를 우선 지급하고, 향후 5년간 매출의 1%를 언아웃으로 추가 지급하는 조건을 제시했습니다. 매도자는 성과에 따라 기대했던 매각가에 근접할 기회를 얻었고, 그렉은 실제로 GEPP가 성장했을 때만 추가 대금을 지급하면 되므로 위험을 통제할 수 있었습니다. 결과적으로 이 언아웃 구조는 매각 이후 5년 동안 매도자와 그렉의 이해관계를 자연스럽게 일치시키는 전략이 되었습니다.

자기자본

Equity

　가족, 친구, 그리고 여러분의 네트워크에 있는 고액 자산가들로부터 투자금을 유치하는 것도 필요합니다. 전체 인수 가격 중 부채나 매도자 채권으로 충당되지 않는 부분은 결국 이러한 자기자본으로 메워야 합니다. 자기자본은 원금 상환 의무가 없는 대신, 투자자들은 인수 창업가인 여러분과 함께 사업의 성패와 위험을 공유하게 됩니다. 일반적으로 소규모 기업에 투자하는 지분 투자자들은 본인의 투자금이 회수되기 전까지 인수 창업가가 큰 보상을 받는 것을 원하지 않습니다. 즉, 투자자들의 원금이 먼저 회수된 후에야 인수 창업가와 투자자가 이익을 함께 나누게 됩니다.

　만약 여러분이 5장 「탐색 자금 마련하기」에서 제안한 방식대로 탐색 단계 전반에 걸쳐 잠재 투자자들과 꾸준히 네트워크를 유지해 왔다면, 이들은 이미 여러분을 알고 있으며, 회사 인수 과정에 어느 정도 관심을 가지고 있을 것입니다. 이들은 탐색 자금을 제공한 투자자일 수도 있고, 자문 역할을 했던 인물일 수도 있으며, 단순히 잠재 투자자로 분류된 사람들일 수도 있습니다. 이제 이들에게 접근해 본격적인 인수 자금 투자 의향을 타진해야 합니다. 투자자들은 인수 대상의 사업 내용, 과거 실적, 인수 조건, 기대 수익률, 그리고 인수 자금에 충당하려는 부채의 규모, 금리 구조 등에 대해 알고 싶어 할 것입니다. 따라서 정식 제안을 하기 전에, 여러분이 현재 고려 중인 인수 가격과 자금 조달 계획에 대해 참여할 의향이 있는 잠재 투자자들이 존재하는지 반드시 확인해야 합니다.

회사를 인수하는 방식에는 크게 두 가지가 있습니다. 하나는 회사의 주식을 매수하는 방식 (주식 양수도)이고, 다른 하나는 회사의 자산을 매입하는 방식 (자산 양수도) 입니다. 일반적으로 자산 매입은 인수자에게 더 유리한 구조로 평가됩니다. 회사 운영에 필요한 핵심 사업권과 자산만 넘겨받고, 합의된 부채를 제외한 기존의 모든 부채는 승계하지 않을 수 있기 때문입니다. 이는 인수 후 숨겨진 부채가 불거질 리스크를 원천적으로 차단한다는 점에서 큰 장점입니다. 또한, 자산 매입은 매수자에게 다양한 세제 혜택을 제공하기도 합니다. 그러나 자산 매입이 항상 가능한 것은 아닙니다. 예를 들어, 미국의 **C-Corp (C-Corporation)** 법인은 자산 매입 시 막대한 세금 (이중 과세) 이 부과되므로 현실적으로 주식 매수 방식만 가능한 경우가 많습니다. 마찬가지로 일부 라이선스나 제3자와의 계약은 주식 거래 형태가 아니면 소유권 이전이 어려운 경우도 있습니다. 따라서 인수 대상 기업이 C-Corp 법인인 경우, 제안 가격을 검토하거나 거래 조건을 구체화하기 전에 반드시 세무 전문가의 자문을 구해야 합니다.[27]

거래 구조를 설계할 때 또 하나 기억해야 할 점이 있습니다. 12장 「소유주의 매각 의지 파악하기」에서 설명한 것처럼, 인수 제안서에 **현금 및**

---

27 역자 주: 한국의 법인세 체계는 미국과 달리 대부분의 기업이 통과 과세 과세 대상이 아니며, 법인 자체가 법인세 납세 의무를 부담합니다. 따라서 미국의 S-Corp이나 LLC처럼 법인 소득이 곧바로 개인에게 귀속되는 구조는 한국에서는 일반적으로 존재하지 않습니다. 이러한 이유로 한국에서 주식 양수도(share deal) 방식으로 회사를 인수할 경우, 회사가 과거에 발생시킨 법인세 관련 리스크가 그대로 법인에 남아 있으며, 새로운 주주가 그 부담을 사실상 승계하게 됩니다. 반면, 자산 양수도(asset deal) 방식에서는 필요한 자산과 계약만 선택적으로 인수할 수 있어 회사에 남아 있는 과거의 세무 리스크 대부분을 승계하지 않는 구조라는 점에서 미국과 유사합니다.

부채 미포함 (debt-free, cash-free) 조건을 명시해야 합니다. 이 조건은 회사에 남아 있는 모든 부채를 인수 전에 매도자가 전액 상환하고, 반대로 회사 계좌에 남은 현금은 매도자가 가져간다는 원칙을 의미합니다.

건물, 장비, 트럭, 고객 명단 등 대부분의 고정 자산은 인수 제안을 제출한 시점과 인수 완료 시점 사이에 큰 변화가 없지만, 매출채권, 재고, 매입채무, 미지급 비용 등으로 구성된 **운전자본** (working capital) 은 매일 변동합니다. 따라서 거래 계약을 체결할 때는 인수 종결 시점에 회사에 남아 있어야 할 순운전자본의 기준 금액을 정하고, 인수 종결일의 실제 운전자본이 이 기준 금액과 차이가 날 경우, 그 차액만큼 인수 가격을 어떻게 조정할지에 대한 규정도 포함되어야 합니다. 일반적으로 이 기준 금액은 다음 두 가지 원칙을 고려하여 회사의 정상적인 운영에 필요한 적정 수준으로 설정됩니다. 매수자가 인수 직후 사업 운영을 위해 추가 자금을 투입할 필요가 없도록 하고, 매도자가 거래 직전에 매출채권을 회수하거나 재고를 줄여 과도한 현금을 인출해 가는 행위를 방지하기 위함입니다.

대부분 매도자는 인수 합의부터 거래가 실제로 종결되기까지 예상보다 시간이 오래 걸린다는 사실에 놀라곤 합니다. 통상적으로 이 과정은 최소 3~4개월이 소요되며, 이 기간 동안 매수자는 확인 실사, 부채 및 자본 조달, 매매계약서 등 법률 문서 작성에 많은 시간과 비용을 투입해야 합니다. 이러한 긴 과정에서 매수자에게는 매도자가 다른 잠재 매수자와 몰래 접촉하지 않고, 오직 자신과만 협상하고 임한다는 확신이 필요합니다. 따라서 매수자는 거래 종결 목표일을 설정하고, 그 기간 동안 매도자가 다른 사람과 협상하지 않도록 90일 정도의 **독점 교섭 기간(exclusivity period)**을 제안하게 됩니다. 그러나 실제 거래에서는 준비 절차가 지연되는 경우가 많아 이 기간이 자연스럽게 연장되는 사례가 많습니다.

인수인계 기간
Transition Period

인수 후 일정 기간 동안 매도자가 경영 인수인계를 지원하는 것은 일반적인 관례입니다. 매도자는 주요 고객과 공급업체를 소개하고, 회사의 운영 시스템을 직접 설명하며, 필요한 경우 경영 자문도 제공합니다. 인수인계 기간의 길이는 회사의 복잡성, 여러분의 업종 이해도, 그리고 매도자와의 관계에 따라 달라질 수 있습니다. 일반적으로 처음 3개월 동안 매도자는 회사에 상주하며 직접 지원하고, 이후 3개월에서 1년 정도는 비상주 형태로 전화나 미팅을 통해 자문을 제공하는 방식이 흔합니다. 인수인계 기간이 지나치게 길면 인수 후 조직이 안정적으로 자리 잡는 데 방해가 될 수 있고, 너무 짧으면 업무를 충분히 파악할 시간이 부족할 수 있습니다. 아울러, 매도자와의 **경쟁 금지 조항 (non-compete)** 합의도 필수적입니다. 이 조항은 매도자가 회사를 매각한 후 동종 업계에서 새로운 회사를 다시 창업하여 여러분과 경쟁하는 상황을 방지하기 위한 안전장치입니다. 일반적으로 경쟁 금지 기간은 약 4~5년으로 설정됩니다.

인수 창업 가이드 북

지금까지 설명한 내용을 바탕으로 인수 가격과 거래 조건이 정리되었다면, 이제 본격적으로 인수 제안서를 작성할 준비를 마친 셈입니다. 다음 장에서는 이 인수 제안서를 어떻게 구성하고 구조화할지 살펴보겠습니다.

CHAPTER 16

인수 제안
The Offer

인수 가격과 주요 거래 조건을 모두 확정했다면, 이제 본격적으로 인수 제안을 제출할 준비가 완료된 것입니다. 이 단계는 매우 중대한 전환점입니다. 제안이 수락되는 순간, 여러분은 앞으로 몇 달 동안 인수 절차를 마무리하는 데 집중하게 될 것이며, 그 이후에는 어쩌면 인생의 상당 시간을 그 회사를 운영하는 데 보내게 될지도 모릅니다.

인수 제안은 **인수의향서 (LOI, Letter of Intent)** 라는 공식 문서 형태로 구체화됩니다. 이 문서에는 인수 가격과 향후 인수 절차의 구체적인 로드맵과 거래 조건이 포함됩니다. 가장 이상적인 시나리오는 매도자가 LOI에 서명하여 이를 그대로 수락하는 것이지만, 실제로는 LOI가 제출되기 전후로 일정 수준의 협상과 조율이 이루어지는 경우가 일반적입니다.

인수의향서 (LOI) 는 인수자가 제안하는 거래 조건을 정리한 상세한 문서로, 인수 가격, 매도자 채권의 금액과 조건, 매매 대상에서 제외되는 자산, 인수 시점에 남겨질 운전자본의 규모, 매도자의 경쟁 금지 기간 등 핵심적인 거래 조건들을 서면으로 명시합니다. 인수 절차가 순조롭게 진행되면 LOI는 향후 더 상세하고 법적 구속력이 있는 매매계약서로 대체됩니다. LOI의 주된 목적은 매매계약서 작성에 앞서, 양측이 더 많은 시간과 비용을 투입하기 전에 거래의 주요 조건에 대해 공통된 이해를 형성하는 데 있습니다. LOI 자체는 매수자와 매도자에게 가격이나 조건에 대한 법적 구속력을 부과하지는 않지만, 협상의 기본적인 가이드라인 역할을 합니다. 물론 실사 과정에서 새로운 사실이 드러나면 거래 조건이 변경될 수 있습니다. 그럼에도 LOI는 일종의 초기 합의이며, 양측이 다음 절차(예: 확인 실사)를 진행할 수 있을 만큼의 신뢰를 확보할 수 있도록 돕습니다.

하지만 LOI 내에서도 실제로 법적 구속력이 발생하는 조항들이 존재합니다. 주로 거래 절차와 당사자 보호를 위한 조건들로, 구체적으로는 **독점 교섭권 (exclusivity)**, **비밀 유지 (confidentiality)**, 그리고 **유인 금지 (nonsolicitation)**[28] 조항이 이에 해당합니다. 독점 교섭권은 매수자에게 특히 중요합니다. 매수자가 확인 실사나 자금 조달에 상당한 시간과 비용을 투입하기 전에, 매도자가 오직 자신과만 협상하고 있다는 확실한 보장이 필요하기 때문입니다. 비밀 유지 조항과 유인 금지 조항은 만약

---

28 역자 주: 매도자의 고객 및 직원을 빼가는 것을 금지하는 조항입니다.

거래가 무산될 경우를 대비해 매도자의 정보와 인력을 보호하는 필수적인 안전장치가 됩니다.

여러분이 이미 IOI를 제출했다면, LOI에 포함되는 내용 중 상당 부분이 IOI와 중복될 수 있습니다. 그러나 IOI를 주고받는 과정에서 매도자의 우려 사항이 더 구체적으로 드러났을 것이며, 이에 대한 여러분의 대응 방식도 더욱 명확해졌을 것입니다. 그리고 그동안의 대화를 통해 해당 기업에 대한 이해도를 높이고 자금 조달 가능성에 대한 정보도 더 많이 확보했을 것입니다. 이러한 이유로 이번에 작성하는 LOI에는 IOI보다더 많은 세부 조건과 구체적인 내용이 포함될 것입니다.

LOI 에 포함해야 할 항목
Items to include

LOI에는 앞서 논의한 거래의 핵심 조건들이 모두 포함되어야 합니다. 구체적으로 포함되어야 할 주요 항목은 다음과 같습니다.

- ☑ 인수 제안 가격

- ☑ 거래 구조 (주식 매입 또는 자산 매입)

- ☑ 매도자 채권의 금액 및 조건

- ☑ 거래 종결 시 제공될 운전자본의 규모 (운전자본 기준)

- ☑ 거래 종결 예정일과 독점 교섭 기간

- ☑ 경영 인수인계 기간과 매도자의 경쟁 금지 기간

- ☑ 비밀 유지 및 인력 유인 금지 조항

　　　　　　　인수 창업 가이드 북

부록 B에는 랜디가 제스위츠 인수를 추진할 때 작성한 LOI의 예시가
실려 있습니다. 이 문서는 실제 LOI와 매우 비슷하지만, 랜디와 매도자
의 정보 보호를 위해 일부 세부 사항이 각색되었습니다. 여러분은 이 샘
플 LOI를 기본 템플릿으로 활용하되, 반드시 본인의 구체적인 거래 상황
과 매도자가 중시하는 조건에 맞춰 내용을 수정 및 보완해야 합니다. LOI
의 조항을 해석하고 직접 작성하는 데 확신이 서지 않는다면, 매도자에
게 전달하기 전에 변호사에게 법률적 검토를 거치는 것이 안전합니다.

어느 정도의 세부 사항이 적당한가
How much detail is enough

여러분은 이제 LOI에 어느 정도의 세부 사항을 포함할지 결정해야 합
니다. LOI를 상세하게 작성하면 본격적으로 시간과 비용을 투입하기 전
에 핵심 쟁점을 미리 파악하고 협상할 수 있다는 장점이 있습니다. 그러
나 매도자가 거래 초기부터 어려운 쟁점까지 논의할 준비가 되어 있지
않을 가능성은 단점으로 작용할 수 있습니다. 대부분 매도자는 회사를
처음 매각하는 경우가 많아 거래 절차를 완전히 이해하지 못하는 경우도
있습니다. 거래 초반에 매도자가 부담을 느낄 만한 주제를 꺼내면 거래
자체가 흔들릴 수 있다는 점을 항상 염두에 두어야 합니다.

LOI에서 운전자본 기준 조항은 작성하기 가장 까다로운 부분 중 하나
일 것입니다. 이는 어느 정도의 세부 사항을 포함해야 할지 명확하지 않
기 때문입니다. 15장에서 상세히 설명한 바와 같이, 운전자본 기준은 인
수 후 회사에 남겨야 할 운전자본의 규모를 정하는 조항입니다. 매도자
는 보통 현금 및 부채 미포함 거래의 개념은 수용하면서도, 일정 규모의

운전자본을 회사에 남겨야 한다는 조건에는 난색을 표하는 경우가 많습니다. 심지어 많은 매도자들이 거래 종결일의 운전자본을 정확히 추정할 수 있는 월별 재무제표를 갖추고 있지 않습니다. 그 결과, 매수자인 여러분은 구체적인 금액을 제시하기 어렵고, 매도자는 근거 없는 금액에 합의하기를 주저하는 교착 상태가 발생합니다. 이러한 상황에서 고려할 수 있는 선택지는 크게 세 가지입니다.

1. LOI에 구체적인 운전자본 기준 금액을 명시하는 방법입니다. 가장 명확한 방식이지만, 매도자가 과거 재무 자료를 준비하는 데 시간이 필요해 LOI 체결이 수주간 지연될 위험이 있습니다. 이 기간 동안 다음 절차를 시작하지 못해 매도자가 답답함을 느낄 수 있으며, 반대로 여러분은 독점 교섭권 없이 많은 시간과 비용을 먼저 투자해야 하는 위험도 있습니다.

2. LOI 단계에서는 운전자본 문제 언급을 배제하고, 추후 매매계약서를 협상할 때 이를 다루는 방식입니다. 이 경우 필요한 재무 정보가 준비된 상태에서 논의를 시작할 수 있다는 장점이 있습니다. 하지만 나중에 이 문제를 꺼냈을 때, 매도자는 이를 거래 조건을 불리하게 변경하려는 시도로 오해해 협상이 중단될 가능성도 배제할 수 없습니다.

3. 운전자본 기준 조항을 포함하되, 구체적인 금액 대신 계산 방식만 미리 합의해 두는 것입니다. LOI 단계에서는 '운전자본 기준은 최근 6개월 평균 순운전자본 (average net working capital) 을 기준으로 한다'와 같이 원칙만 설정해 둘 수 있습니다.

　　　　　　　　　　　　　　　　　　인수 창업 가이드 북

우리는 수많은 인수 창업가들이 이 세 가지 방식을 모두 시도하는 과정을 지켜봤습니다. 이 중 첫 번째 방식(LOI 단계에서 운전자본 기준 금액을 확정하는 방법)은 추천하지 않습니다. 대부분 매도자가 이 복잡한 논의를 할 준비가 되어 있지 않아, 충분히 성사될 수 있는 좋은 거래가 불필요하게 무산되는 경우가 자주 발생하기 때문입니다. 두 번째 방식(운전자본 논의를 매매계약서 단계로 미루는 방법) 역시 권장하지 않습니다. 이 접근법은 막판에 거래가 수개월 지연되거나 매도자와 매수자 간의 관계가 크게 훼손되는 상황으로 이어질 가능성이 높습니다. 따라서 우리가 가장 권장하는 방법은 세 번째 방식, 즉 운전자본 기준점의 개념과 계산 방식을 명시하되, 구체적인 금액은 확정하지 않는 것입니다. 이 방식은 LOI 단계에서 필요한 핵심 조건을 명확히 하면서도 협상을 지연시키지 않는 가장 현실적인 방법입니다.

운전자본 기준은 거래를 마무리하기 위해 해결해야 할 여러 중요한 사안 중 하나에 불과합니다. 따라서 LOI를 작성할 때는 초기에 확정할 조건과 추후 논의할 조건을 전략적으로 선별하는 판단력이 필요하며, 명확히 정의할 수 있는 사항들은 초기 단계에 기록하는 것이 바람직합니다. 예를 들어, 매도자 채권의 이자율, 만기일, 원금 상환 일정 등은 LOI 단계에서 분명히 명시해야 합니다. 일반적으로 LOI는 약 4쪽 분량인 반면, 법적 구속력이 있는 최종 매매계약서는 40쪽에 달합니다. 따라서 LOI에서는 핵심 조건만 합의하고, 세부적인 내용은 매매계약서 단계에서 다루는 것이 가장 적절합니다.

어떤 사안을 LOI 단계에서 미리 해결할지, 아니면 후속 협상 단계로 미룰지를 판단할 때 주의할 점은 지나친 양보입니다. 매도자의 서명을 쉽게 받아내겠다는 욕심에 느슨한 조건을 제시하면, 인수 절차가 본격화된 이후 더 큰 난관에 봉착할 수 있습니다. 여러분의 최종 목표는 성공적인 거래 종결이므로, LOI 단계에서 이 목표를 위태롭게 할 수 있는 과도한 양보는 지양해야 합니다.

LOI는 매도자에게 전달하는 공식적인 제안서입니다. 매도자가 이를 그대로 수락하는 것이 최선이겠지만, 현실적으로 예상 가능한 반응은 다음 네 가지입니다. 첫째, 아무런 답변이 오지 않는 가장 실망스러운 상황입니다. 이때는 사실상 할 수 있는 일이 거의 없습니다. 둘째, 매도자가 더 높은 가격이나 수정된 조건을 제시하며 협상을 걸어오는 경우입니다. 셋째, 제안 가격에 동의하지 않으면서, 회사의 가치가 더 높게 평가되어야 함을 증명하기 위해 추가 자료를 보내 오는 경우입니다. 넷째, 가장 운이 좋은 케이스로 매도자가 몇 가지 사소한 수정만 한 후, LOI에 서명하여 회신하는 경우입니다. 두 번째와 세 번째 상황에서는 매도자의 제안이나 추가 정보를 검토한 뒤 이를 반영해 수정된 LOI로 재협상에 나설 수 있습니다. 하지만 합의가 어렵다고 판단되면 미련 없이 다음 기회를 모색하는 것이 더 현명한 선택일 수도 있습니다.

만약 매도자가 LOI 서명을 거부한다면, 현재 제안한 조건으로는 거래가 성사되기 어려울 수 있습니다. 이때는 양측이 모두 수용할 수 있는 새로운 합의점을 찾아 재협상에 돌입해야 합니다. 매도자가 LOI의 특정 조항에 민감하게 반응하는 경우가 있지만, 그 조항이 여러분에게는 크게 중요하지 않을 수도 있습니다. 물론 조정이 어려운 상황도 있겠지만, 협상 자체는 여전히 가능할 수 있습니다. 하지만, 접점을 찾지 못해 협상이 결렬되는 경우도 빈번하게 발생하며, 이때는 미련 없이 다음 인수 후보로 넘어가야 합니다. 단, 매도자와 완전히 연락을 끊기보다는 주기적으로 연락을 유지하는 것이 좋습니다. 몇 달간 더 나은 제안을 받지 못하거나 다른 매수자와의 거래가 무산된 경우, 여러분의 제안이 재평가받을 기회가 찾아오기 때문입니다.

매도자가 LOI에 서명했다면 이제 남은 과제는 제안된 거래를 성공적으로 마무리하는 것입니다. 이를 위해 확인 실사를 완료하고, 부채 및 자본 조달을 확정하며, 인수 조건을 구체적으로 정리한 법적 구속력이 있는 자산 매매계약서를 작성해야 합니다. 이 모든 과정은 5부 「인수 마무리 하기」에서 이어집니다.

Completing the Acquisition

5부

인수 마무리하기

Completing the Acquisition

여러분은 이제 인수 기준에 부합하는 회사로부터 날인된 인수의향서를 받은 상태입니다. 즉, 매도자가 여러분의 인수 의사를 확인하고 이를 정식으로 수락한 단계입니다. 이 시점부터는 인수 과정에서 가장 중요한 단계인 실제 인수를 마무리하는 단계가 본격적으로 시작됩니다. 5부에서는 예비 실사 과정에서 확인한 내용을 다시 검증하고, 인수 자금을 조달하며, 매매계약서의 세부 조항을 협상하고 최종 작성한 뒤 거래를 종결하고 이후 절차까지 이어지는 전체 마무리 과정을 다룰 예정입니다.

5부는 인수의 막바지 단계를 다루며, 17장은 확인 실사를 구체적으로 설명합니다. 이 단계에서는 인수 대상 기업 내부를 깊숙이 들여다볼 수 있는 접근 권한을 확보하여 기존의 긍정적인 평가를 재확인하고, 인수를 재고할 만한 중대한 문제가 없음을 검증합니다. 확인 실사는 여러분이 직접 주도하는 과정이지만 변호사나 회계사 등 외부 전문가에게 처음으로 상당한 비용을 지출하게 되는 시점이기도 합니다. 18장 「인수에 필요한 부채 조달」과 19장 「인수에 필요한 자기자본 조달」에서는 인수를 진행하기 위해 필요한 자금 조달 문제를 자세히 다룹니다. 20장 「매매계약서 협상하기」에서 매매계약서는 인수 조건을 구체적으로 규정하는 문서로, 거래의 성패를 가를 수 있는 중대한 세부 조항들로 구성되어 있습니다. 이 조항들이 여러분의 변호사와 매도자 측 변호사 간의 치열한 협상을 통해 어떻게 조율되고 최종 확정되는지 살펴볼 것입니다. 마지막으로 21장 「인수 클로징과 그 이후」에서는 실제 거래가 마무리되는 클로징 데이와 인수 직후 첫 몇 주 동안의 초기 운영 경험을 다루며 5부의 내용을 마무리합니다.

CHAPTER 17

확인 실사
Confirmatory Due Diligence

지금까지 여러분은 리서치와 예비 실사를 통해 인수 대상 기업의 비즈니스 모델을 다양한 관점에서 분석해 왔습니다. 이 과정에서는 매도자의 설명을 사실로 받아들이고, 특별한 증빙 자료를 요구하지 않은 경우도 있었을 것입니다. 그러나 **확인 실사 (confirmatory due diligence)** 단계에 들어서면 상황이 달라집니다. 이제는 그동안 당연히 믿어 왔던 부분, 즉 회사가 제공한 자료와 설명이 사실인지 회계사와 변호사 등 전문가의 도움을 받아 철저히 검증해야 합니다. 이 단계는 사업의 핵심 요소에 대한 여러분의 이해가 실제와 일치하는지 확인하는 과정이며, 인수를 주저하게 만들 수 있는 잠재적 문제나 숨겨진 리스크를 발견할 수 있는 사실상 마지막 기회입니다

　확인 실사는 일반적으로 인수의향서(LOI)에 서명한 직후 시작됩니다. 만약 LOI에서 90일의 독점 협상 기간을 설정했다면, 인수 계약 협상과 자금 조달에 필요한 시간을 확보하기 위해 첫 30일 이내에 확인 실사의 핵심 업무를 대부분 완료하는 것이 좋습니다. 특히 첫 1~2주 동안은 실사에 적극적으로 참여해야 합니다. 이 기간 동안 매도자를 만나 회사가 보유한 자료를 검토하고, CFO와 함께 재무제표를 확인하며, 실제 현금 흐름을 점검해야 합니다. 이 과정을 **현금흐름 검증 (Proof of Cash)**라고 하며, 재무제표상의 매출과 비용이 실제 은행 계좌의 입출금 내역과 일치하는지를 확인하는 절차입니다.

　회계사, 변호사 등 외부 전문가의 투입은 여러분이 먼저 현금 흐름을 직접 검증한 이후로 미루는 것이 좋습니다.[29] 확인 실사는 철저히 단계적으로 진행되어야 합니다. 외부 전문 인력을 투입하기 전에 기본적인 실사 과정을 직접 거쳐야 거래가 중단해야 할 정도의 치명적인 결함이 있는지 조기에 발견할 수 있습니다. 이러한 선행 작업 없이 무작정 외부 인력을 투입하면, 성사 불가능한 거래에 아까운 시간과 비용을 낭비하는 지름길입니다.

29　전문가를 선정하는 방법은 '외부 자문 고용하기' 섹션을 참고 바랍니다.

확인 실사 과정에서 가장 중요한 전문가는 회계사와 변호사입니다. 특히 소규모 기업의 인수 및 매각과 관련된 경험이 있는 전문가를 찾는 것이 중요합니다. 경험 많은 회계사는 기업의 재무제표에서 자주 발생하는 위험 요소를 잘 알고 있습니다. 급여세, 판매세 같은 세금 문제뿐만 아니라 대손충당금[30]이나 아직 지급되지 않은 영업팀 인센티브 같은 항목은 재무제표만으로는 정확히 드러나지 않을 수 있습니다. 따라서 이러한 부분을 체계적으로 검증할 수 있는 경험 많은 회계사를 고용하는 것이 중요합니다. 변호사도 마찬가지입니다. 소규모 기업 거래를 자주 다뤄 본 변호사는 어떤 계약서를 우선적으로 확인해야 하는지, 그리고 이런 거래에서 흔히 문제가 되는 조항이 무엇인지 잘 알고 있습니다. 실사에는 시간이 제한되어 있기 때문에, 어디에 집중해야 할지 명확히 아는 전문가를 고용하는 것이 가장 효율적인 방법입니다.

회계 실사에 드는 비용은 20,000~50,000달러 정도입니다. 구체적인 금액은 해당 회사의 재무제표가 얼마나 깔끔하게 정리되어 있는지, 그리고 실제 성과를 파악하기 위해 추가 검증이 얼마나 필요한지에 따라 달라집니다. 재무 자료가 명확하면 비용이 낮아지고, 불확실한 부분이 많으면 비용이 더 높아질 수 있습니다. 법률 실사의 경우 범위가 비교적 명확합니다. 확인 실사 단계에는 매매계약서 작성과 각종 법적 문서 준비가 포함되며, 일반적으로 약 75,000달러의 비용이 발생합니다. 상황에 따라 회계나 법률 자문 외의 추가적인 검토가 필요한 경우도 있습니다. 예를 들어, 기계나 설비 상태를 점검하는 엔지니어, 소프트웨

---

30 역자 주: 대손충당금은 받아야 할 돈(매출채권) 중에서 실제로는 받지 못할 가능성이 있는 금액을 미리 빼놓는 것입니다.

전문가들은 중요한 분석과 조언을 제공하지만, 모든 일을 그들에게 일임할 수는 없습니다. 특히 회계나 법률 문제는 향후 거래 조건과 회사 운영에 직결되는 사안이므로, 결코 전적으로 위임해서는 안 되는 영역입니다. 따라서 인수자는 실사의 중심에 있어야 합니다. 전문가들이 확인한 사실이 무엇인지, 그 결과가 타당한지, 추가로 검토해야 할 쟁점은 없는지를 직접, 그리고 지속적으로 점검해야 합니다. 이를 위해 전문가들과 매일, 적어도 정기적으로 소통하며 진행 상황을 밀착 관리해야 합니다. 인수 창업의 모든 여정이 그러하듯, 확인 실사 역시 여러분이 직접 주도하고 검증해야 하는 반복적인 과정입니다.

확인 실사 과정에서 여러분이 기대하는 회사의 모습과 실체가 일치하는지 확인하려면, 다음 6가지 핵심 요소를 반드시 검토해야 합니다.

- ☑ 매도자의 성품과 신뢰도 (Character and honesty of the seller)

- ☑ 회계 및 재무 실사 (Accounting due diligence)

- ☑ 법률 및 계약 실사 (Legal due deligence)

- ☑ 고객 관점 점검 (Customer perspectives)

- ☑ 직원 관점 점검 (Employee perspectives)

매도자의 성품과 신뢰도
Honesty and Character

확인 실사 단계의 최우선 과제는 매도자가 진정으로 신뢰할 만한 파트너인지 검증하는 것입니다. 재무제표가 아무리 훌륭하고 계약 조건이 매력적이라 해도, 매도자가 정직하지 않다면 그 정보를 신뢰하기 어렵습니다. 매도자가 솔직하지 않다고 느껴진다면, 미련 없이 거래를 중단하고 다른 기회를 모색하는 것이 가장 현명한 선택입니다. 아무리 철저한 실사를 진행하더라도, 정보의 비대칭성으로 인해 매도자는 언제나 매수자보다 더 많은 정보를 가지고 있다는 사실은 변하지 않습니다. 부정직한 매도자를 상대로 리스크를 통제하며 협상을 이끌어 가는 것은 사실상 불가능합니다.

여러분은 이미 수차례의 통화와 미팅을 통해 매도자와 직접 소통해 왔으며, 이 과정에서 매도자가 솔직한 사람인지에 대한 직감이 어느 정도 형성되었을 것입니다. 이제 확인 실사 단계에서는 새롭게 확보한 객관적인 데이터와 사실을 바탕으로 그 직감이 맞는지를 검증해야 합니다. 구체적으로는 다음 3가지 관점에서 매도자의 성향과 신뢰도를 다시 평가하게 됩니다.

- 확인 실사 과정에서는 회사가 제공한 정보를 직접 검증하게 됩니다. 이 과정에서 매도자가 사전에 언급하지 않았던 부정적인 사실이 새롭게 드러난다면, 이를 지적했을 때 매도자가 어떻게 설명하는지 주의 깊게 살펴야 합니다. 합리적인 근거 없이 회피하거나 변

명하는 태도를 보인다면, 다른 영역에서도 진실을 숨겼을 가능성
이 높습니다. 정직함은 습관입니다. 한 가지 사실을 의도적으로 숨
긴 사람이라면, 아직 발견되지 않은 문제들도 숨겨두었을 가능성
이 큽니다.

- 고객 인터뷰를 진행할 때도 매도자와 회사의 신뢰도에 대해 반드
시 질문해야 합니다. 과거에 갈등이나 분쟁이 있었다면 공정하게
해결되었는지, 회사가 약속한 사항을 성실하게 이행해 왔는지를
확인해야 합니다.

- 회사의 운영 관행은 중요한 판단 기준입니다. 청구서 발행, 환불
처리 절차, 품질 관리 시스템, 직원 급여 및 복리후생, 직원 평가 제
도 등을 통해 고객과 직원들이 공정하게 대우받고 있는지 점검해
야 합니다. 회사가 고객과 직원을 어떻게 대하는지를 보면, 앞으로
여러분에게도 어떤 태도를 보일지 알 수 있습니다.

회계 실사
Accounting Due Diligence

회계 실사는 매수자와 고용된 회계사가 협업하는 과정이지만, 그 시작
은 매수자가 사업적 관점에서 재무 자료를 1차적으로 검토하는 것에서
출발해야 합니다. 이 단계에서 거래를 중단해야 할 중대한 문제가 발견
될 수도 있습니다. 이를 초기에 포착한다면 불필요한 회계 자문 비용을
절감하고 신속하게 거래를 중단할 수 있습니다. 또한, 매수자가 재무 데
이터에 충분히 익숙해지면 회계사에게 검토의 우선순위와 방향을 구체
적으로 지시할 수 있습니다. 회계사는 이를 바탕으로 정밀 분석을 수행

                                       인수 창업 가이드 북

하며, 특히 매수자가 사전에 의구심을 가졌거나 이상 징후를 느낀 영역에 집중적으로 파고들게 됩니다.

회계 실사는 크게 두 가지로 나눌 수 있습니다. **현금흐름 검증 (Proof-of-Cash Analysis)** 은 회사의 과거 회계 보고서가 실제 현금 흐름과 일치하는지를 확인하는 절차입니다. **수익의 질 분석 (Quality of Earnings Analysis)** 은 회사의 과거 매출과 이익이 어떤 구성으로 이루어져 있는지, 그리고 그 수익이 미래에도 지속적으로 발생할 가능성이 있는지를 평가하는 작업입니다.

재무제표 1차 검토
First pass of financial statements

재무제표 검토의 첫 단추는 과거 매출과 EBITDA 데이터에 중대한 불일치나 오류가 없는지 검증하는 것입니다. 소규모 기업의 재무제표를 검토할 때 이 과정이 최우선시되는 이유는 부정확한 회계가 흔히 발견되기 때문입니다. 대다수 소규모 기업은 외부 회계 감사를 받지 않으며, 내부 회계 관리 시스템도 체계적이지 않은 경우가 많습니다. 이러한 단순한 회계 관행은 소유주의 회사 운영에는 문제가 없었을지 몰라도, 매수자 입장에서 과거 실적 왜곡이 인수 가격 산정에 직접적인 영향을 줄 수 있으므로 각별한 주의가 요구됩니다.

가장 흔히 발생하는 문제는 매출과 관련 비용의 인식 시점이 서로 어긋나는 오류입니다. 예컨대, 어떤 프로젝트의 비용을 1년 차에 처리하고 매출을 2년 차에 인식했다면, 장부상으로 회사는 2년 차에 실제보다 훨씬 더 높은 수익성을 가진 것처럼 보이게 됩니다. 만약 2년 차가 회사 매각 시점이고, 여러분이 그 해의 부풀려진 EBITDA를 기준으로 인수 가격을 산정했다면, 이러한 시점 오류로 인해 회사를 실제 가치보다 비싸게 인수하는 결과를 초래할 수 있습니다. 특히 회사 규모가 작을수록 금액 자체는 크지 않은 오류라도 전체 이익과 인수 가격에 미치는 영향은 매우 클 수 있습니다. 따라서 초기 검토 시에는 연도별 매출, 비용, EBITDA의 급격한 변동 원인을 반드시 확인해야 합니다. 이러한 변동은 실제 사업 환경의 변화에 기인한 것일 수도 있지만, 부정확한 회계 기록에서 비롯된 착시 현상일 가능성도 배제할 수 없기 때문입니다.

현금흐름 검증
Proof of Cash

회계 자료의 정확성을 검증하려면 서로 다른 종류의 문서들을 비교하는 것이 필요합니다. 그중에서도 가장 중요한 절차 중 하나가 바로 **현금흐름 검증 (Proof-of-Cash Analysis)**입니다. 가령, 인수 대상 회사의 재무제표가 최근 3년 동안 매출 1,000만 달러와 EBITDA 200만 달러를 기록했다고 가정해 보겠습니다. 그리고 이 EBITDA 중 50만 달러는 자본적 지출(CAPEX)에 사용되었고, 나머지 150만 달러는 소유주에게 배당으로 분배되었다고 가정해 봅시다.

재무제표의 정확성을 1차적으로 확인하는 가장 간단한 방법은 월별 은행 명세서의 입출금 내역을 합산하여 재무제표와 대조하는 것입니다. 먼저, 모든 입금액의 총합은 대략 연매출 1,000만 달러와 일치해야 합니다. 출금액의 총합도 회사 운영비와 소유주 배당 등을 포함해 약 1,000만 달러 수준이어야 합니다. 만약 EBITDA 200만 달러 중 150만 달러가 소유주에게 배당으로 지급되었다면, 나머지 사업 운영 관련 지출은 약 850만 달러가 됩니다. 따라서 은행 입금액 1,000만 달러와 사업 운영에 지출한 850만 달러가 실제로 확인되었다면, 회사의 재무제표에 기재된 매출 1,000만 달러, 지출 850만 달러, 현금흐름 150만 달러가 모두 은행 계좌의 입출금 내역과 일치한다는 것을 의미합니다.

물론 이 검증은 어디까지나 기초적인 수준의 점검일 뿐이며, 완벽한 정밀 감사는 아닙니다. 매출채권, 매입채무, 재고 자산의 변동으로 인해 장부와 실제 현금 흐름 사이에는 일시적인 시차가 발생할 수 있기 때문입니다. 하지만 실제 현금 흐름과 재무제표의 수치 간에 큰 차이가 있어서는 안 됩니다. 만약 과거 3년 치 은행 명세서를 같은 방식으로 확인했을 때, EBITDA에서 자본적 지출을 뺀 금액이 150만 달러에 근접하지 않고 오히려 0에 더 가깝게 나온다면, 심각한 문제가 숨어 있을 가능성이 있습니다. 이런 경우에는 외부 회계 인력을 투입하기 전에 매도자에게 그 이유를 직접 물어봐야 합니다. 설명이 명확하지 않다면, 정밀 실사가 필요하거나 거래를 원점에서 재검토해야 할 신호로 볼 수 있습니다.

인수 대상 기업의 재무제표의 진위 여부를 가리는 또 다른 강력한 방법은 세금 신고서와의 교차 검증입니다. 그렉 제로네머스(Greg Geronemus)와 데이비드 로즈너(David Rosner)의 사례는 매우 직관적인 접근법을 보여줍니다. 그들은 '누구도 국세청에 실제보다 높은 소득을 신고하지 않는다'는 상식을 활용했습니다. 이 두 사람은 스마투어스(SmarTours)라는 테마 여행 회사를 실사할 때, 회사 내부 재무제표에 기록된 세전 이익과 연방 소득세 신고서에 보고된 세전 이익을 직접 대조했습니다. 물론 세무 회계와 재무 회계의 기준 차이로 인해 일부 조정 작업은 필수적이었습니다. 하지만 조정 후에도 두 수치 간에 큰 차이가 없었기 때문에, 이 비교 절차만으로도 재무제표의 신뢰성을 확인하는 데 충분했습니다.

- ☑ 매출과 관련 비용의 인식 시점 불일치: 비용이 먼저 인식되고 매출이 나중에 인식될 경우, 해당 연도의 EBITDA가 실제보다 과대 평가될 수 있습니다.

- ☑ 은행 명세서의 실제 현금 흐름과 재무제표의 매출, 비용, 지출액 간의 불일치: 실제 입출금 내역이 재무제표 수치와 일치하지 않는다면 재무 정보의 신뢰성에 문제가 있을 가능성이 큽니다.

- ☑ 재무제표에 기재된 세전 이익과 세금 신고서의 세전이익 간의 차이: 소득 신고 내역과 회계상 수익이 크게 다를 경우, 조정이 필요한 부분이 있는지 검토해야 합니다.

- ☑ 연도별 매출, 비용, EBITDA의 큰 변동 폭: 급격한 변동은 일시적 요인의 영향일 수도 있으나, 부정확한 회계 처리에서 비롯된 신호일 가능성도 있습니다.

재무제표의 정합성에 대한 1차 검토를 마쳤다면, 이제는 전문 회계사를 참여시켜 본격적인 심층적인 분석을 진행해야 합니다. 우선 회계사에게 회사의 회계 부서가 얼마나 전문적으로 운영되고 있는지 냉정하게 평가하도록 요청해야 합니다. 구체적으로는 현재 CFO가 충분한 역량을 갖추고 있는지, 직원의 부정이나 횡령을 방지하기 위한 직무 분리가 적절히 이루어져 있는지 등을 확인해야 합니다. 아울러, 회계 실사의 핵심인 **수익의 질 (Quality-of-Earnings)** 보고서 작성과 세무 리스크를 평가하는 작

　　　　　　　　　　　　　　　　　　인수 창업 가이드 북

업도 수행해야 합니다. 이 두 가지 내용은 다음 절에서 자세히 설명하겠습니다.

수익의 질 분석
Quality-of-earnings review

재무제표의 정확성을 검증했다고 해서 그것만으로 충분하지는 않습니다. 회계 장부가 아무리 정확하게 작성되었더라도, 그 안에 담긴 정보만으로는 인수자가 정말 알고 싶어 하는 모든 것을 전달하지 못하기 때문입니다. 우리가 궁금한 것은 '과거에 이런 실적을 냈다'는 사실이 아니라, '이 실적이 앞으로도 지속될 수 있는가'입니다. 그러나 재무제표는 어디까지나 과거의 결과만 보여줍니다. 바로 이런 이유 때문에 수익의 질(QoE) 분석이 꼭 필요합니다.

수익의 질 분석은 과거 재무 성과를 바탕으로 사업의 지속 가능성을 정량적으로 평가하는 과정입니다. 예비 실사 단계에서는 과거 재무제표를 통해 연도별 EBITDA, 매출 및 이익의 변화를 대략적으로 파악했을 것입니다. 이제 회사의 상세 재무 기록에 직접 접근할 수 있게 되었으므로, 매출이나 이익의 변동 원인을 더 깊이 검토할 수 있는 단계에 이르렀습니다.

물론 이 작업은 여러분이 고용한 회계사가 주도해야 하지만, 여러분도 전 과정에 적극적으로 참여해야 합니다. 우선 최근 수년간의 재무제표를 검토하고, 회사의 CFO에게 각 항목이 어떻게 구성되어 있는지 상세히 설명해 달라고 요청해야 합니다. 특히 매출은 주요 고객별 및 제품별로 세분화하여 분석해야 합니다. 먼저 매출이 소수의 고객에게 집중되어 있는지 확인하고, 만약 그렇다면 최근 몇 년 동안 이 고객들의 구매 패턴이 어땠는지, 이들이 지속적으로 거래하는 안정적인 고객인지, 아니면 특정 시기에만 거래하는 일회성 고객인지, 혹은 단 한 번의 대형 계약으로 특정 연도의 매출이 급증한 것은 아닌지 등을 꼼꼼히 살펴봐야 합니다. 그리고 최근 몇 년 사이에 신규 고객이 얼마나 유입되었는지, 새로운 제품 라인이나 사업 영역을 확장한 적이 있는지도 반드시 점검해야 합니다.

물론 매출만 확인하는 것으로는 충분하지 않으며, 각 비용 항목이 어떻게 구성되어 있는지도 살펴봐야 합니다. 인건비 비중이 크다면 직원들이 시장 수준에 맞는 급여를 받고 있는지, 혹은 지나치게 낮게 책정되어 있지는 않은지 확인해야 합니다. 임차료가 주요 비용이라면 임대차 계약의 남은 기간과 갱신 시 임대료가 크게 변동할 가능성도 점검해야 합니다. 또한, 회사가 단기 이익을 부풀리기 위해 연간 기계 유지 보수와 같은 필수 비용을 미루고 있지는 않은지도 반드시 확인해야 합니다. 결국 이 모든 과정의 핵심은 현재의 이익 구조가 앞으로도 꾸준히 유지될 수 있는지를 확인하는 것입니다.

마지막으로 **가산 항목 (Add-back)** 을 반드시 점검해야 합니다. 만약 여러분이 앞서 인수 가격을 정할 때 매도자가 제시한 가산 항목을 별다른 검증 없이 수용했다면, 이제는 이 항목들을 정밀하게 재검토해야 하며, 정말로 EBITDA 계산에서 다시 더할 수 있는 적절한 비용인지 판단해야 합니다. 어떤 비용이 실제로는 소유주의 개인적 지출인지, 혹은 앞으로는 반복되지 않을 일회성 지출에 해당하는지 꼼꼼히 확인해야 합니다. 이 단계에서 가산 항목의 종류와 금액을 두고 협상이 이루어지는 것은

    인수 창업 가이드 북

매우 일반적인 일입니다.[31]

세금 리스크
Tax risks

대부분의 소규모 기업은 세무 목적으로 소득이 주주에게 직접 귀속되는 **통과 과세 (Pass-through) 구조**로 운영됩니다. 즉, 법인이 세금을 납부하는 것이 아니라, 각 주주가 자신의 소득 비율에 따라 세금을 납부하는 방식입니다. 통과 과세 구조에서는 과거 연도의 세금 계산이 정확했는지 여러분이 직접 확인할 필요는 없습니다. 설령 세무 조사로 인해 추가 세금이 부과되더라도, 그 책임은 해당 시점의 회사 소유주에게 있기 때문입니다. 그러나 인수 대상 기업이 C-Corp 법인인 경우, 상황은 완전히 달라집니다. C-Corp 법인은 소득세 납부 의무가 회사 자체에 있기 때문에, 세무 리스크가 회사에 그대로 남습니다. 따라서 회계사는 과거 연도의 소득세 신고가 정확했는지 반드시 꼼꼼히 검토해야 합니다. 만약 세무 당국이 과거 연도를 조사하여 추가 세금을 부과한다면, 그 시점에 여러분이 주주가 아니었더라도 회사가 그 금액을 납부해야 합니다.

통과 과세 형태의 기업이라 할지라도, 인수자가 떠안게 될 세금 관련 리스크는 여전히 존재합니다. 대표적인 예로 급여세 (payroll tax)와 판매세 (sales tax)를 들 수 있습니다. 가령, 인수 대상 회사가 제품 판매를 위해 45명의 계약직에게 판매 건당 수수료를 지급하고 있다고 가정해 보겠습니다. 회사는 이들을 직원이 아닌 독립 계약자로 분류하여 사회보장세, 연

---

31 역자 주: 가산 항목 (Add-back)은 매도자가 이 비용은 정상적인 영업활동에서 반복되지 않거나, 소유주 개인 지출, 특수 상황에서 발생한 항목이므로 인수 후에는 비용으로 보지 않아도 된다고 주장하며 EBITDA 계산 시 다시 더해 넣는 조정 항목을 말합니다. 일반적으로 일회성 비용, 소유주 개인적 지출, 경영진 교체 시 사라지는 비용 등이 여기에 포함됩니다.

방 및 주 급여세, 고용보험세를 납부하지 않아도 된다고 판단했을 수 있습니다. 문제는 이들이 실제로 계약직 기준을 충족하는지, 아니면 법적으로 직원으로 간주되어야 하는지가 모호하다는 점입니다. 관련 규정은 복잡하며, 사례별로 해석이 엇갈릴 수 있습니다. 만약 이 계약직들이 나중에 직원으로 분류된다면, 회사는 향후 발생할 급여세 부담뿐만 아니라 과거에 납부하지 않은 급여세까지 소급하여 책임져야 할 수 있습니다. 이처럼 세금 리스크는 인수 이후에도 지속될 수 있으므로 사전 확인이 매우 중요합니다.[32]

또 다른 잠재적인 세금 문제는 광범위한 지역에서의 납세 의무입니다. 예를 들어, 여러분이 인수하려는 회사가 30개 주와 여러 지방자치단체에서 서비스를 제공하는 기업이라고 가정해 보겠습니다. 이 경우, 해당 회사가 각 지역 규정에 따라 판매세와 사용세를 제대로 납부하고 있는지 확인해야 합니다. 많은 소규모 기업은 타지역에서 발생하는 판매세나 사용세 납부 의무를 제대로 인지하지 못하는 경우가 많습니다. 문제는 여러분이 과거의 관행과 무관하더라도 회사를 인수하면 설립 시점까지 거슬러 올라가는 미납 판매세가 추징될 수 있다는 점입니다.

이러한 세무 분석은 전문적인 지식과 경험이 요구되는 분야이므로, 실사 과정에서는 회계사가 주도적으로 검토를 진행합니다. 따라서 이 부분에 여러분이 깊이 관여할 필요는 거의 없습니다. 그동안 여러분은 다른 실사 업무에 집중하면 됩니다.

---

32 역자 주: 한국에서도 미국의 급여세 및 판매세 리스크와 유사한 문제가 존재합니다. 프리랜서를 직원으로 잘못 분류한 경우 원천징수세와 4대보험료가 추징될 수 있고, 매출 및 매입 부가가치세 신고 누락이 있었다면 인수 후에도 그대로 책임을 부담합니다. 따라서 주식양수도 방식에서는 이러한 고용 및 부가가치세 관련 세무 리스크가 승계되므로, 사전 세무 실사가 매우 중요합니다.

기업은 본사 임대차 계약, 주력 제품에 대한 독점 유통 계약, 주요 영업 사원과의 고용 계약 및 경쟁 금지 계약 등 운영 전반에 걸쳐 다양한 계약 관계를 맺고 있습니다. 따라서 회사가 체결한 주요 계약들을 모두 검토하여 그 내용이 사업 계획과 일치하는지 반드시 확인해야 합니다. 특히, 인수 시 당사자 간 동의가 있어야만 계약이 이전될 수 있는지, 또는 계약에 성과 보장이나 지급 보증 등 추가적인 의무가 포함되어 있는지를 실사 단계에서 우선적으로 살펴봐야 합니다. 대부분의 계약은 비교적 단순하지만, 일부 계약은 회사 운영에 큰 영향을 미치거나 구조가 복잡해 이해하기 어려울 수 있습니다. 이러한 경우에는 반드시 변호사에게 검토를 의뢰해야 합니다.

매도자가 회사의 모든 계약상 의무를 정확히 공개하고 있는지 확인하려면 어떻게 해야 할까요? 이를 검증하는 가장 확실한 방법은 변호사가 작성하는 매매계약서에 특정 조항을 포함시키는 것입니다. 이 조항은 매도자가 회사가 체결한 모든 계약을 별도의 **첨부 문서 (Schedule)** 에 빠짐없이 기재하도록 요구합니다. 이를 통해 매수자는 매매계약서에 서명하기 전에 회사의 모든 계약 목록을 한눈에 확인하고, 각 계약의 내용을 직접 검토할 수 있습니다. 만약 첨부된 계약 목록을 살펴보는 과정에서 아직 읽어보지 못한 계약이 있거나 처음 보는 계약이 포함되어 있다면, 해당 문서를 매도자에게 요청해 바로 확인할 수 있습니다.

임대차 계약이나 유통 계약에는 종종 **지배권 변경 승인 조항(Change of Control Provision)**이 포함되어 있습니다. 이는 회사 또는 주요 자산이 매각될 때, 기존 계약을 새 소유자에게 이전하려면 계약 상대방의 사전 동의가 필요하다는 의미입니다. 현재 계약 상대방과의 관계가 원만하다면 승인 절차는 대체로 간단하지만, 동의를 받아내야 하는 주체는 매도자 또는 매수자인 여러분이므로 이 과정에 필요한 충분한 시간적 여유를 미리 확보해 두어야 합니다.

소규모 기업의 건물 임대차 계약에서는 매도자가 개인 지급보증을 서는 경우가 많습니다. 회사가 매각되면 매도자는 당연히 그 보증에서 벗어나기를 원할 것입니다. 따라서 매수자인 여러분은 건물주에게 인수 법인의 신용도가 충분하다는 점을 설명하며 기존 소유주의 개인 보증을 변경해 달라고 설득해야 합니다. 건물주는 동의의 대가로 임대료 인상 등 임대 조건 재협상을 요구할 수도 있습니다.

고객 인터뷰
Customer Interviews

확인 실사 과정에서 특히 민감한 절차가 하나 있습니다. 바로 인수 대상 기업의 주요 고객들과 직접 인터뷰를 진행하는 일입니다. 이 절차는 매도자(소유주)와의 조율이 쉽지 않은 경우가 많습니다. 대부분 소유주는 매각 여부가 거의 확정되기 전까지 불필요한 소문이 퍼질 것을 우려해 고객에게 매각 사실을 알리고 싶어 하지 않기 때문입니다. 그러나 회사의 강점과 약점을 파악하고, 업계 현황을 확인하며, 사업 계획이 시장 현실과 부합하는지 검증하기 위해 고객 인터뷰는 반드시 필요합니다.

일반적으로 고객 인터뷰는 실사 과정의 후반부, 즉 거래가 실제로 성사될 가능성이 매우 높아졌을 때 비로소 허용됩니다. 매수자와 매도자가 인터뷰 대상 고객을 함께 선정하고, 매도자가 직접 그 고객에게 매수자를 소개하는 방식으로 진행됩니다. 보통 5~6명 정도의 고객과 심층 인터뷰만으로도, 매도자가 지금까지 설명해 온 고객 관계와 만족도에 대한 내용이 사실인지 확인하는 데 충분합니다. 다음은 고객 인터뷰에서 반드시 물어봐야 할 핵심 질문들입니다.

- ☑ 귀사가 공급업체를 선택할 때 가장 중요하게 고려하는 기준은 무엇인가요?

- ☑ 현재 이 회사의 제품과 서비스에 전반적으로 만족하시나요? 경쟁사와 비교했을 때 이 회사의 강점과 개선이 필요한 부분은 무엇인가요?

- ☑ 공급업체를 변경하게 되는 주요 이유는 무엇인가요?

- ☑ 앞으로 이 회사와의 거래 규모나 관계에 변화가 있을 가능성이 있나요?

CIM 검토와 매도자 인터뷰를 마친 후에도 고객이 공급업체를 선택하는 기준이나 거래 유지 또는 변경을 결정하는 요인이 명확하지 않다면, 고객 인터뷰를 실사 과정에서 좀 더 이른 시점에 진행하는 방안을 고려해야 합니다. 다만, 대부분의 매도자는 거래 초기 단계에서 고객에게 매각 사실이 알려지는 것을 꺼리기 때문에, 이러한 접근은 현실적으로 어려울 수 있습니다. 이럴 때는 동일 업종의 다른 지역 고객을 인터뷰하는 방법이 있습니다. 랜디 셰일러의 제스위츠 뮤직 사례가 좋은 본보기입니다. 랜디는 제스위츠 뮤직에 대한 실사 초기 단계에서 제스위츠의 서비스 지역 밖에 있는 타 지역 학교 밴드 지휘자들을 인터뷰했습니다. 이러한 방식은 해당 업종의 고객이 공급업체를 선택할 때 어떤 요소를 중시하는지, 기존 공급업체를 어떻게 평가하는지, 얼마나 자주 공급업체를 변경하는지 등을 신속히 파악할 수 있게 해줍니다. 이렇게 외부에서 얻은 인사이트는 인수 대상 회사 평가에도 유용하게 적용할 수 있습니다.

직원 인터뷰는 확인 실사의 필수 과정입니다. 소규모 기업의 경우 인터뷰 대상은 보통 소수의 핵심 인력으로 구성되며, 여기에는 2~3명의 관리자, 최고재무책임자(CFO), 그리고 주요 영업 담당자가 포함됩니다. 이 시점에서 매도자는 이미 매각 진행 사실을 핵심 직원들에게 알렸을 가능성이 높습니다. 그 이유는 이들이 확인 실사 과정에서 필요한 회사의 주요 정보를 가장 잘 알고 있는 사람들이 바로 이 직원들이기 때문입니다. 하지만 매도자는 여전히 보안에 신중을 기할 것이므로, 직원 인터뷰는 확인 실사 후반부, 즉 거래 성사 가능성이 매우 높아진 시점에 진행하는 것이 관례입니다.

인터뷰 자리에서 직원들은 매우 방어적이고 신중한 태도를 취할 것입니다. 따라서 이 자리에서 회사에 대한 불만이나 부정적인 이야기를 기대해서는 안 됩니다. 직원 인터뷰의 목적은 회사의 문제점을 캐내는 것이 아니라, 직원들이 신뢰할 만한 인재인지 검증하고, 회사가 앞으로 성장하는 데 필요한 역량과 태도를 갖추고 있는지를 평가하는 데 있습니다. 쉽게 말해, 이 인터뷰는 채용 면접과 비슷한 성격을 가집니다. 직원들이 자신의 역할과 회사 전체 목표를 이해하고 있는지, 업무에 대한 열정과 주도성이 있는지, 아니면 단순히 시간을 보내고 있는지, 그리고 실제 업무 경험과 전문 지식을 충분히 갖추고 있는지도 확인해야 합니다.

　　　　　　　　　　　　　　　　　　　　인수 창업 가이드 북

지금쯤이면 고객 인터뷰를 통해 고객이 무엇을 중요하게 여기는지 이미 충분히 파악했을 것입니다. 이제는 내부로 시선을 돌려야 합니다. 회사의 관리자와 영업 사원들이 이러한 고객 가치를 제대로 이해하고 있는지, 그리고 그들의 업무 방식이 고객의 기대에 어긋난 방향으로 행동하고 있지는 않은지 확인해야 합니다.

직원 인터뷰는 회사가 실제로 어떻게 운영되고 있는지 알 수 있는 좋은 기회를 제공합니다. 인터뷰를 시작할 때는 다음과 같은 간단한 질문을 해보는 것이 좋습니다. '현재 담당하고 계신 업무가 무엇입니까?' 이 질문만으로도 고객 주문이 어떻게 처리되어 완성된 제품이나 서비스로 전달되는지를 파악할 수 있습니다. 아래의 질문들은 회사 관리자들의 역량을 파악하는 데 도움이 됩니다.

- 고객들이 회사가 제공하는 서비스에서 가장 중요하게 여기는 요소는 무엇이라고 보십니까?

- 회사가 고객들의 기대를 어느 정도 충족하고 있다고 생각합니까?

- 회사가 더 잘할 수 있다고 생각하는 부분이 있다면 무엇인가요?

전문 실사
Specialized Due Diligence

확인 실사의 주요 5가지 구성 요소(경영자의 성품, 회계, 법률, 고객, 직원)는 어떤 회사를 인수하든 공통적으로 적용됩니다. 그러나 특정 사업의 자산, 부채 또는 위험을 점검해야 할 경우, 전문가를 별도로 고용해야 할 때도 있습니다. 전문가의 검토가 필요한 경우는 일반적으로 다음 4가지 영역 중 하나에 해당합니다.

- **기계 및 장비 (Machinery and Equipment)** 는 회사의 핵심 자산일 수 있습니다. 하지만 남은 사용 수명, 필요한 업그레이드나 수리, 경쟁 측면에서 장비가 이미 구식이 아닌지 등을 여러분이 직접 판단하기는 쉽지 않습니다. 따라서 엔지니어링 컨설턴트를 고용해 공장 설비를 평가하고 이러한 사항들을 전문적으로 검토하는 것이 필요합니다.

- **소프트웨어 시스템 (Software Systems)** 은 회사 운영의 핵심 인프라일 수 있습니다. 따라서 소프트웨어 컨설턴트를 고용해 시스템 문서화 수준, 보안 체계, 업그레이드 필요성 등 시스템의 신뢰성과 안정성에 영향을 미치는 요소들을 점검해야 합니다.

- **환경 오염 요인 (Environmental Hazards)** 은 회사가 시설을 쉽게 이전할 수 없는 상황, 특히 해당 부동산을 직접 소유하고 있을 때 중대한 잠재적 위험이 될 수 있습니다. 이 경우 환경 컨설턴트를 고용하여 부지의 과거 사용 이력을 조사하고, 과거에 유해 화학물질이 사용된 적이 있다면 토양 오염 여부를 검사해야 합니다. 이러한 검사는 대출 기관이 대출 승인 전에 요구하기도 합니다.

- **규제 준수 (Regulatory Compliance)** 는 의료, 폐기물 처리, 미디어 등 규제가 많은 산업에서 특히 중요합니다. 만약 회사가 이러한 업종에서 운영된다면, 인수 담당 변호사와는 별도로 해당 분야의 전문 변호사에게 규제 준수 여부를 검토받아야 합니다. 이 전문 변호사는 회사가 모든 필수 인허가를 갖추고 있는지, 관련 규정을 적절히 준수하고 있는지 확인하며, 앞으로 사업에 영향을 미칠 수 있는 규제 변화 가능성에 대해서도 조언을 제공할 것입니다.

실사를 진행하다 보면, 매도자가 처음에 이야기했던 내용이 실제보다 다소 과장되었다는 점을 금방 알게 될 수도 있습니다. 그렇다고 해서 거래가 곧바로 무산되는 것은 아닙니다. 랜디 셰일러의 제스위츠 뮤직 인수가 좋은 사례입니다. 확인 실사 과정에서 랜디는 회사의 악기 재고가 보고된 것보다 약 15% 적고, 해당 연도의 EBITDA 역시 20% 낮다는 사실을 발견했습니다. 다행히 이러한 차이는 매도자의 고의적인 기만 때문이 아니라, 소규모 기업에서 흔히 발생하는 단순한 회계 시스템과 부족한 인력으로 인한 오류에서 비롯된 것이었습니다. 랜디는 거래를 포기하지 않는 대신, 정확한 실적 수치를 바탕으로 매입가를 재협상하여, 결국 2013년 여름에 회사를 성공적으로 인수했습니다.

이처럼 확인 실사 내용을 종합적으로 검토한 후, 인수자는 다음 선택지 중 하나를 선택하게 됩니다.

- **기존 계약대로 거래 마무리** 실사 결과가 여러분이 알고 있던 내용과 크게 다르지 않으며, 회사에 대한 신뢰가 유지된다면 인수 절차를 계속 진행합니다.

- **인수 가격 조정** 가격을 조정하는 경우입니다. 실제 재무 성과가 처음 제시된 내용과는 다르지만, 그 차이가 크지 않을 때, 매도자와 매수자가 가격을 인하하거나 확정 매입가의 일부를 언아웃(earn-out) 방식 등으로 전환하여 타협할 수 있습니다.

- **계약 조건 변경** 특정 부채나 위험이 발견되면 계약 조건을 수정해야 합니다. 대표적인 대응 방식은 매도자가 해당 위험에 대해 매수자에게 보상하도록 하거나, 인수 금액 중 더 많은 금액을 에스크로 계좌에 예치하도록 요구하거나, 주식 인수가 아닌 자산 인수 방식으로 구조를 변경해 문제가 되는 부채가 매수자에게 승계되지 않고 매도자에게 그대로 남도록 할 수도 있습니다.[33]

- **거래 철회** 과거 재무 성과가 처음 제시된 것보다 현저히 나쁜 경우, 회사의 향후 전망이 예상보다 불투명하거나 막대한 자본 투입이 필요한 상황, 또는 기타 심각한 문제가 발견된다면, 이는 회사의 실체가 처음 파악했던 것과 본질적으로 다르다는 신호일 수 있습니다. 이러한 경우에는 거래를 주저하지 말고 즉시 중단해야 합니다.

마지막으로 세부 사항에 지나치게 집착하지 않는 것이 중요합니다. 실사 과정에서는 흔히 '미션 크립(mission creep)'이라 불리는 함정에 빠지기 쉽습니다. 이는 본래의 목적에서 벗어나 점점 사소한 문제에 집착하게 되는 상황을 말합니다. 하나의 질문을 해결하면 또 다른 질문이 생기고, 그것이 다시 새로운 의문으로 이어지는 식입니다. 호기심이 생길 수는 있지만, 그 질문이 의사 결정에 실질적인 영향을 주지 않는다면 더 깊이 파고들 필요는 없습니다. 실사는 빠르고 체계적으로 진행하는 것이 사업과 관련된 모든 정보를 완벽히 아는 것보다 훨씬 더 중요합니다. 거래는 속도와 추진력이 있을 때 성사됩니다. 반대로 사소한 문제들에 지나치

---

33 역자 주: 에스크로 계좌에 돈을 더 많이 넣는다는 것은 인수 대금의 일부를 바로 매도자에게 지급하지 않고 일정 기간 동안 제3자가 보관한다는 뜻입니다. 이를 통해 실사 과정에서 발견된 위험이 실제로 문제가 되었을 때, 해당 금액으로 매수자를 보호할 수 있습니다.

　　　　　　　　　　　　　인수 창업 가이드 북

게 매달려 속도가 느려지면 거래가 쉽게 무산될 수 있습니다. 설령 거래가 최종적으로 성사되더라도, LOI 제출 후 클로징까지 회사의 재무 성과가 하락하는 경우가 흔합니다. 매도자가 사업에 대한 집중력을 잃으면서 월 기준 최대 2% 까지 실적이 떨어지는 경우도 있습니다. 게다가 이러한 상황에서는 다른 매수자가 끼어들 수 있고, 함께하던 투자자들의 관심이 분산되어 다시 참여시키기 어려워질 수도 있습니다. 따라서 오직 거래의 성패나 조건에 실질적으로 영향을 미칠 중요한 사안에만 집중해야 합니다.

다음 단계
Next Steps

확인 실사가 대부분 마무리되면, 여러분은 동시에 세 가지 핵심 작업에 집중하게 됩니다. 첫째, 대출 기관으로부터 인수 자금을 조달하고, 둘째, 투자자 그룹으로부터 지분 투자를 유치하며, 셋째, 매매계약서 초안을 작성하고 매도자와 조건을 협상하는 일입니다. 이어지는 장에서는 각 단계를 차례로 살펴보겠습니다.

CHAPTER 18

인수에 필요한 부채 조달
Raising Debt

확인 실사를 통해 회사의 실체를 충분히 파악했다면, 이제는 구체적인 자금 조달 계획을 세우는 단계로 넘어가야 합니다. 소규모 회사를 인수할 때는 인수 가격의 약 2/3 를 부채로 조달합니다.

이 중 일부는 앞서 설명한 대로 **매도자 채권 (Seller Financing)** 방식으로 충당될 수 있으며, 이러한 조건은 대개 인수의향서 단계에서 이미 협의된 경우가 많습니다. 나머지 1/3 은 은행 또는 비은행권 대출로 충당됩니다. 은행 대출은 일반 기업 대출일 수도 있고, 미국의 경우에는 중소기업청 (SBA) 이 보증하는 대출 프로그램을 활용하는 방식도 있습니다.[34] 비은행권 자금 조달은 여신전문금융회사나 전문 대출 기관 등 제도권 비은행 금융 기관을 통해 인수 자금을 빌리는 형태로 이루어집니다.

15장에서 설명한 바와 같이, 인수자는 주로 선순위 대출을 통해 자금을 마련합니다. 선순위 대출은 다른 채권자나 주주보다 상환 순위가 가장 앞서는 대출로, 일반적으로 기업 가치의 30~50% 를 조달하는 데 사용

---

34 역자 주: 위 내용은 미국의 경우의 이야기입니다. 한국에서도 중소기업 인수를 지원하기 위한 프로그램이 존재합니다.

됩니다. 대출 기관이 이러한 비율을 설정하는 이유는 회사에 문제가 생기더라도 대출금을 회수하지 못할 위험을 최소화하기 위해서입니다. 추가로, 기업 가치의 20~25%는 매도자 채권으로 구성되는 경우가 많습니다. 앞서 언급한 선순위 대출과 매도자 채권을 합치면 전체 인수 금액의 약 2/3가 부채로 충당됩니다. 이러한 방식으로 구성된 인수 자금 조달 구조는 표 18.1에 정리되어 있습니다.

표 18.1

소규모 기업 인수를 위한 자금 조달 구조

선순위 대출	40%
매도자 채권	25%
지분	35%
합계	100%

선순위 대출 기관 찾기
Looking for a Senior Lender

선순위 대출 기관을 찾는 일은 인수의향서(LOI)를 서명하고 확인 실사를 시작할 때 함께 진행해야 합니다. 일반적으로 지역 은행뿐만 아니라 비은행 대출 기관도 충분히 검토 대상이 될 수 있습니다. 적절한 대출 기관을 찾기 위해서는 상황에 따라 수십 곳의 금융 기관에 접촉해야 할 수도 있습니다. 과거 특정 업종에서 손실을 본 은행은 비슷한 사업에 대해 보수적인 태도를 보일 수 있는 반면, 성공 사례를 보유한 은행은 같은 업종에 대해 적극적인 태도를 보이기도 합니다. 이처럼 은행마다 인수 자금 대출에 대한 태도가 크게 다를 수 있으므로 가능한 한 폭넓게 접촉하는 것이 중요합니다.

만약 인수 대상 회사가 이미 대출을 받고 있는 주거래 은행이 있다면, 그 은행부터 접촉하는 것이 좋습니다. 해당 은행은 이미 그 회사의 사업 구조와 재무 상태를 어느 정도 파악하고 있기 때문입니다. 주거래은행이 없다면, 먼저 SBA (미국 중소기업청) 보증 대출을 취급하는 금융 기관이 있는지 확인하고, 그 조건을 충족하는지 검토하는 것이 좋습니다.[35] SBA 대출이 어려워 다른 은행을 알아봐야 한다면, 상담을 시작하기 전에 아래 3가지 질문을 통해 해당 은행이 실제로 인수자금 대출을 제공할 여지가 있는지 사전에 검증해보는 것이 좋습니다.

- **대출 규모의 적합성:** 대출 기관마다 가능한 대출 금액대가 정해져 있습니다. 인수 금액이 그 범위에 들어가야만 해당 기관도 관심을 가지고 적극적으로 검토합니다. 따라서 먼저 그 기관의 통상적인 대출 규모를 물어보는 것이 좋습니다.

- **업종 이해도:** 대출 기관이 인수하려는 회사의 업종을 얼마나 잘 이해하고 있는지에 따라 심사 속도와 승인 여부에 큰 영향을 미칩니다. 또한, 대출 담당자를 신중히 선택하는 것도 중요합니다. 해당 담당자가 이전에 처리한 대출이 내부 심사에서 얼마나 자주 승인되었는지 확인하면 대출 승인 가능성을 판단하는 데 도움이 됩니다.

- **대출 구조의 유형:** 선순위 대출은 크게 자산담보대출과 현금 흐름 기반 대출 두 가지로 나뉩니다. 인수하려는 회사의 사업 구조에 어떤 방식이 더 적합한지 먼저 판단한 뒤, 해당 유형을 주로 취급하는 금융 기관을 우선적으로 접촉하는 것이 좋습니다.

---

35 역자 주: 한국에서도 각 시도에서 운영하는 신용보증재단의 보증 대출 프로그램이 있습니다. 이러한 보증 대출을 취급하는 금융 기관을 통해 인수 자금을 마련할 수 있습니다.

자산담보대출

Asset-based loans

자산담보대출(Asset-Based Lending) 은 가장 일반적이고 전통적인 선순위 대출 방식입니다. 기업 대출에서 대출금의 상환은 주로 기업의 현금흐름을 통해 이루어지지만, 회사의 현금흐름이 약화되어 상환 능력이 저하될 경우, 대출 기관은 담보로 설정된 자산(매출채권, 재고, 부동산 등)에 대해 우선변제권을 행사하여 이를 매각하고 대출금을 회수할 수 있습니다. 대출 한도는 자산 가치를 기준으로 산정되며, 일반적으로 매출채권의 70~90%, 재고자산의 약 50% 수준까지 대출이 가능합니다. 자산담보대출은 현금흐름담보대출보다 비용과 이자율이 낮은 편이어서, 인수 대상 기업의 사업 구조와 잘 맞는다면 유리한 선택이 될 수 있습니다.

서비스업을 운영하는 기업들은 자산담보대출을 활용할 만큼 충분한 실물자산을 보유하지 못하는 경우가 많습니다. 제이슨 파나노스와 제이 데이비스가 670만 달러에 인수한 벡터 디지즈 컨트롤 인터내셔널(VDCI)이 대표적인 사례입니다. 해충 방제 서비스를 제공하는 이 회사는 재고가 전혀 없었고, 인수 당시 매출채권도 14만 달러에 불과했습니다. 사용 중인 장비 역시 너무 특수한 형태라 중고 자산으로서의 가치가 거의 없었습니다. 이처럼 담보로 활용할 만한 자산이 부족했기 때문에 VDCI는 자산담보대출을 인수자금 조달 방식으로 활용하기에 적합하지 않았습니다. 결국 두 인수자는 현금흐름담보대출을 통해 자금을 마련할 수밖에 없었습니다.

현금흐름담보대출
Cash-flow lenders

현금흐름담보대출 (cash-flow loan) 은 담보로 활용할 실물 자산이 부족하지만, 안정적이고 예측 가능한 이익 구조를 가진 기업을 인수할 때 사용되는 대출 방식입니다.[36] 대출 기관은 기업의 미래 수익 창출 능력을 기준으로 대출 상황 가능성을 평가하며, 자산이 아닌 기업의 수익력을 담보로 삼는 구조입니다. 또한, 현금흐름담보대출은 자산담보대출과 마찬가지로 대출금을 회수하지 못할 위험을 최소화하기 위해 기업 가치의 약 30~50% 범위 내에서만 제공됩니다.

앞서 언급한 SBA 7(a) 보증 대출은 대표적인 현금흐름담보대출입니다.

---

36 역자 주: 한국에서는 미국식 현금흐름담보대출과 완전히 동일한 형태는 흔하지 않지만, 앞서 언급한 신용보증재단의 보증 대출이나 기업 매출 기반 대출이 그 역할을 일부 대신합니다.

　　　　　　　　　　　　　　　　　인수 창업 가이드 북

일부 지역 은행도 기업의 현금흐름을 기준으로 유사한 방식의 대출을 제공하기도 하지만, 실제로는 비은행권 대출 기관을 통해 조달되는 경우가 훨씬 더 많습니다. SBA 보증 대출을 제외하면 현금흐름담보대출의 금리는 일반적으로 자산담보대출보다 높습니다. 시중 은행을 이용할 경우 금리 차이가 비교적 크지 않지만, 비은행권에서 대출을 받을 경우 은행 금리의 두 배 이상이 되는 사례도 흔히 발생합니다.

선순위 대출 조건
Senior Loan Terms

선순위 대출의 조건을 협상할 때는, 모든 세부 사항을 변호사와 함께 법적 계약서에 명확히 규정해야 합니다. 자산담보대출이든 현금흐름담보대출이든 마찬가지입니다. 보통 협상해야 할 핵심 항목은 다음 5가지입니다.

- 대출 규모 (Loan Size)

- 약정 조항 (Covenants)

- 상환 일정 (Repayment Schedule)

- 개인 보증 (Personal Guarantees)

- 이자율 및 수수료 (Rates and fees)

이 5가지 항목은 모두 중요한 요소이지만, 인수를 성공적으로 마무리하기 위해서는 우선순위를 정하는 것이 매우 중요합니다. 가장 중요한 목표는 인수를 위한 충분한 자금을 확보하는 것입니다. 그다음으로는 약정 조건과 각종 제한을 완화하여 채무불이행(디폴트) 위험을 최소화하는 것, 세 번째는 상환 일정을 최대한 뒤로 미뤄 초기 몇 년간 현금 흐름의 여유를 확보하는 것, 네 번째는 개인 보증 부담을 줄이는 것, 마지막으로 이자율과 수수료를 조정하는 것입니다.

이자율과 수수료 협상의 우선순위가 가장 낮다는 점은 다소 의외일 수 있습니다. 그러나 인수 과정에서 가장 중요한 것은 사업을 인수하고 운영할 수 있을 만큼 충분한 자금을 확보하는 것입니다. 금리가 약간 낮은 대출을 선택하는 것보다 필요한 규모의 자금을 안정적으로 조달하는 것이 훨씬 더 중요합니다. 그다음으로 중요한 것은 상환 일정과 약정 조건을 현실적으로 이행 가능한 수준으로 설정하는 것입니다. 회사 실적이 일시적으로 흔들린다고 해서 곧바로 은행과 문제가 발생하는 상황은 반드시 피해야 합니다. 대부분 소규모 기업은 운영 과정에서 매출 변동, 거래 지연, 비용 증가와 같은 예기치 못한 상황을 한두 번쯤 겪게 됩니다. 따라서 이러한 일반적인 변동성을 감당할 수 있도록, 문제가 생겼을 때 대응할 시간을 확보할 수 있는 구조로 대출 조건을 협상해야 합니다.

대출 규모
Loan size

선순위 대출을 신청하기 전에 가장 먼저 해야 할 일은 적정 대출 규모가 얼마인지 계산하는 것입니다. 무작정 필요한 금액을 정해 놓고 대출을 요청하기보다, 몇 가지 분석을 통해 현실적인 범위를 잡아야 합니다. 우선, 대출금이 회사를 인수할 만큼 충분히 큰지 확인해야 합니다. 대출금, 매도자 채권, 그리고 지분 투자 금액을 합한 총액이 전체 인수 비용을 충당할 수 있어야 하기 때문입니다. 그다음 선순위 대출 규모가 시장 관행인 인수가의 30~50% 범위 내에 있는지 확인해야 합니다. 이후 이 금액

   인수 창업 가이드 북

을 재무 모델에 반영하여, 인수 후 사업이 실제로 해당 부채를 상환할 수 있는지 검토해야 합니다. 만약 대출금이 지나치게 많다면, 금액을 줄이고 부족한 부분은 매도자 채권이나 지분 투자로 보완해야 합니다. 매도자 채권 비중은 인수의향서(LOI)에 이미 명시되어 있으므로, 이 금액을 늘리려면 매도자와의 다시 협상해야 합니다. 상대적으로 지분 투자 금액을 늘리는 것이 더 쉬워 보일 수 있지만, 실제로 투자자 네트워크에서 추가 자금을 조달할 수 있는지, 그리고 지분 투자자에게 돌아갈 기대 수익률이 시장 기준에 부합하는지도 반드시 확인해야 합니다.[37] 이러한 모든 요소를 고려하여 재무 모델을 여러 차례 조정하며 균형을 맞춘 후에야 선순위 대출을 공식적으로 신청할 준비가 됩니다.

은행은 통상적으로 내부 심사 부서에서 승인 가능하다고 판단한 최대 한도까지 대출을 제안합니다. 그러나 대출 한도가 정해지는 방식은 명확한 공식에 따라 결정되는 것이 아닙니다. 동일한 회사에 대해 두 은행이 서로 다른 대출 금액을 제안하는 경우도 흔히 발생합니다. 이런 상황이 생기면, 다른 은행에서 더 큰 금액을 제안받았다는 사실을 근거로 대출 한도 재검토를 요청할 수 있습니다.

하지만 때로는 인수를 마무리하기에 충분한 규모의 선순위 대출을 확보하지 못하는 경우가 있습니다. 예를 들어, 회사의 과거 실적이 고르지 않아 대출 상환 능력이 부족하다고 판단되거나, 인수 대상 회사가 빠르게 성장 중이라 인수 가격은 높지만 대출 기관들이 미래 성장성을 대출 한도에 반영하지 않는 경우가 많습니다. 이처럼 선순위 대출 금액을 충분히 확보하지 못하면 인수 자금 조달 계획을 다시 조정해야 하며, 매도자 채권을 늘리거나 지분 투자 비중을 확대해 부족한 금액을 채워야 합

37　지분 투자 수익률에 대한 내용은 19장에서 자세히 다룹니다.

니다. 만약 이러한 대안으로도 자금을 충당하지 못한다면 인수는 불가능합니다. 실제로 이 단계에서 자금 조달 실패로 인해 거래가 무산되는 사례도 드물지 않게 발생합니다.

약정 조항
Covenants

거의 모든 선순위 대출에는 약정 조항, 즉 차입자가 반드시 준수해야 하는 조건들이 포함됩니다. 이 조항을 위반하면 대출은 즉시 상환 대상이 될 수 있습니다. 실제로 위반 정도가 경미한 경우 대출 기관이 이를 면제해 주기도 하지만, 위반 정도가 심각할 경우 대출 기관은 추가 수수료 부과, 금리 인상 또는 대출금 일부 상환을 요구할 수 있습니다. 약정 위반이 더욱 심각해져 회사의 재무 건전성까지 위협하는 수준에 이르면, 대출 기관은 대출 전액의 즉시 상환을 요구할 수도 있습니다. 이처럼 약정 조항을 위반했을 때 감수해야 할 위험이 매우 크기 때문에, 각 조항은 현실적으로 지킬 수 있는 조건으로 설정하는 것이 무엇보다 중요합니다.

선순위 대출의 주요 약정 조항은 인수한 회사가 재무적으로 건전한 상태를 유지하고 있는지를 주기적으로 확인하기 위한 장치들입니다. 보통 분기 단위 또는 연 단위로 확인하며, 회사의 EBITDA를 기준으로 특정 재무 지표를 비교하는 방식으로 구성됩니다. 대표적인 지표로 **레버리지 비율 (Leverage Ratio)** 은 EBITDA와 현재 차입금 규모를 비교하는 지표입니다. '선순위 대출 잔액은 EBITDA의 2.5배를 넘지 않아야 한다'는 조건이 여기에 해당합니다. 또 다른 지표는 **부채상환비율 (Debt Service Coverage Ratio, DSCR)** 로, EBITDA가 회사의 연간 이자 및 원금 상환액을 충분히 감당할 수 있는지를 평가합니다. 예를 들어, 'EBITDA는 회사의 연간 부채 상환액의 최소 2배 이상이어야 한다'는 조건으로 설정됩니다.

약정 조항은 주로 대출 기관이 먼저 제안합니다. 선순위 대출을 신청하면 대출 기관은 인수 대상 기업의 향후 재무 전망치를 받은 후, 그 예상치에서 약 15~20%를 보수적으로 삭감한 수치를 기준으로 약정 조건을 설정합니다. 대출 기관은 차입자가 제출한 재무 전망치보다 약간 낮은 수준으로 약정 조항을 설정하는 것을 선호합니다. 이는 실제 실적이 예상보다 조금만 악화되더라도 이를 즉시 감지하고, 재무 상태가 더 악화되기 전에 적절한 조치를 취할 수 있기 때문입니다. 반면, 차입자인 여러분의 입장에서는 약정 조항에 충분한 여유가 있어야 예상 실적에서 약간 벗어나더라도 위반 상황이 발생하지 않습니다. 따라서 약정 조건은 일정 수준의 여유를 확보하는 방향으로 조정해야 합니다. 만약 대출 기관이 '본인이 직접 작성한 전망치를 스스로 신뢰하지 않는 것 아니냐?'라는 우려를 제기한다면, **약정 조항은 경영진의 예측 능력을 시험하기 위한 것이 아니라 대출의 안전성을 확보하기 위한 장치**임을 논리적으로 설득해야 합니다. 약정을 느슨하게 설정하여 부채상환비율이 2배가 되더라도 은행 입장에서 충분히 안전하다는 점을 강조할 수 있습니다.[38]

약정 비율은 시간이 지나면서 변동될 수 있습니다. 대출 초기에는 회사 실적이 15~25% 정도 감소하더라도 약정 기준에 저촉되지 않도록 설정하는 것이 원칙입니다. 시간이 흐르면 원금이 일부 상환되므로 약정 기준이 동일하더라도 남은 대출의 안전성이 높아져 약정이 점차 느슨해지

38　역자 주: 은행이 제시한 레버리지 비율이 EBITDA의 2.5배라면 이를 3배까지 허용해 달라고 요구하거나, DSCR의 최소 약정 비율이 2배라면 이를 1.5배로 낮춰달라고 요구하는 것입니다.

는 효과가 나타납니다. 예를 들어, 대출이 실행된 첫날 실제 레버리지 비율이 2.5배이고 약정 기준이 3배 이하로 유지되어야 한다고 가정해 봅시다. (표 18.2) 2년 후 EBITDA가 150만 달러로 증가하고 대출 원금 70만 달러를 상환했다면, 동일한 3배 약정 기준이라도 훨씬 더 여유가 생기게 됩니다. (표 18.3)

표 18.2

소규모 기업 인수의 거래 종결 시점 레버리지 비율 예시

선순위 대출 금액	$3.0 million
EBITDA*	$1.2 million
선순위 대출/EBITDA 비율	2.5x

*EBITDA: 감가상각전 이익

표 18.3

소규모 기업 인수 2년 후 레버리지 비율 예시

선순위 대출 금액	$2.3 million
EBITDA*	$1.5 million
선순위 대출/EBITDA 비율	1.5x

*EBITDA: 감가상각전 이익

재무 모델은 약정 조항을 협상할 때 매우 유용한 도구입니다. 먼저 대출 기관이 제안한 약정 기준을 재무 모델에 입력합니다. 그런 다음 회사의 실적 수치를 하나씩 조정하며 어떤 상황에서 약정을 위반하게 되는지 확인합니다. 이를 통해 어떤 조항이 가장 먼저 위반되는지, 그리고 실적이 어느 정도 악화되어야 약정을 어기게 되는지를 명확히 파악할 수 있습니다.

　　　　　　　　　　　　　　　　　　　　　　인수 창업 가이드 북

상환 일정
Repayment Schedule

대부분 은행은 리스크 관리를 위해 소규모 기업 대출의 만기를 최대 5년 이하로 제한하며, 대출 기간 동안 매년 상환해야 할 금액이 상세히 적힌 상환 일정표를 제시할 것입니다. 그러나 상환 일정은 대출 기간 전체에 균등하게 배분될 필요는 없으며, 만기까지 모든 원금을 갚는 형태여야 할 필요도 없습니다. 이 부분은 충분히 협상 가능하며, 특히 초기 몇 년간 상환액을 낮게 설정하는 것이 매우 중요합니다. 이렇게 하면 인수 직후 성과가 좋을 때는 조기 상환이 가능하고, 반대로 초기에 사업이 다소 흔들리더라도 상환 부담이 낮아져 유동성을 확보할 수 있습니다. 따라서 은행이 제안한 상환 스케줄을 그대로 받아들이지 말고, 이를 재무 모델에 직접 반영한 후 실적이 다소 흔들리는 경우나 성장을 위해 추가 자금이 필요한 상황에서도 충분한 현금을 확보할 수 있는지 반드시 확인해야 합니다.

은행들은 종종 **초과 현금흐름 스윕 (excess cash flow sweep)** 조항을 요구합니다. 이는 매년 말 회사가 운영비, 이자, 세금, 자본적 지출, 기타 투자 및 예정된 상환금을 모두 지급한 후에도 현금이 남아 있을 경우, 그 초과분의 일정 비율(보통 50%)을 은행에 조기 상환금으로 납부해야 한다는 뜻입니다. 주의할 점은 상환의 적용 방식입니다. 이렇게 납부된 조기 상환금은 만기 시점에 남아 있을 원금을 줄이는 데 우선 충당되지만, 대출 초기에 갚아야 할 정기 상환 부담은 그대로 유지됩니다.

개인 보증

Personal guarantees

개인 보증 (Personal Guarantee) 은 소규모 기업 인수 시 흔히 요구되는 조건입니다. 특히 SBA 보증 대출에서는 개인 보증이 필수적으로 요구됩니다. 일반 대출의 경우에도 인수자가 지분의 과반을 보유할 경우 개인 보증을 요구하는 사례가 많습니다. 반면, 외부 투자자들이 지분의 대부분을 보유한 경우에는 개인 보증을 면제해 주는 경우도 있습니다. 개인 보증을 서명한다는 것은 사업이 실패할 경우 본인의 모든 개인 자산이 위험에 처할 수 있음을 의미하므로 신중히 결정해야 합니다.

이자율 및 수수료

Rates and fees

은행은 대출을 제공할 때 두 가지 방식으로 비용을 부과합니다.

첫째, 대출 잔액에 대한 이자율입니다. 이 이자율은 매달 변동되는 기준 금리에 은행이 정한 고정 스프레드 (가산 금리) 를 더해 결정됩니다. 둘째, 이자율 외에도 다양한 수수료를 추가로 부과합니다. 이러한 수수료에는 실사 비용 (Due Diligence Fee), 약정 수수료 (Commitment Fee), 클로징 수수료 (Closing Fee), 한도 유지 수수료 (Availability Fee), 모니터링 수수료 (Monitoring Fee) 등이 포함되며, 그 명칭과 종류는 은행마다 상이할 수 있습니다. 각각의 비용보다는 전체적으로 부과되는 금액에 주의를 기울이는 것이 중요합니다. 은행으로부터 대출 제안서를 받을 때에는 모든 수수료 항목이 포함되어 있는지, 각 수수료가 어떻게 산정되는지 반드시 확인해야 합니다. 이 밖에도 은행 측의 법률 비용과 대출 계약을 마무리하는 과정에서 발생하는 제3자 비용 역시 차입자가 부담해야 합니다.

기타 조건
Other terms

대부분의 선순위 대출에는 대출 상환 후 남은 현금흐름의 사용에 대한 제한이 종종 포함됩니다. 원칙적으로 선순위 대출이 미상환 상태일 경우, 세금 납부를 제외하고 주주에게 현금을 배당하거나 인출하는 것이 허용되지 않습니다. 또한, 인수 구조에 매도자 채권이 포함된 경우, 회사가 선순위 대출의 재무적 약정을 모두 충족한다는 전제하에 이자 지급은 허용되지만, 매도자 채권의 원금 상환은 선순위 대출이 모두 상환되기 전까지 금지됩니다. 이는 선순위 대출의 목적이 회사의 현금흐름이 다른 후순위 채권자나 주주에게 돌아가기 전에 우선적으로 상환되도록 보장하기 위함입니다.

은행 대출을 협상하고 마무리하는 과정은 시간이 오래 걸리며, 대출 의향이 있는 은행을 처음 찾은 시점부터 실제로 마무리되기까지 보통 두 달 정도가 소요됩니다. 은행은 대출 제공 의사를 밝히며 먼저 대출 조건서(Term Sheet)를 보내오는데, 이 문서는 법적 구속력은 없지만 대출 조건을 구체적으로 제시하며 협상의 출발점이 되며, 은행 역시 어느 정도 협상 여지를 남긴 상태로 이 문서를 제시합니다. 대출 조건서를 수락하는 순간부터는 대출 완료에 필요한 은행 측의 실사 비용과 법률 비용을 차입자가 부담하기로 확정됩니다. 이후 은행은 대출 계약서 초안을 준비하고, 기업에 대한 자체 실사를 시작합니다. 차입자는 매도자에게서 받은 정보를 바탕으로 은행의 실사 요청에 응해야 하며, 변호사와 함께 최종 대출 계약서의 조항을 협상하게 됩니다. 이 모든 과정은 매도자와 진행 중인 매매계약서의 마무리 작업과 동시에 이루어집니다.

매도자 채권
Seller Debt

매도자 채권 (Seller Debt) 은 회사가 매도자에게 발행하는 약속어음의 형태로 제공됩니다. 일반적으로 전체 인수 가격의 20~25% 수준이며, 만기는 4~5년, 이자율은 5~8% 정도로 정해지고 고정 금리를 사용합니다. 매도자 채권에는 개인 보증이 요구되는 경우는 거의 없습니다.

매도자 채권의 금액, 만기, 이자율 등의 조건은 매도자와 직접 협상하게 되며, 이 외에도 매도자가 종종 요청하는 두 가지 보호 조항이 있습니다. 첫 번째 조항은 기존 선순위 대출을 재융자할 경우 새로운 선순위 대출의 규모가 기존 금액을 초과하지 못하도록 제한하는 내용입니다. 실무에서 자주 사용되는 절충안은 '선순위 대출의 증액은 허용하되, 늘어난 금액의 50%를 매도자 채권의 조기 상환에 사용한다'는 방식이 자주 쓰입니다. 두 번째 조항은 매도자 채권이 완전히 상환되기 전까지는 세금 목적 외의 현금 배당이나 인출을 금지하는 것입니다. 이는 상식적으로 타당한 요구이므로 가능하면 수용하는 것이 좋지만, 의외로 이 조항을 요구하지 않는 매도자들도 많습니다.

인수의향서 (LOI) 를 제출한 이후[39] 맞이하게 될 중요한 변화 중 하나는 은행 (선순위 대출 기관) 이 매도자 채권을 반드시 후순위로 두도록 요구하는 점입니다. 이 **후순위화 (subordination)** 조항이 포함되면, 회사가 선순위 대출에서 디폴트가 발생했을 경우 은행이 매도자 채권에 대한 지급을 제

39 이 시점에 여러분은 매도자 채권 구조를 이미 제안했을 수도 있습니다.

 인수 창업 가이드 북

한할 수 있습니다. 이 협의는 은행 측 변호사와 매도자 측 변호사가 직접 진행합니다. 회사를 처음 매각하는 매도자들은 이 조항에 당황하거나 거부감을 느낄 수 있습니다. 그러나 은행은 이 조항을 절대 양보하지 않으며, 매각을 성사시키고자 하는 매도자는 결국 이를 수용할 수밖에 없습니다. 다만, 이러한 협의 과정에서 일종의 '반대급부'가 발생합니다. 바로 매도자가 후순위 위험을 감수하는 대신, 지분 투자자들(주주) 역시 매도자 채권이 모두 상환될 때까지 세금 목적 외의 어떠한 현금 분배도 받지 않겠다고 약속하는 것입니다.

매도자 채권 계약서는 여러분의 변호사가 작성하며, 후순위화 계약서(subordination agreement)는 은행 측 변호사가 작성합니다. 이 문서들은 거래 마감일에 서명해야 할 여러 문서 중 일부입니다.

다음 단계
Next Steps

지금까지 여러분은 인수 자금을 마련하기 위해 필요한 부채 조달 구조를 정의하고, 이에 적합한 대출 기관들과 논의를 진행해 왔습니다. 이제 다음 단계는 인수를 완성할 자기자본을 조달하는 것입니다. 이 과정은 19장 「인수에 필요한 자기자본 조달」에서 자세히 설명하겠습니다.

인수에 필요한 자기자본 조달
Raising Acquisition Equity

여러분이 찾은 인수 대상이 좋은 매물이라면, 거래를 마무리하는 데 필요한 지분 투자금은 의외로 빠르게 조달될 수 있습니다. 수백만 달러 규모의 투자금을 유치한다는 말이 다소 비현실적으로 들릴 수 있습니다. 하지만 놀랍게도 이는 엄연한 사실입니다. 시장에 자금은 풍부하지만, 정작 좋은 투자 기회는 는 언제나 희소하기 때문입니다. 성공적인 중견 기업의 오너나 대형 로펌의 파트너 등 고자산가 투자자들 조차 훌륭한 비상장 기업 투자 기회에는 접근하기가 쉽지 않은 것이 현실입니다. 따라서 여러분의 제안이 충분히 매력적이라면, 전체 인수 금액의 약 1/3 에 해당하는 지분 투자를 기꺼이 감당할 투자자를 찾는 것은 그리 어려운 일이 아닙니다. 물론 전제 조건은 있습니다. 비상장 투자는 본질적으로 높은 위험과 비유동성을 감수해야 하는 만큼, 그에 상응하는 확실한 보상이 제시되어야 합니다. 우리 경험상, 투자자들이 요구하는 최소 기대 수익률은 연 25% 수준입니다. 이 정도의 수익성이 담보되어야만 지분 투자가 현실적으로 성사됩니다.

여러분은 탐색 과정을 시작하며 인수 자금을 투자할 만한 고액 자산가 네트워크를 구축해 왔을 것입니다. 이 네트워크에는 서치 펀드에 투자했던 기존 투자자들뿐만 아니라 탐색 단계에서 꾸준히 관계를 쌓아 온 잠재 투자자들도 포함될 수 있습니다. 만약 서치 펀드를 통해 탐색을 진행했다면, 인수 자금의 대부분을 탐색 단계에서 함께했던 투자자들로부터 조달할 수 있으며, 부족한 자금은 서치 펀드에 참여하지 않았지만 인수에 관심을 보였던 사람들에게 다시 연락해 추가로 확보할 수 있습니다. 반면, 자비로 탐색을 진행했다면, 필요한 지분 투자금 전액을 그동안 꾸준히 소식을 공유하며 관계를 유지해 온 잠재 투자자들로부터 마련해야 합니다.

인수 자금을 모집하는 과정은 5장에서 설명한 탐색 자본 조달 과정과 매우 유사합니다. 가장 가까운 사람들 또는 이미 알고 지내던 투자자들로부터 시작해 네트워크를 점차 확장해 나가면 됩니다. 다만, 탐색 단계에서는 찾고 있는 회사의 특징과 인수 조건에 대해 이야기했다면, 이번에는 투자자들에게 여러분이 선택한 매물이 왜 훌륭한 인수 기회인지 구체적인 근거를 제시하며 설득해야 한다는 점이 다릅니다.

투자제안서 작성하기
Assembling the Investment Memorandum

인수 후보 기업에 대한 상세 정보를 정리한 **투자제안서(investment memorandum)**는 잠재 투자자들에게 전달하는 주요 문서입니다. 인수의향서(LOI)에 매도자의 서명을 받았다면, 즉시 투자제안서 준비를 시작해야 합니다. 투자제안서에는 다음과 같은 내용이 포함됩니다.

- ☑ **사업 및 산업 관련 정보.** 기밀정보요약서에 담긴 내용이면 충분합니다.

- ☑ **실사 결과 요약.** 본인이 직접 수행한 예비 실사와 확인 실사, 그리고 회계사와 변호사의 검토 내용을 포함합니다. 특히 초기 우려했던 문제와 이를 어떻게 해결했는지 상세히 설명해야 합니다. 그래야 투자자들이 해당 사안과 실사가 얼마나 철저했는지 신뢰할 수 있습니다.

- ☑ **재무 전망치.** 인수 후 예상되는 매출, 비용, 현금흐름 등을 포함한 구체적인 재무 예측을 제공합니다.

- ☑ **투자자들에게 제시할 거래 조건.** 어떤 형태의 증권을 발행할 계획인지, 배분 구조와 수익 분배 순서, 회사의 향후 지배 구조 방식, 그리고 창업자인 여러분이 어느 정도의 지분을 유지할 계획인지까지 포함해야 합니다.

탐색 단계에서 이미 투자자들로부터 자금을 받은 경우, 당시 합의했던 조건이 있기 때문에 현재 단계에서 지분 투자 조건을 자유롭게 변경하기는 어렵습니다. 반면, 탐색을 자체 자금으로 진행한 경우에는 투자 조건을 설정할 때 상대적으로 더 유연하게 결정할 수 있습니다.

증권 유형
Types of Securities

소규모 비상장 기업에 대한 지분 투자는 대개 **우선주 (preferred stock)** 형태로 이루어집니다. 우선주는 투자 원금이 상환된 후, 약정된 우선 수익을 지급된 후에야 비로소 회사의 잔여 이익이 배분되는 구조를 갖습니다. 예를 들어, 여러분이 투자자들로부터 300만 달러를 조달했다고 가정해 봅시다. 회사는 영업현금흐름에서 부채를 상환한 후, 남은 현금흐름으로 투자자에게 먼저 300만 달러의 원금을 상환하고 연 8%의 우선 수익을 지급합니다. 이 모든 의무가 충족된 이후에 남은 현금흐름은 창업자와 투자자 간에 분배됩니다. 일부 구조에서는 **캐치업 (catch-up)** 조항이 포함되기도 합니다. 이 경우 원금과 우선 수익이 모두 지급된 뒤, 남은 현금흐름을 지분대로 나누기 전에 창업자가 우선 수익률에 해당하는 금액을 먼저 지급받아 수익 배분의 균형을 맞추는 장치입니다. 그 이후부터 창업자와 투자자가 약정된 비율대로 수익을 공유하게 됩니다.

거래마다 조건이 상이한 이유는 창업자와 투자자가 각자의 목표와 위험 감수 성향에 맞춰 이익 배분 구조를 전략적으로 조율하기 때문입니다. 아리 메도프의 경우, 투자자들에게 높은 우선 수익을 보장하고 본인의 캐치업 권리를 포기하는 대신, 우선 수익 지급 이후 남은 이익의 상당 부분을 더 많이 가져오는 구조로 협상했습니다. 반면, 주드 투마는 캐치업 없이 일반적인 잔여 이익 배분 구조를 선택했으며, 그 대가로 투자자들의 우선 수익률을 낮출 수 있었습니다.

거래 조건

Deal terms

탐색 자금을 투자자로부터 조달했다면, 인수 조건은 이미 탐색 단계에서 대부분 결정된 상태입니다. 표 19.1에서는 학생들에게 악기를 대여하는 제스위츠 뮤직의 사례를 다시 다루고 있습니다. 우리는 13장 「예비 실사」에서 재무 모델을 활용하여 향후 재무 성과를 예측하고, 합리적인 매입가를 산정하는 방법을 검토했습니다. 그리고 17장 「확인 실사」에서는 랜디 셰일러가 CIM에 기재된 EBITDA가 실제보다 20% 부풀려져 있음

<table>
<tr><td colspan="5" align="center">제스위츠 뮤직 인수 재무 모델, 버전 4
서치 펀드 투자자 지분 추가 시나리오</td></tr>
</table>

주요 가정		인수 자금 조달표(가정)		
		자금 사용처	**자금 출처**	
20% 감액한 2012년 EBITDA($1,228)를 배수로 산정한 인수 가격	4	인수 가격 4,912	은행 대출	1,519
		인수 비용 150	셀러 파이낸싱	1,519
은행 대출 비율	30%		투자자 지분	2,024
은행 대출 금리	6%			
셀러 파이낸싱 비율	30%			
셀러 파이낸싱 금리	8%	5,062		5,062
우선 수익률	7%			
경영자 성과보수	25%			

	12월 31일 기준 연도				
	2013	**2014**	**2015**	**2016**	**2017**
표 13.3의 잉여현금흐름	763	801	841	883	928
자본적 지출 50% 절감	272	286	300	315	331
EBITDA 20% 차감	262	275	288	303	318
	773	812	853	895	941
매각 금액 (표 13.3의 2017 EBITDA($1,590)의 4배에서 20% 차감)					5,088
은행 대출					
기초 부채 잔액	1,519	959	327	0	0
이자 비용	91	58	20	0	0
부채 원금 상환	560	632	327	0	0
기말 부채 잔액	959	327	0	0	0
셀러 파이낸싱					
기초 부채 잔액	1,519	1,519	1,519	1,135	331
이자 비용	122	122	122	91	27
부채 원금 상환	0	0	384	804	331
기말 부채 잔액	1,519	1,519	1,135	331	0
부채 상환 이후 가용 지분 현금흐름	0	0	0	0	5,671
투자자 지분					
기초 LP 지분	2,024	2,166	2,318	2,480	2,654
부채 원금 상환	142	152	162	174	186
	2,166	2,318	2,480	2,654	2,840
투자자 자본 분배	0	0	0	0	2,840
기말 LP 지분	2,166	2,318	2,480	2,654	0

(계속)

	12월 31일 기준 연도				
	2013	**2014**	**2015**	**2016**	**2017**
부채 상환과 자본 배분 이후					
남는 지분 이익	**0**	**0**	**0**	**0**	**2,831**
경영자 성과보수	**0**	**0**	**0**	**0**	**708**
투자자 성과 보수	0	0	0	0	2,123
투자자 현금흐름	0	0	0	0	4,963
지분 투자자의 IRR**	**20%**				

참고: 백분율(%)이나 인수 가격 배수(multiple)로 표시된 항목을 제외하고, 모든 수치는 천 달러 단위입니다.
*EBITDA: 감가상각 전 이익
**IRR: 내부수익률

을 확인했고, 이에 따라 인수 가격을 비례적으로 낮추는 데 성공했습니다. 표 19.1은 표 13.3의 가정을 기준으로 삼되, EBITDA가 20% 낮아진 만큼 인수 가격과 엑시트 (매각) 가치도 20% 감액했으며, 이에 따라 현금흐름을 조정하고 지분 투자자의 내부수익률 (IRR) 계산을 추가했습니다. 해당 모델은 전형적인 서치 펀드의 투자 조건을 반영하고 있습니다. 구체적으로는 지분 투자자들이 투자 원금과 연 7%의 우선 수익을 먼저 회수한 이후, 남은 현금흐름의 25%를 인수 창업가가 가져가는 구조입니다. 문제는 이 조건 하에서 산출된 내부수익률이 20%에 불과하다는 점입니다. 이는 투자자들이 통상적으로 요구하는 25% 기준에 미치지 못하는 수준입니다. 따라서 이 조건에서는 자금 조달이 어려울 수 있습니다. 만약 서치 펀드 투자자들이 수익률 미달을 이유로 투자를 거절한다면, 거래가 무산될 가능성이 큽니다.

제스위츠 뮤직 인수 재무 모델, 버전 5
2012년 영업 비용과 과거 CAPEX의 50% 반영, 서치 펀드 투자자 지분 포함

주요 가정		인수 자금 조달표(가정)			
		자금 사용처		**자금 출처**	
20% 감액한 2012년 EBITDA($1,228)를 배수로 산정한 인수 가격	4	인수 가격	4,912	은행 대출	1,519
		인수 비용	150	셀러 파이낸싱	1,519
은행 대출 비율	30%				
은행 대출 금리	6%			투자자 지분	2,024
셀러 파이낸싱 비율	30%				
셀러 파이낸싱 금리	8%		5,062		5,062
우선 수익률	7%				
경영자 성과보수	25%				

	12월 31일 기준 연도				
	2013	**2014**	**2015**	**2016**	**2017**
표 13.3의 잉여현금흐름 (2012년 영업 비용 및 CAPEX 50% 반영)	1,363	1,431	1,503	1,578	1,657
차감: EBITDA 20% 감소분 (실사 결과 반영)	316	332	349	366	384
매각 금액 (2017년 EBITDA 에서 20%를 차감한 금액 x 4배 즉 $1,920 x 0.80 x 4)					6,147
은행 대출					
기초 부채 잔액	1,519	685	0	0	0
이자 비용	91	41	0	0	0
부채 원금 상환	834	685	0	0	0
기말 부채 잔액	685	0	0	0	0
셀러 파이낸싱					
기초 부채 잔액	1,519	1,519	1,268	215	0
이자 비용	122	122	101	17	0
부채 원금 상환	0	251	1053	215	0
기말 부채 잔액	1,519	1,268	215	0	0
부채 상환 이후 가용 지분 현금흐름	0	0	0	980	7,420
투자자 지분					
기초 LP 지분	2,024	2,166	2,318	2,480	1,674
부채 원금 상환	142	152	162	174	117
	2,166	2,318	2,480	2,654	1,791
투자자 자본 분배	0	0	0	980	1,791
기말 LP 지분	2,166	2,318	2,480	1,674	0

(계속)

  인수 창업 가이드 북

	12월 31일 기준 연도				
	2013	**2014**	**2015**	**2016**	**2017**
부채 상환과 자본 배분 이후					
남는 지분 이익	0	0	0	0	5,629
경영자 성과보수	0	0	0	0	1,407
투자자 성과 보수	0	0	0	0	4,222
투자자 현금흐름	0	0	0	980	6,013
지분 투자자의 IRR**	**29%**				

참고: 백분율(%)이나 인수 가격 배수(multiple)로 표시된 항목을 제외하고, 모든 수치는 천 달러 단위입니다.
*EBITDA: 감가상각 전 이익
**IRR: 내부수익률

확인 실사를 통해 회사의 잠재력을 재평가한 결과, 회사의 향후 전망이 초기 예상보다 훨씬 더 긍정적으로 보이고, 인수 금액 대비 연 25%를 훌쩍 넘는 높은 수익률이 가능하다고 가정해 보겠습니다. 이 경우 추가적인 이익의 상당 부분은 탐색 자금을 투자한 서치 펀드 투자자들에게 돌아갑니다. 인수 창업가인 여러분도 더 좋은 회사를 인수했다는 점에서 이득을 보지만, 사전에 확정된 지분 구조로 인해, 단지 좋은 회사를 찾았다는 이유만으로 지분율 자체를 높일 수는 없습니다. 랜디의 사례를 통해 이를 확인해 보겠습니다. 랜디가 2012년에 낮은 운영 비용과 절감된 자본적 지출이 앞으로도 지속될 것이라고 판단했다고 가정해 봅시다. 이러한 낙관적 시나리오를 반영한 모델이 표 19.2입니다. 투자자 입장에서는 29%라는 상당히 높은 내부수익률을 달성하게 되므로 매우 만족할 것입니다. 하지만, 투자자 원금과 우선 수익을 모두 지급한 후, 남은 잔여 이익의 25%를 가져가는 랜디의 몫은 변함이 없습니다.

반대로, 여러분이 자비로 탐색을 진행했다면 상황은 180도 달라집니다. 이제는 인수 대상 기업의 매력도와 가치가 어느 정도 명확해졌으므로, 투자자들에게 제시할 지분 구조를 여러분이 주도적으로 결정할 수 있는 권한을 갖게 됩니다. 인수 대상이 매력적일수록 창업가에게 유리한 조건으로 거래를 설계할 수 있습니다. 이러한 협상의 유연성이야말로 자체 자금 기반 탐색 방식의 가장 큰 장점입니다.

수익 배분 구조를 설계하기 위해서는, 지금까지 공들여 구축한 인수 대상의 재무 예측 모델을 다시 검토해야 합니다. 재무 전망치는 예비 실사 단계에서 초안이 마련되었으나, 확인 실사 과정을 거치며 데이터의 정합성이 한층 정교하게 고도화되었을 것입니다. 대출 기관들과 협의를 통해 조달 가능한 부채 규모를 확정했다면, 이제 투자자에게 제안할 구체적인 지분 조건을 설계할 차례입니다. 일반적으로 투자자들은 안정적인 비상장 중소기업 투자에서 연 25% 이상의 수익률을 기대합니다. 그렇다면 과연 어느 정도의 지분을 제공해야 이 목표 수익률을 충족시킬 수 있을까요? 이를 판단하기 위해서는 재무 모델에 일반적인 투자자 지분 구조를 대입해 보고, 해당 구조에서 투자자 수익률이 어떻게 변동하는지 확인해야 합니다. 예를 들어, 다음과 같은 수익 배분 순서를 모델에 적용해 볼 수 있습니다.[40]

1. 투자자에게 투자 원금을 전액 상환한다.

2. 투자자에게 연 7%의 우선 수익을 지급한다.

3. 그 후 창업자는 투자자에게 지급된 우선 수익의 25%에 해당하는 금액을 먼저 지급받는다. (캐치업 조항)

4. 이후 남은 이익은 투자자 75% , 창업자 25%로 나눈다.

---

40 역자 주: 이 분배 구조는 회사의 잉여현금이 발생할 때마다 순서에 따라 집행됩니다

표 19.3

제스위츠 뮤직 인수 재무 모델, 버전 6
2012년 영업 비용과 과거 CAPEX의 50% 반영, 탐색 자금 자체 부담

주요 가정		인수 자금 조달표(가정)			
		자금 사용처		**자금 출처**	
20% 감액한 2012년 EBITDA($1,228)를 배수로 산정한 인수 가격	4	인수 가격	4,912	은행 대출	1,519
		인수 비용	150	셀러 파이낸싱	1,519
은행 대출 비율	30%			투자자 지분	2,024
은행 대출 금리	6%				
셀러 파이낸싱 비율	30%		5,062		5,062
셀러 파이낸싱 금리	8%				
우선 수익률	7%				
경영자 성과보수	45%				

	12월 31일 기준 연도				
	2013	**2014**	**2015**	**2016**	**2017**
표 13.3의 잉여현금흐름 (2012년 영업 비용 및 CAPEX 50% 반영)	1,363	1,431	1,503	1,578	1,657
차감: EBITDA 20% 감소분 (실사 결과 반영)	316	332	349	366	384
매각 금액 (2017년 EBITDA에서 20%를 차감한 금액 x 4배 즉 $1,920 x 0.20 x 4)					6,148
은행 대출					
기초 부채 잔액	1,519	685	0	0	0
이자 비용	91	41	0	0	0
부채 원금 상환	834	685	0	0	0
기말 부채 잔액	685	0	0	0	0
셀러 파이낸싱					
기초 부채 잔액	1,519	1,519	1,268	215	0
이자 비용	122	122	101	17	0
부채 원금 상환	0	251	1053	215	0
기말 부채 잔액	1,519	1,268	215	0	0
부채 상환 이후 가용 지분 현금흐름	0	0	0	980	7,421
투자자 지분					
기초 LP 지분	2,024	2,166	2,318	2,480	1,674
부채 원금 상환	142	152	162	174	117
	2,166	2,318	2,480	2,654	1,791
투자자 자본 분배	0	0	0	980	1,791
기말 LP 지분	2,166	2,318	2,480	1,674	0

(계속)

표 19.3 (계속)

	12월 31일 기준 연도				
	2013	2014	2015	2016	2017
부채 상환과 자본 배분 이후					
남는 지분 이익	0	0	0	0	5,629
경영자 성과보수	0	0	0	0	2,533
투자자 성과 보수	0	0	0	0	3,096
투자자 현금흐름	0	0	0	980	4,887
지분 투자자의 IRR**	**25%**				

참고: 백분율(%)이나 인수 가격 배수(multiple)로 표시된 항목을 제외하고, 모든 수치는 천 달러 단위입니다.
*EBITDA: 감가상각 전 이익
**IRR: 내부수익률

이 구조에서 투자자의 기대 수익률이 어느 정도 산출되는지 확인해야 합니다. 만약 투자자 수익률이 목표치인 25%를 크게 상회한다면, 창업자의 지분율을 높이는 방향으로 조건을 수정하여 IRR을 25% 수준으로 맞출 수 있습니다. 이러한 조정을 여러 차례 반복하여 최종 조건을 계산할 수 있습니다.

표 19.3은 표 19.2와 동일한 재무 모델에 기반하지만, 랜디가 탐색 비용을 자비로 부담했다고 가정한 시나리오입니다. 이 경우 랜디는 투자자들에게 25% 이상의 수익률을 보장하면서도 자신의 지분을 25% 이상으로 높일 수 있습니다. 투자자들에게 원금과 우선 수익을 모두 지급한 후 남은 이익의 45%를 랜디가 가져간다고 가정하더라도, 투자자의 IRR은 여전히 25%로 유지됩니다.

여기서 한 가지 주의해야 할 점은 이 시점에서 사업 전망을 낙관적으로 조정하고 싶은 유혹이 종종 생긴다는 것입니다. 예를 들어, 예상 현금 흐름을 높여 부채 상환 속도를 빨라 보이게 하거나, 투자자 수익률이 더 좋아 보이도록 모델을 조정하고 싶은 마음이 들 수 있습니다. 하지만 투자자들은 엑셀 원본 파일까지 요청하여 투자 제안서의 재무 모델을 꼼꼼히 검토합니다. 이때 성장률이나 마진 개선 폭이 근거 없이 과도하게 설정되어 있다면, 즉시 의심을 사게 됩니다. 지나치게 낙관적인 가정은 오히려 투자자들이 투자를 철회하게 만드는 결정적인 패착이 될 수 있습니다. 따라서 보수적이지만 그 자체로도 충분히 매력적인 수익률을 제공하는 모델을 제시한 뒤, 실제로 더 나아질 가능성이 있음을 설명하는 것이 훨씬 효과적입니다. 제스위츠의 경우, 랜디가 표 19.3과 같은 모델을 투자자에게 제시한다면, 운영비용과 자본적 지출을 낮게 잡은 두 가지 핵심 가정이 실제로 어떻게 실현 가능한지에 대해 충분히 납득할 만한 근거를 제시해야 합니다.

투자제안서와 제안 조건이 모두 준비되었다면, 이제 잠재 투자자들에게 연락할 차례입니다. 먼저 이메일로 연락해 미팅 일정을 조율하고, 전화 미팅 전에 인수 대상 회사에 대한 짧은 요약 자료를 미리 보내두는 것이 좋습니다.

첫 통화에서 투자자가 관심을 보인다면, 그때 전체 투자제안서를 전달하고, 이후 궁금한 사항을 논의할 수 있도록 후속 미팅을 잡아야 합니다. 투자자들은 여러분이 진행한 실사 과정, 사업의 구조적 특성, 증권 구조, 제안 조건 등 다양한 질문을 할 것입니다. 한 가지 명심해야 할 점은 이러한 미팅은 단순한 정보 교환이나 가벼운 대화가 아니라 투자자를 설득하는 공식적인 피칭 절차라는 것입니다. 탐색 자금을 모집하던 초기 단계와 마찬가지로 철저한 준비가 필요하며, 시종일관 핵심 메시지를 흔들림 없이 전달해야 합니다. 투자자들은 인수 기회뿐만 아니라 여러분의 준비 상태, 설명 방식, 태도까지 종합적으로 평가하고 있습니다.

관심을 보이는 투자자들이 어느 정도 모이면, 이들로부터 구두로 투자 의사를 확인받아야 합니다. 이때 실제 필요한 금액보다 약간 더 많은 투자 확약을 확보해 두는 것이 좋습니다. 그래야만 막판에 일부 투자자가 이탈하더라도 서둘러 다른 투자자를 찾는 상황을 피할 수 있습니다. 투자자들과 투자 조건에 최종적으로 합의한 후, 변호사가 **주주계약서** **(shareholder agreement)** 초안을 작성해 투자자들에게 전달합니다. 투자자들은 이 계약서에 서명함으로써 자신이 부담하기로 한 인수 자금의 출자 의무를 법적으로 확약하게 됩니다.

다음 단계
Next Steps

이제 여러분은 인수 절차의 세 갈래를 동시에 진행하고 있습니다. 첫째, **확인 실사 (confirmatory due diligence)** 를 마무리하고 있고, 둘째, 대출 기관의 실사와 대출 조건 협상이 진행 중이며, 셋째, 지분 투자자들과의 **주주계약서 (shareholders' agreement)** 도 최종 조율 단계에 있습니다. 마지막 단계는 **매매계약서(purchase agreement)** 를 완성하는 일이며, 바로 다음 장에서 이 내용을 자세히 살펴보겠습니다.

 인수 창업 가이드 북

CHAPTER 20

매매계약서 협상하기
Negotiating the Purchase Agreement

확정 실사가 진행되면서 거래 성사에 대한 확신이 높아지면, 변호사와 함께 **매매계약서 (purchase agreement)** 초안을 준비하기 시작해야 합니다. 이 문서는 인수 거래를 법적으로 확정하는 최종 계약서입니다. 다만, 작성 과정에 상당한 법률 비용과 시간이 소요되므로, 확인 실사의 주요 쟁점들이 충분히 해소된 이후에 본격적으로 문서 작업을 착수하는 것이 일반적입니다.

계약서는 항상 매수자 측 변호사가 1차 초안을 작성하며, 이후 매도자 측 변호사가 수정 및 의견을 반영한 버전을 회신하면, 양측은 세부 조건을 조율하는 실질적인 협상 국면에 돌입합니다. 실사 과정에서 확인한 내용은 자연스럽게 계약 조건에 반영하게 됩니다. 제3자 계약서, 재무제표, 직원 급여 내역, 진행 중인 소송, 유형자산 등 계약서에 첨부되는 부속 서류들은 이미 실사 단계에서 전달받아 검토한 자료들입니다. 이 시점이면 인수 구조와 순운전자본 목표치가 확정되었을 것입니다. 그러나 매도자 입장에서는 계약서에 첨부할 각종 부속 서류를 준비하는 과정이 처음 접하는 경우가 많고 번거로워, 상당한 시간과 노력이 요구됩니다. 만약 이 부속 서류에 이전에 검토하지 못한 새로운 항목이 발견된다면, 추가 실사가 불가피합니다. 이러한 과정을 거쳐 매매계약서를 최종 완성하기까지는 통상 약 한 달 정도가 소요됩니다.

이 장에서는 계약서를 작성할 때 반드시 검토해야 할 핵심 항목들을 하나씩 살펴보겠습니다.

법적 인수 주체
Your Acquisition Entity

인수를 진행하려면 먼저 회사를 인수할 법인(인수 목적 법인)을 설립해야 합니다. 초기 탐색 단계에서 설립한 서치펀드 법인을 그대로 사용할 수도 있고, 새로운 인수 목적 법인을 별도로 설립할 수도 있습니다. 어떤 구조를 선택할지는 법적 및 세무적 요소에 크게 좌우되므로, 변호사가 상황에 적합한 구조를 제안할 것입니다. 이 인수 목적 법인은 은행 대출이나 매도자 채권을 활용할 경우 차입 주체가 되며, 외부 투자자에게 지분(증권)을 발행하는 주체가 되기도 합니다. 법인을 설립하면 유한책임 구조(limited liability)가 적용되어, 선순위 대출에 대한 개인 보증 등 개인적으로 제공한 보증을 제외하고는 사업 부채로부터 개인 자산이 보호됩니다. 이러한 법인 형태는 회사 단계에서 별도의 법인세가 부과되지 않으며, 이익이 투자자 개인의 소득으로 간주되어 과세됩니다. 미국에서 이러한 요건을 충족하는 법인 형태로는 LLC (유한책임회사), LP(유한책임 파트너십), S-Corp (S-코퍼레이션)가 있습니다. 오늘날에는 LLC가 가장 널리 사용되는데, 설립 절차가 간단하고 투자자 지분 구조나 분배 방식 등 다양한 거래 구조를 유연하게 설계할 수 있기 때문입니다.

　　　　　　　　　　　　　　　　　　　　인수 창업 가이드 북

매입 구조 설정하기
The Structure of Your Purchase

여러분은 인수의향서 (LOI)를 작성할 때 자산 인수 방식으로 진행할지 혹은 주식 인수 방식으로 진행할지 결정했습니다. 이제 이 결정을 최종 매매계약서에 명확하게 반영해야 합니다.

여기서 추가적으로 중요한 점은 세금 구조를 어떻게 설계하느냐입니다. 세금 구조는 세금의 규모와 과세 방식에 직접적인 영향을 미치기 때문입니다. 미국에서는 LLC, LP, S-Corp 법인의 지분을 인수하거나, 이들 법인의 자산을 직접 매입할 경우, 매입 가격을 기준으로 세무상 자산 가액 (Tax basis)을 **상향 조정 (Step-up)** 하도록 계약서를 설계하는 것이 좋습니다.[41] 이러한 구조를 설정하면, 인수 후 사업 운영 과정에서 상당한 세금 절감 효과를 얻을 수 있습니다. 감정 평가와 그에 따른 가치 배분은 인수 완료 (클로징) 후에 이루어지지만, 평가 방식과 배분 기준의 큰 틀은 매매계약서를 작성하는 단계에서 미리 합의해 두는 것이 중요합니다. 실무적으로 매입가를 기준으로 세무상 자산 가액을 상향 조정하면, 향후 15년간 전체 인수 금액의 최소 1/15에 해당하는 금액을 회사의 과세 소득에서 비용으로 매년 공제할 수 있습니다. 이 공제 효과는 회사 자체 과세가 아닌 개인 단위로 과세 대상에 반영되므로, 창업자와 투자자의 개인 세금 신고에 그대로 영향을 미칩니다.

회사를 인수한 후에는 독립적인 감정평가 기관을 고용해 전체 매입 가격을 유형자산과 영업권으로 배분합니다. 이러한 자산 가치 배분은 이후

---

41 역자 주: '스텝업(step-up)'은 회사 자산의 장부가치를 실제 인수 가격에 맞게 상향하여 감가상각 비용을 공제할 수 있게 하는 구조입니다. 인수 기업은 인수 금액 전체를 새로운 감가상각 비용으로 처리할 수 있습니다.

감가상각과 무형자산의 상각 기준이 되며, 상당한 세금 절감 효과를 가져올 수 있습니다. 일반적으로 매수자는 가능한 많은 금액이 유형자산에 배정되기를 선호합니다. 이는 유형자산이 영업권보다 훨씬 빠르게 감가상각될 수 있기 때문입니다.

한편, 매도자들은 매각 이후의 자산 가치 배분(감정 평가)을 매수자에게 일임하는 경향이 있지만, 실제로 이 자산 배분은 자산 유형별로 적용되는 세율이 다르기 때문에 매도자 본인에게도 큰 영향을 미칩니다. 매도자는 자신에게 낮은 세율이 적용되는 자산 항목(예: 영업권 등)에 자산 가치가 배분되기를 원할 것입니다. 따라서 매매계약서를 작성할 때, 감정 평가 및 자산 가치 배분 원칙을 사전에 협상해 두는 것이 바람직합니다.

미국의 중소기업 대부분은 LLC, LP, S-Corp 법인처럼 통과 과세 구조를 가지고 있습니다. 이 경우 매수자가 스텝업을 통해 자산 가액을 취득가 기준으로 상향하더라도 매도자에게 과도한 세금 부담을 주지 않으면서, 세제상 혜택을 온전히 누릴 수 있습니다. 그러나 인수 대상이 C-Corp 법인이라면 이야기가 달라집니다. C-Corp 법인의 경우 스텝업을 적용하면 매도자에게 이중 과세 등 막대한 세금 부담이 발생하여 거래 자체가 불가능해질 수 있습니다. 따라서 인수 대상이 C-Corp 법인이라면 여러분은 반드시 회계사 및 변호사와 함께 법인 형태에 따른 세무 리스크를 검토해야 합니다. 이는 매입 가격이나 주요 조건에 합의하기 전, 실사 단계에서 필수로 파악했어야 하는 사안입니다.

매수자의 변호사는 매매계약서에서 매도자에게 다양한 진술과 보증을 요구합니다. 이러한 조항은 두 가지 주요 목적을 가집니다. 첫째, 매수자에게 필요한 정보를 제공하는 기능입니다. 매도자가 '본 계약서 별첨 A에 명시된 예외 사항을 제외하고, 현재 회사가 연루된 소송 및 분쟁은 없다'라고 진술했다면, 별첨 A는 매수자가 반드시 파악해야 할 잠재적 리스크 정보를 담은 핵심 자료가 됩니다. 둘째, 진술과 보증은 매수자가 향후 매도자를 상대로 청구를 제기할 수 있는 법적 근거를 제공합니다. 만약 매도자가 '회사에는 어떠한 소송도 없다'고 진술했으나, 추후 미공개 소송이 드러날 경우, 매수자는 허위 진술을 근거로 매도자에게 법적 책임을 묻고 손해배상을 청구할 수 있게 됩니다.

따라서 양측은 이 진술 및 보증의 적용 범위를 두고 치열하게 협상하게 되며, 이때 가장 첨예한 쟁점 중 하나가 바로 '인지 기준(Knowledge Standard)'입니다. 매도자는 책임을 최소화하기 위해 자신의 인지 범위 내로 한정하려 합니다. 즉, '매도자가 알고 있는 범위 내에서, 회사는 필요한 모든 인허가를 보유하고 있다'와 같은 방어적인 표현을 선호합니다. 반면, 매수자는 리스크를 원천 차단하기 위해 포괄적인 보증을 요구합니다. 예를 들어, '매도자는 회사가 필요한 모든 인허가를 갖추고 있음을 진술한다'와 같이 예외 없는 확정적 표현을 관철시키려 합니다.

통상적으로 인수 대금의 일부는 매도자에게 바로 지급되지 않고, 일정 기간 동안 에스크로 계정에 보관됩니다. 그러나 소규모 기업 거래에서는 에스크로 설정이 생략되거나 그 규모가 미미한 경우가 흔합니다. 대신 매도자가 매수자에게 '상계(Set-off) 권리'를 부여하는 방식이 그 역할을 대체합니다. 이는 매도자에게 상환해야 할 매도자 채권의 원리금이나 향후 지급될 언아웃 금액에서 매수자가 배상액을 직접 차감할 수 있도록 허용하는 강력한 안전장치입니다.[42]

향후 분쟁이나 매도자의 보상 의무가 발생할 경우, 에스크로 계좌에 보관된 금액이 우선적으로 사용됩니다. 이를 통해 매수자는 매도자의 신용 상태나 향후 지급 능력에 대한 우려를 줄일 수 있습니다. 또한, 에스크로는 분쟁 해결의 촉매제 역할을 합니다. 매도자는 묶여 있는 자금을 회수하기 위해서라도 문제를 신속히 해결하려는 강한 동기를 갖게 됩니다. 반면, 이미 대금을 전액 수령한 매도자는 분쟁을 고의로 지연시키거나 배상을 회피할 유인이 발생할 수 있습니다. 따라서 에스크로는 매수자에게 유리한 구조로 작동합니다.

에스크로와 관련된 협상은 총 에스크로 금액, 유지 기간, 최소 청구 금액, 그리고 전체 보상 한도를 중심으로 진행됩니다.

42　역자 주: 인수 계약 이후 문제가 생겨 매도자가 2억 원을 보상해야 한다면, 매수자는 매도자에게 2억 원을 보내는 게 아니라 매도자에게 줄 예정이던 돈에서 2억 원을 빼고 정산하는 것이 상계입니다.

- **규모 (Size)** 인수 대금 중 일부는 에스크로 계좌에 예치되며, 이는 이후 매수자가 제기할 수 있는 보상 청구를 해결하거나, 매도자에게 지급해야 할 매도자 채권의 원금이나 이자에서 차감하는 데 사용됩니다. 또는 이 두 가지 목적 모두에 활용될 수 있습니다.

- **청구 가능 기간 (Survival Period)** 매수자가 보상을 청구할 수 있는 유효 기간입니다. 이 기간이 종료되면 문제 제기 없이 남아 있는 에스크로 잔액은 매도자에게 반환되며, 새로운 청구는 제기할 수 없습니다. 일반적으로 이 기간은 인수가 이루어진 해당 회계연도의 재무제표가 완성될 때까지 유지됩니다.

- **최소 청구 금액 (Basket)** 매수자가 에스크로에서 보상을 청구할 수 있는 최소 금액을 의미합니다. 쉽게 말해, '이 정도 규모 이상의 문제여야 보상 대상이 된다'는 기준입니다. 이 장치가 필요한 이유는 수십 건의 아주 사소한 금액(예: 70달러, 120달러)으로 인해 끝없는 분쟁이 발생하지 않도록 하기 위함입니다. 다만, 인수자 입장에서는 청구 금액 기준을 가능한 한 낮게 설정해야, 초기에 발생하는 다양한 문제들을 놓치지 않고 잡아낼 유연성을 확보할 수 있습니다. 예를 들어, 인수 가격이 500만 달러라면 최소 청구 금액은 2만 5,000달러 또는 5만 달러 수준일 수 있습니다. 청구 금액이 기준선을 초과하는 순간, 초과분뿐만 아니라 전체 청구 금액에 대해 에스크로에서 보상받게 됩니다.

- **전체 보상 한도 (Cap)** 매수자가 매도자에게 청구할 수 있는 보상의 최대 한도는 보통 인수 가격의 일정 비율로 설정됩니다. 실무에서는 이 한도가 에스크로 예치금이나 상계 가능한 금액과 동일하게 설정되는 경우가 많습니다. 단, 사기 등 특정 유형의 중대 위반에

대해서는 한도를 더 높게 설정하기도 합니다. 매도자는 최악의 경우에도 자신이 토해내야 할 금액의 상한선을 명확히 하여 불확실성을 통제하고자 합니다.

거래마다 세부 조건은 다르지만, 일반적으로 사용되는 보상 조건은 다음과 같습니다.

에스크로 계좌의 규모	인수 가격의 20~30%
청구 가능 기간	12~18 개월
최소 청구 금액	인수 가격의 0~1%
전체 보상 한도	인수 가격의 20-30%

매도자 채권
Seller Note

여러분이 작성한 인수의향서(LOI)에는 이미 매도자 채권의 핵심 조건들이 명시되어 있으며, 이후 자금 조달 구조를 확정하는 과정에서 채권 금액, 이자율, 상환 일정 등 세부 조건이 구체화되었을 것입니다. 이러한 조건은 매매계약서에 포함되거나 변호사가 별도로 작성한 문서로 공식화됩니다. 별도 계약서를 작성하는 경우에도 매매계약서의 다른 조항들과 마찬가지로 매도자 측과 협상 과정을 거치게 됩니다.

인수의향서 (LOI) 단계에서 여러분은 인수 마감 시점에 넘겨받을 운전자본 목표액을 명시했을 것입니다. 매매계약서는 이 합의를 확정하는 동시에, 운전자본이 항상 변동한다는 점을 고려하여 목표액과 실제액의 차이를 어떻게 조정할지를 구체적으로 규정합니다. 일반적으로 매수자는 인수가 마무리되는 날 (클로징 날짜)을 기준으로 추정된 순운전자본 (Net Working Capital, NWC) 에 따라 인수 가격을 조정하며, 인수 후에는 재고 실사와 더불어 매출채권 및 매입채무 검토를 거쳐 최종 순운전자본을 확정합니다. 이 수치는 매도자에게 전달되어 검토 및 동의 절차를 거치게 됩니다. 확정된 실제 금액이 목표치보다 부족할 경우 그 차액은 매도자의 에스크로 계좌에서 매수자에게 지급되며, 목표치를 초과할 경우 초과 금액은 매도자에게 반환됩니다.

주요 인사 문제
Key Personnel Issues

회사의 성공에는 몇몇 핵심 직원들이 결정적인 역할을 합니다. 이들은 회사를 떠나는 오너일 수도 있고, 계속 근무하는 임원이나 주요 영업 인력일 수도 있습니다. 인수 시점에는 이들 모두가 앞으로 어떤 역할을 맡게 될지에 대해 명확히 합의가 이루어졌는지 반드시 확인해야 합니다. 고용계약서와 경업금지계약서는 매매계약서와는 별도의 문서이지만, 통상적으로 거래 종결을 위한 필수 선결 조건으로 간주되므로, 인수 본 계약의 체결과 동시에 서명이 이루어지게 됩니다.

경업금지계약

Noncompete agreements

회사를 매각하고 떠나는 기존 소유주는 고객, 공급업체, 직원들과 긴밀한 관계를 맺고 있는 경우가 많습니다. 또한 개별 고객의 단가, 계약 갱신 시점 등 경쟁사가 탐낼 만한 세부 운영 정보를 알고 있습니다. 따라서 인수 시점(클로징 날짜)부터 3~5년 동안 유효한 경업 금지 계약(Non-Compete Agreement)을 체결하여 매수자가 충분히 보호받을 수 있도록 해야 합니다.

- **경업 금지 (Noncompetition)** 매도자는 약정 기간 동안 회사와 경쟁하는 어떠한 활동에도 참여하지 않을 것을 확약합니다. 여기서 '경쟁'의 범위는 사업 특성에 맞춰 구체적으로 정의해야 합니다. 예를 들어, 기존 고객에게 연락하거나 영업 행위를 금지하는 것, 특정 제품 및 서비스의 제조 및 판매를 제한하는 것, 특정 지역 내에서 유사 업종을 운영하지 못하게 하는 것 등이 포함될 수 있습니다. 경업 금지 조항은 매도자가 투자자, 경영자, 이사회 구성원, 컨설턴트 등의 자격으로 경쟁 사업에 간접적으로 관여하는 행위까지 포괄적으로 금지합니다.

- **비밀 유지 (Confidentiality)** 매도자는 회사의 영업 비밀 및 회사 경쟁력의 핵심이 되는 기밀 정보를 외부에 유출하지 않겠다고 약속합니다.

- **인력 유인 금지 (Nonsolicitation)** 매도자는 회사 직원을 채용하거나 영입을 시도하지 않겠다고 약속합니다.

매도자의 인수인계 역할

Seller transition

대부분 매수자는 매도자가 일정 기간 동안 회사에 남아 인수인계 과정을 지원하기를 희망합니다. 따라서 인수인계 조건은 본 매매 계약과 동시에 협상 및 체결되어야 합니다. 일반적으로 이 계약에는 1~3개월간 매도자가 회사에서 풀타임으로 근무하며 급여를 받는 기간이 포함됩니다. 이후에는 보통 1년 정도의 기간 동안 매도자가 컨설턴트 자격으로 일정 시간 근무에 응하며, 시간당 보수를 받는 방식으로 이어집니다.

고용 계약

Employment agreements

여러분이 인수하는 회사에 핵심 인력이 있으며, 이들을 대체하기 어렵거나 경쟁사로 이직할 경우 큰 피해가 예상된다면, 직원들과 향후 역할에 대해 미리 논의하고 필요시 고용 계약을 체결해야 합니다. 고용 계약에는 일반적으로 경업 금지, 비밀 유지, 인력 유인 금지 조항이 포함되어 있어 법적 보호를 받을 수 있으며, 직원들은 명확한 고용 조건과 함께 성과급, 스톡옵션, 계약상 보장된 퇴직금 등 다양한 보상 혜택을 받을 수 있습니다.

랜디 셰일러가 제스위츠 뮤직을 인수할 당시, 그는 회사 영업팀이 학교 밴드 지휘자들과 구축해온 관계의 가치를 깊이 이해하고 있었습니다. 이에 따라 영업팀 성과급 제도를 개선하는 과정에서 핵심 영업사원들과 경업 금지 계약을 체결했습니다.

인수 클로징을 목전에 둔 마지막 몇 주는 프로젝트에 참여한 모든 이들에게, 특히 매수자인 여러분에게 가장 치열하고 분주한 시기가 될 것입니다. 거래 마감일이 임박할수록, 여러분은 앞서 논의한 핵심 계약 문서들을 최종적으로 확정 짓는 작업에 몰두하게 됩니다.

- 매매계약서

- 매도자와 체결하는 경업 금지, 인력 유인 금지, 비밀 유지 계약

- 핵심 직원과의 고용 계약

- 대출 기관과의 대출 계약

- 매도자 채권 계약

- 법인과 투자자 간의 주식 매매 계약 (그리고 법인과 여러분 본인 간의 고용 계약)

여러분은 이 방대한 문서 작업에 관여하는 다수의 이해관계자와 끊임없이 소통하며, 그 과정에서 불거지는 쟁점들을 조율하고 절차를 마무리해야 합니다. 마감 시한이 다가올수록 예기치 못한 돌발 변수가 빈번히 발생하며, 이는 전체 프로세스를 극한의 압박 속으로 몰아넣곤 합니다. 우리의 조언은 예기치 못한 문제가 발생하더라도 멈추지 말고 하나씩 해결해 나가라는 것입니다. 이 시점에서 인수를 포기한다면 감당해야 할

비용이 얼마나 클지 여러분은 누구보다도 잘 알고 있을 것입니다. 매도
자 역시 심리적으로 이미 매각을 기정사실화한 상태이기에, 원점에서 다
시 매각 절차를 밟는 고통을 감수하려 하지 않을 것입니다. 결국 이 단계
에서는 양측 모두에게 거래를 끝까지 성사시키려는 강력한 동기와 유인
이 확보되어 있다는 점을 잊지 말아야 할 것입니다.

CHAPTER 21

인수 클로징과 그 이후
The Closing Day and Beyond

인수 계약의 마감일은 생각보다 특별하지 않습니다. 매수자와 매도자의 변호사가 각종 계약서 초안을 미리 검토하고 준비해 두며, 최종 서명본의 서명 페이지는 이메일로 한 명의 변호사에게 전달됩니다. 이 변호사는 모든 계약 조건이 충족될 때까지 서명 페이지를 에스크로 방식으로 보관합니다.[43] 이후 모든 서명본이 확보되면 송금이 실행되고, 바로 그 순간부터 여러분은 회사의 새로운 소유주가 됩니다. 축하드립니다!

인수 후에는 소유주로서 꼭 기억해야 할 몇 가지 사항이 있습니다. 각 회사마다 상황과 우선순위는 다르겠지만, 인수 직후 반드시 집중해야 할 핵심 과업은 네 가지입니다.

---

[43] 역자 주: 송금 전까지 계약이 유효하지 않도록, 변호사가 서명본을 잠시 보관하는 방식입니다. 부동산 거래에서 잔금과 등기 이전을 동시에 처리하기 위해 에스크로 계좌에 돈을 맡기는 구조와 같은 원리입니다.

첫째, 모든 관리자와 직원들에게 직접 자신을 소개하며, 당장은 큰 변화가 없을 것임을 분명히 알리는 것이 중요합니다. 새 소유주가 왔다는 사실만으로도 직원들은 자신의 역할에 대한 불안감을 느낄 수 있습니다. 이러한 불확실성이 커질수록 업무 집중도가 떨어질 가능성이 있습니다. 따라서 이 기회를 활용해 회사의 목표, 품질 기준, 성장 방향, 그리고 만족스러운 근무 환경 등 회사의 큰 방향성에 대해 이야기하는 자리를 마련해야 합니다. 직원들이 질문할 수 있는 기회를 제공하고, 신뢰를 쌓을 수 있는 대화를 나누는 자리로 만들어야 합니다. 다만, 구체적인 계획이나 약속은 너무 서두르지 않는 것이 좋습니다. 아직 회사를 충분히 이해하지 못한 상태라면, '현재는 회사를 충분히 이해하지 못한 상황이므로, 현장을 더 파악한 후 구체적인 방향을 말씀드리겠습니다'라고 솔직하게 말하는 것이 신뢰를 얻는 데 도움이 됩니다.

둘째, 전 소유주와 인수인계 기간을 두기로 했다면, 직원과 고객 모두에게 역할 분담이 어떻게 이루어질지 명확히 알려야 합니다. 직원들은 그동안 의사결정이나 승인 요청을 자연스럽게 전 소유주에게 하던 습관이 있기 때문에, 앞으로 어떤 방식으로 결정이 내려질지에 대한 구체적인 안내가 필요합니다. 역할 분담에 정답은 없지만, 전 소유주와 논의한 후 다음과 같이 모두에게 공지할 수 있습니다. "오늘부터 스미스 대표님께서 6개월간 회사 운영을 도와주시기로 했습니다. 오늘부로 제가 회사를 운영하지만, 스미스 대표님은 제 자문 역할을 맡으실 예정입니다." 또는 "존스 대표님이 앞으로 6개월간 영업과 고객 서비스를 계속 담당하고, 저는 재무 및 생산 관련 업무를 중심으로 회사 경영을 맡을 것입니다."

셋째, 현금 유동성을 철저히 관리해야 합니다. 소규모 기업이 어려움에 빠지는 가장 흔한 이유는 현금이 고갈되기 때문입니다. 이전 소유주는 부채 없이 회사를 운영했을 수 있지만, 여러분은 인수 후 부채를 상환하며 회사를 운영해야 합니다. 따라서 현금흐름을 효과적으로 관리할 수 있는 체계적인 절차를 마련해야 합니다. 모든 지출은 반드시 여러분의 승인을 거치게 하고, 매출채권 현황은 적어도 매주 한 번 검토하는 절차를 도입해야 합니다. 또한, 90일 단위로 현금흐름을 예측하는 것이 좋습니다. 향후 3개월간의 현금 유입과 유출을 매달 예측하면 현금 부족 시점을 조기에 파악할 수 있습니다. 이를 통해 회수 강화, 지급 시기 조정(매입채무 지급 연기), 은행 신용 한도 확보 등 적절한 대응을 사전에 취할 수 있습니다.

넷째, 회사 고객을 직접 만나야 합니다. 고객들은 회사의 새로운 주인을 직접 만나기를 원하며, 이 만남을 통해 서비스 개선이나 추가 제품 판매에 대한 많은 아이디어를 얻을 수 있습니다. 네브래스카의 배관 나선 가공 회사인 캐스트로닉스를 인수한 패트릭 디킨슨과 마이클 와이너는 모든 주요 고객을 인터뷰했습니다. 패트릭은 이후 이렇게 말했습니다. "우리가 출시한 모든 신제품과 서비스 아이디어는 고객 인터뷰에서 나왔습니다. 고객이 제안한 모든 아이디어를 적용한 것은 아니지만, 실제로 실행된 아이디어는 모두 그 대화에서 비롯되었습니다."

마지막으로, 인수를 마친 첫 몇 달 동안은 큰 결정을 서두르지 않는 것이 원칙입니다. 대부분의 전략적 결정은 당장 시급하지 않습니다. 아무리 예비 실사를 철저히 했더라도, 지금은 회사를 알아가는 단계입니다. 몇 달간 현장 경험이 축적된 후에야 비로소 훨씬 더 현명한 판단을 내릴 수 있습니다. 그렇다고 해서 아무것도 하지 말라는 뜻은 아닙니다. 매일

                              인수 창업 가이드 북

수많은 작은 의사결정을 내려야 하며, 그중 일부는 틀릴 수도 있습니다. 하지만 잘못된 선택은 수정해 나가면 그만입니다. 이러한 시행착오를 통해 배우는 과정이야말로 스스로 사업을 운영하는 묘미 중 하나입니다.

인수 직후 몇 주는 정신없이 흘러갈 것입니다. 새로운 경험과 배움으로 가득한 시기이며, 쏟아지는 업무로 인해 하루 24시간이 부족하게 느껴질 수도 있습니다. 하지만 걱정할 필요는 없습니다. 시간이 지나면 여러분의 조직은 점차 안정될 것입니다. 여기까지 온 여러분은 이미 똑똑하고 열정적이며, 새로운 리더의 역할에 적응하고 성장할 충분한 능력을 갖추고 있습니다.

매년 수천 개의 소규모 기업이 매각되며, 많은 사람들이 안정적으로 수익을 내는 회사를 인수해 운영하고 있습니다. 그렇다면, 여러분이라고 도전하지 못할 이유가 있을까요? 지금까지 살펴본 것처럼, 인수 창업에서 성공하기 위해 반드시 획기적인 사업 아이디어나 특정 분야의 경험, 혹은 막대한 초기 자본이 필요한 것은 아닙니다. 인수 창업을 가로막는 가장 큰 장애물은 이 길을 진지하게 시도하려는 본인의 의지입니다. 이 책을 쓴 목적은 인수 창업이 여러분에게 적합한 길인지 스스로 판단할 수 있도록 돕고, 그 길을 실제로 걸어갈 수 있도록 안내하는 데 있습니다. 이 길에 대한 답을 찾으려면 "나는 창업가가 되고 싶은가?"라는 질문 대신, "창업가가 매일 감당해야 하는 실제 업무를 진정으로 하고 싶은가?"라고 물어보는 것이 훨씬 더 정확한 접근입니다. 이 책을 통해 인수 창업의 각 단계를 구체적으로 이해하고, 이 특별한 커리어가 자신에게 맞는 선택인지 판단하는 데 실질적인 도움이 되었기를 바랍니다.

여러분의 성공적인 인수 창업 여정을 진심으로 응원합니다!

[이메일 발송]

October 23, 2012

Mr. Sharif Tanamli

Lenox Hill Capital Advisors, Inc.

75 Rockefeller Plaza, 17th Floor

New York, NY 10019

샤리프 대표님께,

최근 귀사와 논의한 내용과 2012년 9월자 기밀정보요약서(CIM)를 바탕으로 Succession Leadership Capital, LLC(이하 'SLC')는 Rayburn Musical Instruments Pennsylvania, LLC (이하 '제스위츠' 또는 '회사') 인수에 대한 비구속적 관심표명서를 전달 드립니다.

훌륭한 인수 기회를 제안해 주신 점에 다시 한번 깊이 감사드립니다. 저 역시 음악 전공자로서, 음악 교육이 어린 학생들의 성장 과정에 얼마나 중요한 영향을 미치는지 잘 알고 있습니다. 아울러 기업가이자 투자자로서, 제스위츠가 펜실베이니아, 뉴저지, 메릴랜드 지역에서 오랜 기간 쌓아온 뛰어난 서비스 품질과 고객 신뢰를 높이 평가하고 있습니다.

저희 SLC는 귀하[매도자]와 함께 제스위츠의 미래를 책임감 있고 역량 있는 새로운 소유자에게 성공적으로 승계하는 방안을 논의하고자 합니다. 이번 논의를 통해 SLC가 제스위츠의 미래를 밝게 이끌며, 제스위츠 서비스를 이용하는 젊은 음악인들과 교육 커뮤니티에 적합한 인수자가 될 수 있는지 함께 검토해 볼 수 있기를 희망합니다. 다음은 저희제안의 주요 내용을 정리한 것입니다.

- **기업 가치:** 2012년 12월 31일까지의 12개월 기준 조정 EBITDA 약 154만 달러를 바탕으로, EBITDA의 4배를 적용하여, 기업 가치를 614만 달러로 평가합니다. 이는 부채와 현금, 세금 부담을 제외한 순수 총 기업 가치를 의미합니다. 본 평가액은 2012년 9월자 기밀 정보요약서(CIM)에 제시된 회사의 재무 상태가 사실과 일치하며, CIM 11페이지에 언급된 계절별 임대 수요 변동에 대응하기 위한 추가 재고가 본 거래에 포함된다는 조건을 전제로 합니다. 거래와 관련된 법률, 금융, 컨설팅 비용은 매수자와 매도자가 각각 부담하는 것을 원칙으로 합니다.

- **대금 지급 방식:** SLC는 신설 법인('Newco')을 설립하여 회사의 주식 또는 자산 전부를 현금과 기타 대가로 매입할 예정입니다. 당사는 거래 구조를 자산 매입 방식으로 구성하는 것을 선호하지만, 영업권에 대한 세금 공제가 가능한 구조라면 주식 인수도 검토할 수 있습니다. 또한, SLC는 매도자가 총 154만 달러에 해당하는 언아웃 채권(earn-out note)을 보유하도록 요구할 계획입니다.

- **운전자본:** 매매 대금은 거래 종결 시점에 양 당사자가 상호 합의한 수준의 운전자본을 회사가 보유하는 것을 조건으로 합니다. 목표 운전자본은 지난 1년간의 월별 운전자본 잔액을 검토한 후 결정될 것입니다. 운전자본은 유동 자산(현금 및 세금 관련 자산 제외)에서 유동 부채(부채 및 세금 관련 부채 제외)를 차감하여 산정됩니다.

- **자금 조달:** SLC는 본 거래에 필요한 자기자본을 자체 보유 자금으로 조달할 예정입니다. 또한 자본 구조를 확정하기 위해 거거래 초

기 단계에서 당사의 금융 파트너를 참여시킬 계획입니다. 아울러 SLC는 은행 및 기타 금융 기관을 통해 선순위 부채를 조달하는 방안도 검토할 예정입니다.

- **일정 및 승인:** 인수의향서 체결 후 60~90일 이내에 거래를 종결하는 것을 목표로 합니다. 매도자의 요청이 있고 실사가 신속히 진행된다면, 2012년 12월 31일 이전에 거래를 종결할 수 있도록 최선을 다하겠습니다. 거래의 성사 여부는 전적으로 SLC의 결정에 달려 있으며, 거래 종결을 위해 추가적인 외부 승인 요건은 없습니다.

- **경영진:** SLC는 회사의 일부 직원을 잔류시킬 계획입니다. 다만 어떤 직원이 잔류하거나 제외될지에 대해서는 아직 경영진과 구체적인 논의하지 않았습니다. 또한 주요 경영진에게는 신설 법인의 보통주 형태로 추가 지분을 취득할 수 있는 옵션 제도를 도입할 예정입니다.

- **실사 요건:** 본 관심표명서(IOI)는 통상적인 운영, 재무, 법률 실사뿐만 아니라 회사 주요 경영진과의 상호 만족스러운 합의 및 매매계약 체결을 조건으로 합니다. 적절한 시점에 SLC는 회사의 주요 고객 및 공급업체에 대한 실사도 수행할 예정입니다. 실사 과정에서는 법률, 회계, 환경, 보험 및 직원 복리후생 분야의 외부 자문사를 참여시킬 계획입니다.

- **배경:** SLC의 핵심 구성원들은 회사를 이끌고 성장시키는 데 필요한 풍부한 운영, 전략, 재무 경험을 보유하고 있습니다. 거래 협의 과정에서 당사의 자문단과 직접 대화하시면 당사의 자격, 경력, 목표를 더욱 명확히 확인하실 수 있습니다.

- **연락처:**

랜디 M. 셰일러 2세
사장 겸 대표이사
Succession Leadership Capital, LLC
(617) XXX-XXXX
Randy@SuccessionLeadership.com

검토해 주셔서 감사합니다. 본 서신을 확인하신 후, 전화 회의 일정과 대면 경영진 미팅 가능 시간을 논의하기 위해 연락 주시기 바랍니다.

감사합니다.

랜디 M. 셰일러 2세
사장 겸 대표이사

[이메일 발송]

2012년 12월 13일

[매도자 성명 및 주소]

[매도자 성명] 대표님께,

    본 서한(이하 '서한')의 목적은 Succession Leadership Capital, LLC (델라웨어 유한책임회사) 또는 그 계열사 (이하 통칭하여 '예비 매수자')와 [매도자 성명] (통칭 '예비 매도자') 간에, 매도자가 기록상 및 실질적으로 소유하고 있는 Rayburn Musical Instruments Pennsylvania, LLC (델라웨어 유한책임회사, 이하 '회사' 또는 '제스위츠')의 모든 발행 주식을 인수하는 방안과 관련하여, 구속력이 없는 사항과 일부 구속력이 있는 사항을 다음 조건에 따라 명시하기 위함입니다.

1. **기본 거래:** 예비 매수자는 예비 매도자가 기록상 및 실질적으로 소유하고 있는 회사의 모든 발행 주식 전부('주식')를 인수합니다.

2. **인수 가격:** 예비 매수자의 추가 실사 결과에 따라, 그리고 제스위츠의 2012년 12월 31일 종료 직전 12개월 기준 예상 조정 EBITDA가 약 154만 달러라는 가정하에, 당사는 회사의 가치를 EBITDA

의 4배인 614만 달러로 평가합니다. 이는 부채, 현금, 세무 부채가 없음을 전제로 하는 총 기업 가치 기준입니다. 인수 가격은 6,140,000달러이며, 거래 종결 시점에 적정 수준의 운전자본이 회사에 포함되어 있다는 조건을 전제로 합니다.

3. **지급 방식:**

    a. 매매 대금 중 4,604,000달러는 거래 종결 시 현금으로 지급합니다.

    b. 1,535,000달러는 어음('어음') 형태로 지급됩니다. 이 어음은 연 5%의 이자가 발생하며, 이자는 매년 후불로 지급됩니다. 원금은 5년 만기 시점에 전액 상환됩니다. 이 어음은 예비 매수자의 선순위 부채에 후순위로 놓이게 됩니다. 어음의 조건은 예비 매수자의 선순위 대출 기관의 승인을 필요로 합니다.

4. **에스크로 협약:** 거래 종결 후, 예비 매수자와 예비 매도자는 에스크로 계약을 체결하며, 이 계약은 예비 매도자의 미공개 부채, 허위 진술, 진술, 보증, 계약 위반으로부터 예비 매수자를 보호하기 위해 3b 항에 명시된 어음의 원금을 조정할 수 있는 조항이 포함됩니다.

5. **매매계약 및 종결일:** 예비 매수자와 예비 매도자는 확정 매매계약(이하 '매매계약')을 협상 및 체결하고, 2013년 3월 1일까지 거래를 종결하는 것을 목표로 합니다.

6. **조건:** 본 거래의 완료는 아래 조건들이 모두 이행되어야 가능합니다.

a. 예비 매수자는 예비 매도자와 해당 사업의 상태(재무, 영업, 법률 등 모든 분야) 및 향후 전망에 대해 실사를 완료한 후, 그 결과가 예비 매수자가 판단하기에 수용 가능한 수준이어야 한다.

b. 회사의 사업 및 재무 상태에 대한 진술과 보증을 포함하며, 예비 매수자가 수용 가능한 조건으로 확정적 매매계약을 체결한다.

c. 예비 매도자는 예비 매수자가 수용할 수 있는 조건으로 경업 금지 계약을 체결한다.

d. 예비 매도자는 거래 종결 시점까지 기존 관행과 정상적인 영업 범위 내에서 회사를 운영해야 하며, '중대한 부정적 변화'가 발생해서는 안 된다. 예비 매도자는 예비 매수자의 승인 없이 비정상적이거나 예외적인 거래를 수행할 수 없으며, 이는 아래 사항에 국한되지 않는다.

   - 자산 처분

   - 직원의 연간 보상 수준을 크게 인상하거나, 직원 복리후생 제도를 신설,해지, 또는 기타 방식으로 변경하는 행위

   - 주식, 옵션, 워런트, 신주인수권, 전환증권 등 지분증권을 발행하는 행위

   - 배당을 지급하거나 증권을 상환하거나 매입하는 등 회사 자산을 주주에게 분배하는 행위

   - 기존 신용 한도 이용 여부와 관계없이, 어떠한 방식으로든 자금을 차입하거나 채무를 증가시키는 행위

e. 정부 당국 및 기타 제3자로부터 요구되는 모든 필수 동의가

확보되어야 한다.

   f. 예비 매도자는 회사에 적용 되는 모든 환경 관련 법규를 준수하고 있으며, 예비 매도자의 시설 및 사업과 관련하여 어떠한 환경 부채가 존재하지 않아야 한다.

7. **비용:** 예비 매도자와 예비 매수자는 본 거래와 관련하여 자신들이 선임하거나 대리하는 모든 변호사, 회계사 및 자문사의 각 비용과 경비를 각자 부담합니다.

8. **정보 접근 및 실사:** 예비 매도자는 예비 매수자의 대리인이 회사의 모든 자산, 장부, 기록, 계정 및 문서를 열람하고 검토할 수 있도록 충분한 접근 권한을 제공하며, 해당 자료를 제공할 것입니다. 예비 매도자는 회사 및 예비 매도자의 직원, 회계사, 변호사 및 기타 자문인들과 협의하여 필요한 지원을 제공할 것이며, 획득한 정보를 확인하기 위해 필요할 경우 제3자에게도 접근을 허용할 것입니다.

9. **비밀 유지:** 예비 매도자는 예비 매수자의 사전 승인 없이는 본 인수 의향서의 존재 여부나 조건을 변호사, 회계사, 재무 자문가 및 본 의향서의 조항 이행을 위해 해당 내용을 알아야 하는 임원(이하 '내부자') 외의 다른 사람에게 공개하거나 논의할 수 없습니다. 예비 매도자는 내부자가 본 의향서의 존재 여부나 조건을 내부자가 아닌 다른 사람에게 공개하거나 논의하지 않도록 최선의 조치를 취해야 하며, 이를 위반할 경우 그에 대한 책임을 부담합니다.

10. **경쟁 제안 금지:** 본 독점 계약 서명일부터 2013년 3월 1일 (이하 '독점 기간') 까지 회사, 예비 매도자 및 그 대리인은 직간접적으로 다음

행위를 해서는 안 됩니다.

　　a. 회사나 그 자산 매입을 위한 경쟁 제안을 권유하는 행위 (주식
　　　　매각, 합병 기타 방식 포함)

　　b. 비요청 제안이나 투자 의향 표명에 대해 협상하거나 응대하
　　　　는 행위

　　예비 매도자는 본 서신의 사실과 조건을 안내하는 방식으로만
다른 매수자에게 응답할 수 있습니다. 회사, 예비 매도자 또는 그
대리인이 위와 같은 제안 또는 관심을 받을 경우, 예비 매도자는
이를 즉시 예비 매수자에게 전달해야 합니다. 독점기간은 예비 매
수자와 예비 매도자가 상호 합의하는 경우 연장될 수 있습니다.

11. 조기 종료: 예비 매수자는 예비 매도자에게 서면으로 통지함으로써
언제든지 본 계약을 즉시 해지할 수 있습니다. 예비 매수자가 회사
또는 그 자산의 매입을 더 이상 추진하지 않기로 결정한 경우에도
서면 통지를 통해 본 계약을 즉시 해지할 수 있습니다.

　　본 인수의향서에 서명함으로써 당사자들은 5항, 7항, 8항, 9항에 한하
여 법적 구속력을 갖는 데 동의합니다. 그 외의 조항은 단지 거래 의향을
표명하기 위한 것이며, 당사자가 확정 매매계약을 협상하고 서명하기 전
까지는 본 거래를 진행할 법적 의무가 없습니다. 확정 매매계약에 서명
하더라도, 그 구속력은 확정 매매계약에 명시된 조건에 한하여 구속력을
갖습니다.

상기 조건이 수용 가능하다면, 본 인수의향서 사본 2부에 서명하고 날짜를 기입한 후, 그중 1부를 아래 서명인에게 반환해 주시기 바랍니다. 본 인수의향서는 2012년 9월 21일 금요일 오후 5시까지 귀하께서 수락하지 않으실 경우 효력을 상실합니다.

감사합니다.

랜디 M. 셰일러 2세
대표이사
Succession Leadership Capital, LLC
참조: Sharif Tanamli, Lenox Hill Capital Advisors, Inc.
상기 조건에 동의하고 수락합니다.

____

[매도자 성명]

사장 겸 CEO, 제스위츠 뮤직

____

BUSINESS 101 PUB 의 책들

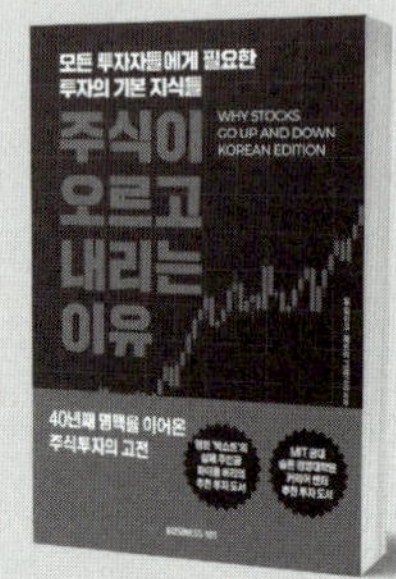

주식이 오르고 내리는 이유

정가 39,000원

영화 '빅쇼트' 실화의 주인공, 마이클 버리가 추천한 투자 도서들 중 하나인 '주식이 오르고 내리는 이유'는 1983년에 출판되어 보스턴 증권 애널리스트 협회, MIT 대학교 경력 개발 센터, 휴스턴 대학교 금융학부 등 미국의 여러 금융 교육 기관들에서 수십 년 동안 주식투자 입문 도서로 검증된 책입니다. 아마존에서 주식투자와 채권 투자 부문에서 10년 넘게 스테디셀러를 차지하고 있으며 주식을 처음 시작하는 사람이라면 입문서로서 최고의 투자 서적입니다.`

내가 너무 애매하게 구나?

정가 28,500원

『내가 너무 애매하게 구나?』는 2023년 세상을 떠난 미국 부동산의 전설, 샘 젤이 남긴 마지막 자서전입니다. 플레이보이 잡지를 팔던 소년 시절부터 부동산 붕괴 이후의 과감한 투자까지, 그는 언제나 남들이 외면한 시장과 위기에서 기회를 포착해냈습니다. "내가 너무 애매하게 구나?"라는 그의 단골 표현처럼, 이 책은 수십 년간의 실전 경험을 바탕으로 모호함을 돌파하는 명확한 판단과 실행의 중요성을 전하며, 투자자와 사업가에게 날카로운 통찰을 제공합니다.

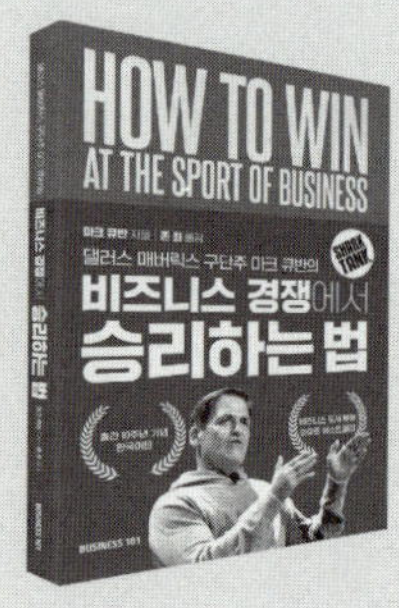

비즈니스 경쟁에서 승리하는 법

정가 13,000원

『댈러스 매버릭스 구단주 마크 큐반의 비즈니스 경기에서 이기는 법』은 무일푼에서 시작해 억만장자가 된 마크 큐반이 직접 전하는 현실적이고 거침없는 성공 전략서입니다. 룸메이트 방에서 창업한 회사를 600만 달러에 매각하고, 댈러스 매버릭스를 인수해 33억 달러 구단으로 성장시킨 그의 경험을 바탕으로, 경쟁에서 앞서는 법, 실패를 피하지 않는 자세, 그리고 사업가로서 반드시 알아야 할 통찰을 생생하게 전합니다.

얼마나 투자할 것인가?

정가 29,800원

『얼마나 투자할 것인가?』는 왜 많은 부유한 가문들이 부를 지키지 못했는지에 대한 질문에서 출발해, 투자와 소비에서의 '규모 결정' 실패가 핵심 원인임을 통찰합니다. LTCM 사례 등 실제 경험을 바탕으로, 평생 재무 의사결정을 체계적으로 내릴 수 있는 실용적인 프레임워크를 제시하며, 투자 비중 설정, 위험 감내 수준, 기대수익률 추정 등 개인 투자자가 반드시 알아야 할 핵심 개념을 쉽게 풀어냅니다. 중요한 투자 판단을 앞두고 있다면 꼭 읽어야 할 책입니다.

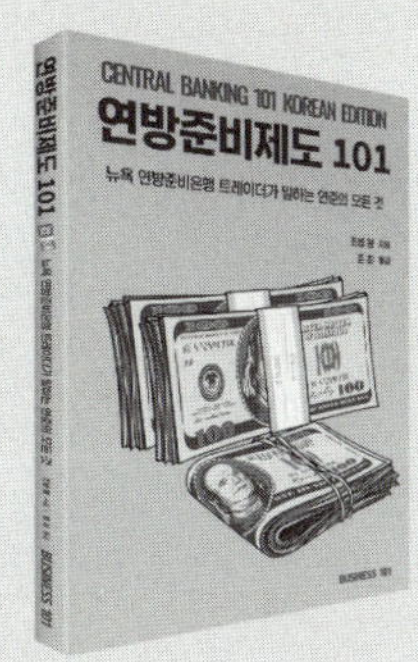

연방준비제도 101

정가 22,500원

조셉 왕은 뉴욕 연준 공개 시장 운영 데스크에서 트레이더로 일하면서 5년 동안 통화 시스템을 연구했습니다. 조셉은 연준이 어떻게 운영되는지, 금융 시스템이 실제로 어떻게 작동하는지 직접 목격했습니다. 이 책은 중앙은행에 대한 교육과 이해를 돕기 위해 연준에서의 그의 경험을 정리한 것입니다. 『연방준비제도101』을 읽고 나면 화폐가 어떻게 만들어지는지, 글로벌 달러 시스템이 어떻게 구성되어 있는지, 그리고 이 모든 것이 넓은 금융 시스템에 어떻게 들어맞는지 이해할 수 있습니다.

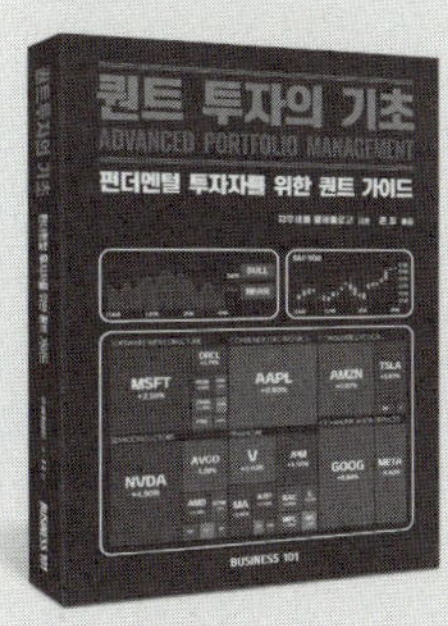

퀀트 투자의 기초

정가 24,800원

퀀트 투자의 기초』는 리스크 및 금융 분야의 전문가인 지우세페 팔레올로고가 집필한 실용적인 투자 도서로 투자 아이디어와 지식을 실제 수익률로 전환하는 데 필요한 인사이트를 제공합니다. 이 책은 성공적인 포트폴리오 매니저들이 실제 시장에서 검증한 이론을 바탕으로 포트폴리오 구성과 리스크 관리의 체계적인 프레임워크를 제시합니다. 『퀀트 투자의 기초』는 투자 리스크 분석, 포트폴리오 평가, 그리고 유연한 자산 운용 전략 수립에 폭넓게 활용 가능한 팩터 모델링 프레임워크를 제공합니다.

인수 창업 가이드 북

하버드 비즈니스 스쿨 교수들이 말하는 창업보다 안전한 길

초판 1쇄 발행 2026년 2월 16일

지은이 리처드 루벡, 로이스 유드코프
옮긴이 김지혁, 존 최
감수 존 최
편집 및 교정 조영욱
디자인 TEAM BUSINESS 101
펴낸이 존 최
펴낸곳 비지니스 101
출판등록 제 2022-000069호
제작 및 유통 비지니스 101
주소 서울시 용산구 소월로 20길 64 3층 (우 04337)
전화 0507-1478-7817

ISBN 979-11-987486-6-9 (03320)
값 26,800원

잘못된 책은 구입하신 곳에서 바꾸어 드립니다.
본 서적의 내용 전체 또는 일부를 사용하려면 BUSINESS 101 PUB의 동의가 필요합니다.

BUSINESS 101 PUB

From Insight to Action